Realidades hasmoneias subjacentes aos livros de Esdras, Neemias e Crônicas

ISRAEL FINKELSTEIN

Realidades hasmoneias subjacentes aos livros de Esdras, Neemias e Crônicas

Perspectivas arqueológicas e históricas

Dados Internacionais de Catalogação na Publicação (CIP)
Angélica Ilacqua CRB-8/7057

Finkelstein, Israel
 Realidades hasmoneias subjacentes aos livros de Esdras, Neemias e Crônicas : perspectivas arqueológicas e históricas / Israel Finkelstein ; tradução de Paulo F. Valério. – São Paulo : Paulinas ; Editora Recriar, 2022.
 272 p. (Coleção Bíblia e Arqueologia)

 Bibliografia
 978-65-5808-097-8 (Paulinas)
 978-85-53107-76-6 (Editora Recriar)
 Título original: Hasmonean realities behind Ezra, Nehemiah, and Chronicles

 1. Esdras (Personagem bíblico) 2. Neemias (Personagem bíblico) 3. Crônicas – Bíblia 4. Arqueologia I. Título II. Valério, Paulo F. III. Série

21-3057   CDD 222.095

Índice para catálogo sistemático:
1. Bíblia – Crítica, interpretação, etc.

Título original da obra: *Hasmonean Realities behind Ezra, Nehemiah, and Chronicles*
(c) 2018 Israel Finkelstein

1ª edição – 2022

Direção-geral: *Flávia Reginatto*
Editores responsáveis: *Vera Ivanise Bombonatto*
Matthias Grenzer
Tradução: *Paulo F. Valério*
Copidesque: *Cirano Dias Pelin*
Coordenação de revisão: *Marina Mendonça*
Revisão: *Sandra Sinzato*
Gerente de produção: *Felício Calegaro Neto*
Produção de arte: *Tiago Filu*

Nenhuma parte desta obra poderá ser reproduzida ou transmitida por qualquer forma e/ou qualquer meios (eletrônico ou mecânico, incluindo fotocópia e gravação) ou arquivada em qualquer sistema ou banco de dados sem permissão escrita da Editora. Direitos reservados.

Paulinas
Rua Dona Inácia Uchoa, 62
04110-020 — São Paulo — SP (Brasil)
Tel.: (11) 2125-3500
http://www.paulinas.com.br
editora@paulinas.com.br
Telemarketing e SAC: 0800-7010081
© Pia Sociedade Filhas de São Paulo – São Paulo, 2022

Recriar
Direção-geral: Iago Gonçalves
Rua Alba, 1907
04346-000 – São Paulo – SP (Brasil)
Tel.: (11) 99017-1099
http://www.editorarecriar.com.br

LISTA DE ILUSTRAÇÕES

1.1. Topografia de Jerusalém, assinalando-se os setores principais do local antigo, incluindo-se o hipotético outeiro no Monte do Templo (para este último, cf. o adendo).

2.1. Locais mencionados na lista dos repatriados.

3.1. Locais mencionados em Ne 3 (em negrito) contra a área principal com as impressões de selo de Yehud no período persa (85% das descobertas em linha contínua; 90% em linha pontilhada).

3.2. Locais mencionados em relação à expansão hasmoneia; localidades reportadas em 1 Macabeus como palco das batalhas de Judas Macabeu e as fortalezas construídas por Báquides estão em negrito. Os pontos de interrogação indicam identificação provisória.

4.1. Adversários de Neemias.

5.1. Locais mencionados nas listas genealógicas em 1Cr 2–9.

6.1. Locais mencionados na lista das fortalezas de Roboão (em negrito), com o acréscimo das localidades fortificadas por Báquides, de acordo com 1Mc 9 (em itálico). Os pontos de interrogação indicam locais cuja identificação não é segura.

SUMÁRIO

Abreviaturas 11
Apresentação à edição brasileira 15
Introdução 21

CAPÍTULO 1

Jerusalém no período persa (e começo do período helenista)
e o muro de Neemias 25
   1. A visão atual 25
   2. As descobertas 29
   3. O muro de Neemias 38
   4. A realidade por trás de Ne 3 43
   5. Conclusão 49
   Adendo 50

CAPÍTULO 2

Arqueologia da lista dos repatriados nos livros de Esdras e Neemias 57
   1. Introdução 57
   2. Sítios escavados 59
   3. Sítios arqueológicos inspecionados 66
   4. Discussão 74
   5. Resumo 77
   Adendo 77

CAPÍTULO 3

A extensão territorial e a demografia de Yehud/Judeia
no período persa e começo do período helenista 83
    1. Yehud no período persa 84
    2. O período helenista inicial (até a década de 160 a.C.) 93
    3. As fases iniciais da expansão hasmoneia 100
    4. De volta a Ne 3 e à lista dos repatriados 102
    Conclusão 104
    Adendo 105

CAPÍTULO 4

Os adversários de Neemias 107
    1. Introdução 107
    2. Os adversários 110
    3. Fronteiras de Yehud/Judeia 113
    4. Carrossel dos inimigos 116
    5. Resumo 120

CAPÍTULO 5

A realidade histórica por trás das listas genealógicas de 1 Crônicas 121
    1. A arqueologia dos locais mencionados nas listas 122
    2. A realidade territorial por trás das listas 131
    3. Discussão 146
    4. Resumo 148
    Adendo 148

CAPÍTULO 6

As cidades fortificadas de Roboão (2Cr 11,5-12) 153
   1. Introdução 153
   2. A identificação de Socô/Socó e Gat 155
   3. 2Cr 11,5-12 descreve uma realidade da Idade do Ferro? 158
   4. 2Cr 11,5-12 e o Estado hasmoneu 163
   5. Discussão 171
   Adendo 174

CAPÍTULO 7

A expansão de Judá em 2 Crônicas 177
   1. Introdução 177
   Excurso 1: A data mais baixa possível para Crônicas 181
   2. A expansão de Judá de acordo com Crônicas em relação à história dos hasmoneus 189
   3. Os aspectos territoriais das genealogias em 1Cr 2–9 203
   4. Necessidade hasmoneia de legitimação 205
   Excurso 2: Um Cronista ou Cronistas? 210
   Conclusão 211
   Adendo 212

Conclusões 215
Bibliografia 221
Índice bíblico 255
Índice remissivo 259

ABREVIATURAS

AASOR	Annual of the American Schools of Oriental Research
AB	The Anchor Bible
ABD	Freedman, David Noel (ed.). *Anchor Bible Dictionary*. 6 Vols. New York: Doubleday, 1992.
ABS	Archaeology and Biblical Studies
AcBib	Academia Biblical
AJSL	*American Journal of Semitic Languages and Literatures*
A.J.	Josephus, *Antiquitates judaicae*
ATD	Das Alte Testament Deutsch
BA	*Biblical Archaeologist*
BAIAS	*Bulletin of the Anglo-Israeli Archaeological Society*
BARIS	BAR (British Archaeological Reports) International Series
BASOR	*Bulletin of the American Schools of Oriental Research*
BBB	Bonner biblische Beiträge
BEATAJ	Beiträge zur Erforschung des Alten Testaments und des Antiken Judentum
Bib	*Biblica*
B.J.	Josephus, *Bellum judaicum*
B.N.	*Biblische Notizen*
BWANT	Beiträge zur Wissenschaft vom Alten und Neuen Testament
BZAW	Beihefte zur Zeitschrift für die alttestamentliche Wissenschaft
ESI	*Excavations and Surveys in Israel*
CAH	*Cambridge Ancient History*
DCLS	Deuterocanonical and Cognate Literature Studies
DJD	Discoveries in the Judaean Desert
DMOA	Documenta et Monumenta Orientis Antiqui
ErIsr	*Eretz-Israel*
HAT	Handbuch zum Alten Testament
HeBAI	*Hebrew Bible and Ancient Israel*
HNT	Handbuch zum Neuen Testament

HSM	Harvard Semitic Monographs
HTR	Harvard Theological Review
IAA Reports	Israel Antiquity Authority Reports
IEJ	*Israel Exploration Journal*
JAJSup	Journal of Ancient Judaism Supplements
JAOS	*Journal of the American Oriental Society*
JBL	*Journal of Biblical Literature*
JHS	*Journal of Hebrew Scripture*
JSJ	*Journal for the Study of Judaism*
JJS	*Journal of Jewish Studies*
JNES	*Journal of Near Eastern Studies*
JNSL	*Journal of Northwest Semitic Languages*
JQR	*Jewish Quarterly Review*
JSJSup	Supplements to the Journal for the Study of Judaism
JSNTSup	Journal for the Study of the New Testament Supplement Series
JSOT	*Journal for the Study of the Old Testament*
JSOTSup	Journal for the Study of the Old Testament Supplement Series
JTS	*Journal of Theological Studies*
LHBOTS	Library of Hebrew Bible/Old Testament Studies
MSIA	Monograph Series of the Institute of Archaeology Tel Aviv University
NEA	*Near Eastern Archaeology*
NEAEHL	Ephraim, Stern (ed.). *The New Encyclopedia of Archaeological Excavations in the Holy Land.* 4 Vols. Jerusalem: Israel Exploration Society & Carta; New York: Simon & Schuster, 1993.
NSJ	*New Studies on Jerusalem*
OBO	Orbis Biblicus et Orientalis
Od.	Homero, Odisseia
OJA	*Oxford Journal of Archaeology*
OtSt	Oudtestamentische Studiën
PEQ	*Palestine Exploration Quarterly*
PJ	*Palästinajahrbuch*
RB	*Revue biblique*

SBLDS	Society of Biblical Literature Dissertation Series
SBLStBL	Society of Biblical Literature Studies in Biblical Literature
SJ	Studia Judaica
SJLA	Studies in Judaism in Late Antiquity
SJOT	*Scandinavian Journal of the Old Testament*
SNTSMS	Society for New Testament Studies Monograph Series
SSN	Studia Semitica Neerlandica
SymS	Symposium Series
TA	*Tel Aviv*
TMO	Travaux de la Maison de l'Orient
TSAJ	Texte und Studien zum antiken Judentum
Transeu	*Transeuphratène*
UF	*Ugarit Forschungen*
VT	*Vetus Testamentum*
VTSup	Supplements to Vetus Testamentum
WMANT	Wissenschaftliche Monographien zum Alten und Neuen Testament
ZAW	*Zeitschrift für die Alttestamentliche Wissenschaft*
ZDPV	*Zeitschrift des Deutschen Palästina-Vereins*
ZPE	*Zeitschrift für Papyrologie und Epigraphik*

APRESENTAÇÃO À EDIÇÃO BRASILEIRA

Durante uma conferência em São Paulo em 2019, Israel Finkelstein disse o seguinte: "Quando vejo a comunidade acadêmica sentada tranquilamente, como sapos em uma lagoa a coaxar harmoniosamente, concluo que alguma coisa está errada. Vou, então, e jogo uma pedra na água e causo um alvoroço geral". É isso literalmente o que este livro faz.

Israel Finkelstein é um arqueólogo de larga e bem-sucedida experiência. Apesar de coordenar escavações em diversos sítios e em diferentes regiões, tem como base de suas pesquisas o *Tel Megiddo*. Finkelstein faz arqueologia crítica, não no sentido de desfazer o que outros concluíram ou de chamar a atenção sobre si, mas de perguntar a razão das coisas e se elas realmente são o que aparentam ser. Também é um pesquisador sensível, capaz de mudar de opinião diante das evidências. Seu histórico não está preso a instituições ou ideias. Seu profundo conhecimento da arqueologia e seu acesso ao material arqueológico dos diferentes sítios possibilitam-lhe uma leitura diferenciada também dos textos bíblicos, campo ao qual tem-se dedicado mais amplamente nos últimos anos.

Este já é o terceiro livro de Israel Finkelstein publicado no Brasil.[1] Nossa gratidão a Paulinas Editora e a Editora Recriar por este serviço aos estudiosos da Bíblia.

A falta de evidências arqueológicas dos períodos persa e helenista antigo/primitivo

Como é sabido, costuma-se situar muita produção bíblica no chamado período do domínio persa (538-332 a.C.). No entanto, temos

---

[1] Anteriormente, foram publicados *O reino esquecido: arqueologia e história de Israel Norte* (Paulus, 2015) e, junto com Neil Asher Silberman, *A Bíblia desenterrada: a nova visão arqueológica do Antigo Israel e das origens dos seus textos sagrados* (Vozes, 2018 – antes publicado pela editora Girafa, 2003).

pouca, ou quase nenhuma informação de Judá desse período. Na Bíblia, os únicos livros que tratam explicitamente do contexto persa são os livros de Esdras e Neemias. Contudo, as informações históricas em ambos os livros são confusas e contraditórias, por isso sua consistência é questionável. Também não temos evidências arqueológicas, extrabíblicas, desse período, tais como monumentos, artefatos, escritos etc., praticamente nada. A pequena exceção são os papiros de Elefantina. Por isso, afirma Finkelstein, a comunidade acadêmica corre um sério risco de não sair de uma argumentação circular.

Também não há comprovação de atividade literária desse período em Judá. Existem evidências de atividade literária do final da monarquia (século VII a.C.), como mostram as análises feitas nos óstracos de Arad, onde se comprovou a existência de cinco a seis mãos diferentes na grafia. Depois a escrita desaparece e só volta a aparecer no período helenista tardio,[2] século II a.C., durante o reinado hasmoneu. Ou seja: entre a destruição de Jerusalém (587 a.C.) e o surgimento do estado hasmoneu (134 a.C.) não há evidência de atividade literária extrabíblica na Judeia. Isso não pode ser ignorado quando se trata de estudar os textos bíblicos, afirma Finkelstein.

Jerusalém

Outra questão a considerar é o resultado das escavações da antiga Jerusalém, hoje quase toda ela rodeada pela muralha turco-otomana construída por Solimão, o Magnífico (sultão de 1520 a 1566). Acredita-se que a Jerusalém dos períodos persa (538-332 a.C.) e helenista antigo/primitivo (332-134 a.C.) ocupou a mesma área da Jerusalém dos reinados de Davi e Salomão, século X a.C., hoje em dia denominada de "Cidade de Davi". O curioso é que em ambos os casos não há

---

[2] O período helenista é dividido em: período helenista antigo/primitivo (332-135 a.C.) – quando Judá estava sob o domínio de Alexandre, ptolomeus e selêucidas – e período helenista tardio (134-63 a.C.) – quando Judá era governada pela dinastia hasmoneia.

remanescentes arquitetônicos, nem templo, muralha, palácio ou grandes edifícios. Isso coloca os dois períodos num mesmo plano. Do período persa e helenista antigo/primitivo, somente poucos e pequenos pedaços de cerâmica foram encontrados. O que representa ser uma comprovação de que a Jerusalém desse período existia, mas era muito pobre.

As escavações atuais, como a que está sendo conduzida no *Givati Parking Lot*, costumam encontrar certa abundância de cerâmica dos períodos bizantino, romano tardio, romano antigo/primitivo e helenista tardio, mas não dos períodos helenista antigo/primitivo e persa. Nas escavações, após o estrato helenista tardio, segue logo o estrato da Idade do Ferro II tardia (século VII a.C.). Os estratos do período helenista antigo/primitivo e persa faltam, não existem. Há um vazio arqueológico. Esta ausência costuma ser atribuída à erosão ou às reconstruções da cidade por séculos. Mas, diz Finkelstein, pisos e muralhas não podem desaparecer no ar. Se assim fosse, também não se deveria encontrar remanescentes de outros períodos.[3]

A *Jehud Parvak* do período persa

Outra polêmica levantada por este livro é o tamanho da província de Judá (*Jehud Parvak*) do período persa. Não sabíamos até há pouco tempo qual era o seu tamanho aproximado. Após um estudo coordenado por Oded Lipschits, da Universidade de Tel Aviv, isso ficou mais claro. Lipschits e sua equipe fizeram um levantamento do número e das localidades onde foram encontrados os selos *Jehud Parvak*, impressos nas alças dos potes de cerâmica, os quais eram utilizados para a coleta do tributo persa. Isso possibilitou saber até onde ia o território da província de Judá. O que se descobriu foi que 85% dos selos foram encontrados nos arredores de Jerusalém, principalmente em Ramat

---

[3] É bem verdade que não temos notificações de destruição da cidade, entenda-se *guerra*, nesses períodos. E, como sabemos, a arqueologia serve-se das destruições para seus estudos.

Rahel, um centro de coleta de tributo que distava 4 km de Jerusalém. E 90%, se incluir Masfa (*Tell en-Nasbeh*), que dista cerca de 10 km de Jerusalém, na região de Benjamim. Em conclusão: a Judeia do período persa parece que correspondia a um território muito mais reduzido do que se imaginava.

O contexto de Esdras, Neemias e Crônicas

Para o estudo do contexto dos livros de Esdras, Neemias e 1 e 2 Crônicas, Finkelstein aborda alguns textos considerados centrais nestes livros, particularmente aqueles que se caracterizam pelo seu conteúdo geográfico. Por exemplo, Ne 3, que trata da reconstrução da muralha de Jerusalém e menciona vários grupos, de diferentes locais, que participaram da construção ou se opuseram a ela. Primeiro, Finkelstein é categórico em afirmar que não existe muralha do período persa. A muralha que alguns afirmam ser do período persa não é arqueologia séria. Tal muralha é seguramente a do período hasmoneu, que praticamente segue a mesma linha da muralha destruída pelos babilônios em 587 a.C. A menção ao número de portões e de torres da muralha citado no texto é o mesmo da muralha hasmoneia. Outra questão é a referência aos locais, como Betsur e Gabaon/Gibeon, que o texto faz. Segundo Finkelstein, esses locais não tinham assentamento no período persa e helenista antigo/primitivo. Talvez tivessem um pequeno assentamento, mas sem importância. Portanto, para Finkelstein, a realidade descrita em Ne 3 não corresponde de nenhum modo ao período persa, mas ao período hasmoneu.

Outro problema é a menção aos inimigos de Neemias (Ne 2,19 e 4,1.7-8). Finkelstein pergunta: Por que a pequena comunidade nascente de Jerusalém conflitaria com Samaria, que fica longe no norte, com Amon, que fica do outro lado do Jordão, com Azoto/Asdode, que fica junto ao mar Mediterrâneo, e com os árabes no sul, todos povos tão distantes de Jerusalém? Para ele, estas são as direções das conquistas hasmoneias do segundo século a.C., com João Hircano: norte, leste, oeste e sul.

Nesse mesmo plano se encontra a lista dos repatriados (Esd 2,1-70 e Ne 7,6-72). Os locais mencionados nesses textos, nos quais os repatriados foram assentados, não revelam presença humana nos períodos persa e helenista antigo/primitivo. Revelam presença humana nos períodos da Idade do Ferro II e helenista tardio. Mas não nos períodos persa e helenista antigo/primitivo. Talvez em alguns locais possa ter havido atividade fraca, mas na maioria não houve nenhuma. Ademais, a lista das localidades mencionadas abrange um território muito amplo, de Hebron a Siquém e da Sefelá até a Transjordânia. Essa dimensão não coaduna com a área demarcada pela presença dos selos *Jehud*, assunto abordado anteriormente. Ou seja: ela não representa o território da província de Judá (*Jehud Parvak*) do período persa. Por outro lado, ela é correspondente à expansão hasmoneia do século II a.C. O interessante é que na lista das cidades conquistadas por Roboão, apresentada pelo cronista (2Cr 11,5-12.23), há um acréscimo em relação a 1Rs 12,21-24;14,21-31, onde ele se inspirou. Curiosamente, este acréscimo são as cidades fortificadas conquistadas pelos hasmoneus.

Enfim, Finkelstein não discorda de que haja um núcleo (memória) antigo/primitivo nos livros de Esdras, Neemias e 1 e 2 Crônicas. No entanto, para ele, os três livros contêm amplo material do período hasmoneu, que retrata a realidade do referido período, e os três têm a mão do cronista.

Tal é o lago de águas agitadas no qual este livro nos lança. Parabéns a Paulinas Editora e a Editora Recriar pela publicação!

José Ademar Kaefer
Universidade Metodista de São Paulo

INTRODUÇÃO

Ao longo da última década, publiquei sete artigos concernentes a textos dos livros de Esdras, Neemias e Crônicas. Eles tratam da construção da muralha da cidade de Jerusalém, descrita em Ne 3; das listas dos repatriados em Esd 2,1-67 e Ne 7,6-68; dos adversários de Neemias; das genealogias em 1Cr 2–9; das cidades fortificadas por Roboão de acordo com 2Cr 11,5-12; e dos relatos peculiares a 2 Crônicas relacionados à expansão de Judá. Um artigo suplementar oferece uma visão geral da extensão territorial de Yehud/Judeia nos períodos persa e helenista.

Meu interesse nesse material proveio de uma sensação de *déjà vu*: durante muitos anos, lidei – direta ou indiretamente – com textos bíblicos que recontam a história de Israel e de Judá e constatei argumentos circulares na pesquisa no que tange à datação deles. Minha saída desse impasse foi utilizar a arqueologia e textos extrabíblicos no estudo de tal material. A situação de Esdras, Neemias e Crônicas é semelhante: certa discussão acadêmica encontra-se enredada em argumentos circulares e em confiança acrítica no que dizem os textos. Neste caso, também, a solução é consultar informações não diretamente relacionadas aos textos – em primeiro lugar, e acima de tudo, a arqueologia.

Os elementos bíblicos discutidos nesses artigos incluem informação geográfica que pode lançar luz sobre o pano de fundo histórico por trás dos textos e das intenções de seus autores. O contexto histórico pode ser alcançado recorrendo-se à arqueologia a fim de verificar a história do assentamento das localidades mencionadas nos textos e comparando-se a informação oferecida por tais versículos e capítulos com fontes extrabíblicas escritas.

Os artigos reimpressos neste livro foram publicados durante um período de vários anos (2008-2015), sem nenhum esquema planejado previamente, o que significa que um tema levou a outro. Entretanto, durante o processo de escrevê-los, tornou-se claro, para mim, que os artigos descrevem um quadro semelhante no que diz respeito ao pano de fundo histórico por trás deles – mais tardio do que pressupõe a maioria dos estudiosos. E uma vez que os textos geográficos discutidos nos artigos constituem significativas partes dos livros de Neemias e das Crônicas, eles são pertinentes a temas mais amplos do que a data de determinado texto, o que inclui a estratigrafia e a cronologia dos livros em questão. Esta é a razão para minha decisão de publicar os artigos em um livro: mostrar ao leitor a importância geral deles.[1]

Os artigos originais estão reimpressos sem qualquer alteração, exceto a adaptação ao estilo da SBL Press, nos Estados Unidos, e de Paulinas Editora, no Brasil, tanto no texto quanto nas notas de rodapé. Isto significa que não acrescentei lançamentos bibliográficos que apareceram depois que determinado artigo foi publicado. Contudo, no final de cinco dos sete capítulos, incluí um adendo com atualizações arqueológicas e referências a artigos específicos publicados sobre o assunto discutido no artigo em questão. A fim de facilitar a leitura, também acrescentei diversos mapas que não estavam incluídos nas publicações originais. É óbvio que em uma coleção de artigos que tratam do mesmo tema geral há certas repetições, como, por exemplo, em referência à arqueologia de Gabaon/Gibeon e de Betsur, e à lista de locais fortificados por Báquides (1Mc 9,50-52), ou nos resumos de temas ligados às genealogias e às cidades fortificadas de Roboão no artigo sobre a expansão de Judá em Crônicas. Isto é inevitável; a eliminação de tais repetições teria arruinado as estruturas dos artigos.

---

[1] Quero agradecer à minha aluna Naʿama Walzer e a Shimrit Salem por me ajudarem a adaptar os artigos originais ao estilo da SBL Press; a Ido Koch e a Assaf Kleiman pela preparação dos mapas (mapas 1 e 2-7, respectivamente); e a Sabine Kleiman pela revisão do livro e pela preparação do índice para a publicação da SBL Press.

Os artigos originais incluídos neste livro estão listados a seguir na ordem em que aparecem aqui:

- "Jerusalém no período persa (e começo do período helenista) e o muro de Neemias". *JSOT* 32 (2008) 501-520.
- "Arqueologia da lista dos repatriados nos livros de Esdras e Neemias". *PEQ* 140 (2008) 7-16.
- "A extensão territorial e a demografia de Yehud/Judeia no período persa e começo do período helenista". *RB* 117 (2010) 39-54.
- "Os adversários de Neemias: uma realidade hasmoneia?" *Transeu* 47 (2015) 47-55.
- "A realidade histórica por trás das listas genealógicas em 1 Crônicas". *JBL* 131 (2012) 65-83.
- "As cidades fortificadas de Roboão (2Cr 11,5-12): uma realidade hasmoneia?". *ZAW* 123 (2011) 92-107.
- "A expansão de Judá em 2 Crônicas: legitimação territorial para os hasmoneus?". *ZAW* 127 (2015) 669-695.

Capítulo 1

JERUSALÉM NO PERÍODO PERSA (E COMEÇO DO PERÍODO HELENISTA) E O MURO DE NEEMIAS

O conhecimento da arqueologia de Jerusalém no período persa (e começo do período helenista) – o tamanho do assentamento e se era fortificado – é crucial para compreender a história da província de Yehud, a realidade por trás do livro de Neemias e o processo de compilação e redação de certos textos bíblicos.[1] É essencial, portanto, considerar os achados livres de preconceitos (o que pode derivar do relato no livro de Neemias) e somente depois tentar fundir arqueologia e texto.

1. A visão atual

Considerável número de estudos que tratam de Jerusalém no período persa tem sido publicado nos últimos anos.[2] Embora os autores

---

[1] A respeito deste último, cf., por exemplo: William M. Schniedewind, "Jerusalem, the Late Judaean Monarchy and the Composition of the Biblical Texts", in Andrew G. Vaughn and Ann E. Killebrew (eds.) *Jerusalem in the Bible and Archaeology: The First Temple Period*, SymS 18 (Atlanta: Society of Biblical Literature, 2003), 375–93; Schniedewind, *How the Bible Became a Book: The Textualization of Ancient Israel* (Cambridge: Cambridge University Press, 2004) 165–78; Diana V. Edelman, *The Origins of the 'Second' Temple: Persian Imperial Policy and the Rebuilding of Jerusalem* (London: Equinox, 2005) 80–150.

[2] Por exemplo: Charles E. Carter, *The Emergence of Yehud in the Persian Period: A Social and Demographic Study*, JSOTSup 294 (Sheffield: Sheffield Academic Press, 1999); Hanan Eshel, "Jerusalem under Persian Rule: The City's Layout and the Historical Background", in Shmuel Ahituv e Amihai Mazar (eds.) *The History of Jerusalem: The Biblical Period*, (Jerusalem: Yad Ben-Zvi, 2000

estivessem cientes dos resultados de escavações recentes mostrando que o assentamento limitava-se à saliência oriental (a "Cidade de Davi", Figura 1.1.), eles continuaram a referir-se a uma importante "cidade" fortificada, com uma população relativamente grande.

Carter argumentou que Jerusalém cresceu a partir de uma área construída de 30 dunams/30 mil metros quadrados no I período persa a 60 dunams/60 mil m²/6 ha "depois da missão de Neemias",[3] e estimou o auge populacional ter sido entre 1.250 e 1.500 pessoas.[4] Baseando-se em dados arqueológicos de escavações e pesquisas, e usando um coeficiente de densidade de 25 pessoas por um dunam/mil m² construído(s) (uma cifra que pode ser um tanto demasiado elevada; cf. mais adiante), Carter chega a uma população estimada em cerca de 20 mil pessoas para toda a província de Yehud no período persa.[5] Carter perguntou com acerto: se Yehud "era tão pequena e tão pobre, como a elite social e religiosa podia manter a atividade literária atribuída ao período persa?[...] Como uma comunidade tão pequena poderia ter

---

[em hebraico]), 327–44; Ephraim Stern, *The Assyrian, Babylonian, and Persian Periods* (732–332 B.C.E.). Vol. 2 of *Archaeology of the Land of the Bible* (New York: Doubleday, 2001), 434–36; Edelman, *The Origins of the'Second' Temple*; Oded Lipschits, *The Fall and Rise of Jerusalem: Judah under Babylonian Rule* (Winona Lake, IN: Eisenbrauns, 2005); Lipschits, "Achaemenid Imperial Policy, Settlement Processes in Palestine, and the Status of Jerusalem in the Middle of the Fifth Century B.C.E.", in Oded Lipschits and Manfred Oeming (eds.) *Judah and the Judeans in the Persian Period* (Winona Lake, IN: Eisenbrauns, 2006), 19–52; David Ussishkin, "The Borders and De Facto Size of Jerusalem in the Persian Period", in Lipschits and Oeming, *Judah and the Judeans in the Persian Period*, 147–66.

[3] Carter, *The Emergence of Yehud*, 200.
[4] Carter, *The Emergence of Yehud*, 288.
[5] Carter, *The Emergence of Yehud*, 195–205, comparado a cerca de 30 mil, de acordo com Oded Lipschits, "Demographic Changes in Judah between the Seventh and the Fifth Centuries B.C.E.", in Oded Lipschits and Joseph Blenkinsopp (eds.) Judah and the Judeans in the New-Babylonian Period, (Winona Lake, IN: Eisenbrauns, 2003), 364, também utilizando o coeficiente de 25 pessoas por dunam/mil m² construído(s).

construído um templo e/ou fortificado Jerusalém"?[6] Fundando-se em "paralelos históricos e sociológicos – na verdade, quase unicamente em textos bíblicos –, Carter respondeu positivamente, argumentando que a elite urbana era suficientemente grande seja para a produção de um amplo corpo de textos, seja para a fortificação de Jerusalém.[7]

Eshel reconstruiu a história de Jerusalém no período persa quase unicamente consoante os textos bíblicos, argumentando que a "Jerusalém de Neemias era uma pequena cidade [...] contudo, tinha oito portas [...] muito mais do que seria realmente necessário para a cidade naquele tempo".[8] Eshel reconheceu que a população de Jerusalém era escassa (em consonância com Ne 7,4); ao mesmo tempo, porém, afirmou que era habitada por levitas e outros que haviam sido trazidos para Jerusalém por Neemias (13,4-14; 11,1). Ele comparou as ações demográficas empreendidas por Neemias à política do sinecismo dos tiranos gregos.[9] No que concerne à reconstrução dos muros, seguindo Ne 3, Eshel visualiza uma operação mais importante, que envolve muitos grupos de construtores.

Stern começou a discussão da arqueologia de Jerusalém no período persa com uma frase fundamentada apenas no texto bíblico: "No período persa, Jerusalém foi cercada pelos muros erigidos por Neemias".[10] A um só tempo, reconhecia que, "da muralha da cidade de Neemias, restaram apenas alguns vestígios ao longo do decurso descrito na

---

[6] Carter, *The Emergence of Yehud*, 285; confira a mesma linha de pensamento in Schniedewind, "Jerusalem, the Late Judaean Monarchy"; Schniedewind, *How the Bible Became a Book*, 165–78.

[7] Carter, *The Emergence of Yehud*, 288.

[8] Eshel, "Jerusalem under Persian Rule", 341.

[9] Igualmente: Joel P. Weinberg, *The Citizen-Temple Community*, JSOTSup 151 (Sheffield: Sheffield Academic Press, 1992) 43; Weinberg, "Jerusalem in the Persian Period", in Ahituv and Mazar, *History of Jerusalem*, The Biblical Period [em hebraico], 308–9, 313–16.

[10] Stern, *The Assyrian, Babylonian, and Persian Periods*, 434.

Bíblia".[11] Stern referia-se a um segmento da muralha da cidade no topo do declive oriental da Cidade de Davi, o qual foi datado do período persa por Kenyon (cf. mais adiante).[12]

Edelman admitia que Ne 3 reflete acuradamente "os nomes das pessoas e dos assentamentos em Yehud no período em que os muros de Jerusalém foram construídos durante o reino de Artaxerxes I".[13] Edelman, como Lipschits (ver mais adiante), via a construção dos muros por Neemias como um ponto decisivo na história de Yehud – assinalando a transferência da capital de Masfa para Jerusalém. Os muros ofereciam "proteção para a população civil e para os oficiais do governo que guarneciam o forte e levavam adiante a administração da província".[14] Edelman via um importante esforço de construção em Jerusalém sob os auspícios persas nos dias de Artaxerxes I – um esforço muito maior do que o exigido para a reconstrução dos muros da cidade, que também incluía um templo e uma fortaleza.[15]

Ussishkin declarou que "o *corpus* de informações arqueológicas deveria ser o ponto de partida para o estudo de Jerusalém [...] Esta fonte de informação deveria assumir a precedência, sempre que possível, sobre as fontes escritas, que são amplamente tendenciosas, incompletas e abertas a diversas interpretações".[16] Revisando as informações arqueológicas, ele concluiu corretamente que a descrição de Ne 3 deve referir-se à extensão máxima dos muros da cidade, incluindo a colina ocidental. Em seguida, no entanto, unicamente conforme o testemunho textual em Ne 3, ele admite que o assentamento do período persa era indubitavelmente fortificado: "Quando Neemias restaurou a muralha da cidade destruída pelos babilônios no ano 586 a.C., é evidente [...]

---

[11] Stern, *The Assyrian, Babylonian, and Persian Periods*, 435.
[12] Kathleen M. Kenyon, Digging Up Jerusalem (London: Ernest Benn, 1974) 183–84.
[13] Edelman, *The Origins of the 'Second' Temple*, 222.
[14] Edelman, *The Origins of the 'Second' Temple*, 206.
[15] Edelman, *The Origins of the 'Second' Temple*, 344–48.
[16] Ussishkin, "The Borders and De Facto Size of Jerusalem", 147–4.

que ele restaurou a muralha da cidade que incluía a Colina Sudoeste, tal como sugeriam os 'maximalistas'".[17]

A reconstrução que Lipschits fez da história de Jerusalém no período persa girou em torno da reconstrução da muralha levada a cabo por Neemias.[18] Embora "não haja achados arquitetônicos ou outros que confirmem Jerusalém como um centro urbano durante o período persa",[19] "a verdadeira mudança na história de Jerusalém aconteceu em meados do século V a.C., quando as fortificações de Jerusalém foram construídas. Juntamente com os escassos dados arqueológicos, temos uma clara descrição deste acontecimento na narrativa de Neemias [...]".[20] Lipschits viu a construção da muralha da cidade como o momento decisivo da história de Jerusalém – quando ela se tornou a capital de Yehud: "A anuência dos persas para a construção de fortificações em Jerusalém e para alterar o *status* da cidade para capital da província foi a mudança mais dramática na história da cidade depois da destruição babilônica em 586".[21] Lipschits descreveu Jerusalém como uma "cidade" de 60 dunams/60 mil m²/6 ha, com uma população de cerca de 1.500 habitantes.[22]

Obviamente, todos os estudiosos que lidaram com a natureza de Jerusalém no período persa basearam sua discussão no texto bíblico, principalmente na descrição da reconstrução da muralha da cidade em Ne 3.

2. As descobertas

A intensa pesquisa arqueológica em Jerusalém nos últimos quarenta anos tem mostrado que:

---

[17] Ussishkin, "The Borders and De Facto Size of Jerusalem", 159; também 160.
[18] Lipschits, "Achaemenid Imperial Policy".
[19] Lipschits, "Achaemenid Imperial Policy", 31.
[20] Lipschits, "Achaemenid Imperial Policy", 34.
[21] Lipschits, "Achaemenid Imperial Policy", 40.
[22] Lipschits, "Achaemenid Imperial Policy", 32; também Lipschits, "Demographic Changes in Judah", 330–31; Lipschits, "Achaemenid Imperial Policy", 212; confira um número diferente – 3 mil pessoas –, in "Achaemenid Imperial Policy", 271.

1. A colina sudoeste (Figura 1.1.) fazia parte da cidade fortificada no final da Idade do Ferro II e no final do período helenista.[23]
2. A colina sudoeste *não era* habitada no período persa e começo do período helenista. Isto tem sido demonstrado por escavações no bairro Judeu,[24] no bairro Armênio,[25] em Acra [Cidadela][26] e

---

[23] Para a Idade do Ferro II, cf. Hillel Geva, "The Western Boundary of Jerusalem at the End of the Monarchy", *IEJ* 29 (1979) 84–91; Geva, "Summary and Discussion of Findings from Areas A, W and X-2", in Hillel Geva (ed.) *Jewish Quarter Excavations in the Old City of Jerusalem*, Vol. 2 (Jerusalem: Israel Exploration Society, 2003), 505–18; Geva, "Western Jerusalem at the End of the First Temple Period in Light of the Excavations in the Jewish Quarter", in Vaughn and Killebrew, *Jerusalem in the Bible and Archaeology*, 183–208; Nahman Avigad, *Discovering Jerusalem* (Nashville: Nelson, 1983), 31–60; Ronny Reich and Eli Shukron, "The Urban Development of Jerusalem in the Late Eight Century B.C.E.", in Vaughn and Killebrew, *Jerusalem in the Bible and Archaeology*, 209–18. Para o período helenista tardio, cf. Hillel Geva, "Excavations in the Citadel of Jerusalem, 1979–1980: Preliminary Report", *IEJ* 33 (1983) 55–71; Geva, "Excavations at the Citadel of Jerusalem, 1976–1980", in Hillel Geva (ed.) *Ancient Jerusalem Revealed* (Jerusalem: Israel Exploration Society, 1994), 156–67; Geva, "Summary and Discussion of Findings", 526–34; Magen Broshi and Shimon Gibson, "Excavations along the Western and Southern Walls of the Old City of Jerusalem", in Geva, *Ancient Jerusalem Revealed*, 147–55; Doron Chen, Shlomo Margalit, and Bargil Pixner, "Mount Zion: Discovery of Iron Age Fortifications below the Gate of the Essens", in Geva, *Ancient Jerusalem Revealed*, 76–81; Renee Sivan and Giora Solar, "Excavations in the Jerusalem Citadel, 1980–1988", in Geva, *Ancient Jerusalem Revealed*, 168–76; Gregory J. Wightman, *The Walls of Jerusalem: From the Canaanites to the Mamluks* (Sydney: Meditarch, 1993), 111–57.

[24] Avigad, *Discovering Jerusalem*, 61–63; Hillel Geva, "General Introduction to the Excavations in the Jewish Quarter", in Hillel Geva (ed.) *Jewish Quarter Excavations in the Old City of Jerusalem*, Vol. 1 (Jerusalem: Israel Exploration Society, 2000), 24; Geva, "Summary and Discussion of Findings", 524; Geva, "Western Jerusalem at the End", 208.

[25] Shimon Gibson, "The 1961–67 Excavations in the Armenian Garden, Jerusalem", *PEQ* 119 (1987) 81–96; Geva "Summary and Discussion of Findings", 524–25.

[26] Ruth Amiran and Avraham Eitan, "Excavations in the Courtyard of the Citadel, Jerusalem, 1968–1969 (Preliminary Report)", *IEJ* 20 (1970) 9–17.

no Monte Sião.[27] Exceto algumas possíveis descobertas isoladas,[28] não há evidência de nenhuma atividade, em nenhuma parte da colina sudoeste, entre o início do século VI e o século II a.C. Portanto, os assentamentos persas e os do começo do helenismo deveriam ser buscados na aresta sudoeste – a Cidade de Davi.

Na Cidade de Davi, também, a prova é fragmentária. A maioria das descobertas oriundas do período persa e do início do período helenista foi encontrada na parte central da aresta, entre as Áreas G e D das escavações de Shiloh.[29] O período persa está representado pelo Estrato 9, que aparece inteiramente, de acordo com Shiloh,[30] nas Áreas D1,[31] D2 e G,[32] e que está parcialmente representada na Área E1. De acordo com De Groot, as descobertas mais significativas foram recuperadas da Área E.[33] Contudo, mesmo nessas áreas as descobertas foram insuficientes e pobres; a maioria delas provinha de atulhamentos e de restos de pedreiras.[34] De Groot descreve uma possível reutilização em uma construção do final da Idade do Ferro II, na Área E.[35] Cacos de louça e algumas impressões de selo foram encontrados nas Áreas A e

---

[27] Magen Broshi, "Excavations on Mount Zion, 1971–1972 (Preliminary Report)", *IEJ* 26 (1976) 82–83.

[28] Geva, "Summary and Discussion of Findings", 525.

[29] Yigal Shiloh, *Excavations at the City of David*, Vol. 1, Qedem 19 (Jerusalem: The Institute of Archaeology, The Hebrew University Jerusalem, 1984), 4.

[30] Shiloh, *Excavations at the City of David*, 4, tabela 2.

[31] Donald T. Ariel, Hannah Hirschfeld and Neta Savir, "Area D1: Stratigraphic Report", in Donald T. Ariel (ed.) *Extramural Areas*, Vol. 5 of *Excavations at the City of David*, Qedem 40 (Jerusalem: The Institute of Archaeology, The Hebrew University of Jerusalem, 2000), 59–62.

[32] Shiloh, *Excavations at the City of David*, 20.

[33] Alon de Groot, "Jerusalem during the Persian Period" [em hebraico], *NSJ* 7 (2001) 77–82.

[34] Confira a dificuldade para distinguir a "camada de lascas de calcário" in Ariel, Hirschfeld, and Savir, "Area D1", 59.

[35] De Groot, "Jerusalem during the Persian Period".

B de Reich e Shukron, situadas respectivamente no Vale do Cedron e no meio da encosta, a cerca de 200-250 m ao sul da Fonte de Gion; eles parecem ter-se originado no assentamento situado sobre a aresta.[36]

O Estrato 8 simboliza o começo do período helenista. Está completamente representado apenas na Área E2, parcialmente representado nas Áreas E1 e E3 e escassamente representado nas Áreas D1 e D2.[37] Neste caso, também, as descobertas são pobres: englobam três columbários[38] e uma estrutura que rendeu a única montagem de cerâmica helenista primitiva de Jerusalém.[39]

---

[36] Ronny Reich and Eli Shukron, "The Yehud Seal Impressions from the 1995–2005 City of David Excavations", *TA* 34 (2007) 59–65.

[37] Shiloh, *Excavations at the City of David*, 4, tabela 2.

[38] Alon de Groot, "Jerusalem in the Early Hellenistic Period" [em hebraico], *NSJ* 10 (2004) 67–70.

[39] In Area E1 – Shiloh, *Excavations at the City of David*, 15.

Jerusalém no período persa (e começo do período helenista) e o muro de Neemias

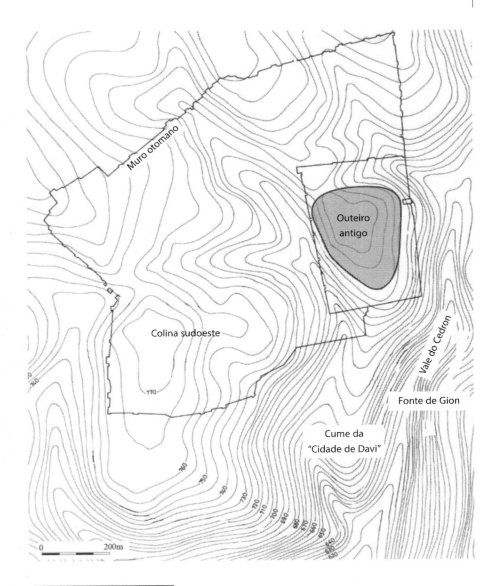

Figura 1.1. Topografia de Jerusalém, assinalando-se os setores principais do local antigo, incluindo-se o hipotético outeiro no Monte do Templo (para este último, cf. o adendo).

No caso da Cidade de Davi, igualmente, a evidência negativa é tão importante quanto a positiva. Nenhuma descoberta persa ou helenista primitiva foi encontrada na Área A na ponta meridional do outeiro. É importante observar que na Área A1 foram encontrados resíduos romanos sobre resíduos da Idade do Ferro II.[40] No sítio arqueológico K, de Kenyon, situado no lado sudoeste da Cidade de Davi, a cerca de 50 m ao norte da Piscina de Siloé, cacos de louça foram encontrados na rocha matriz, sobreposta por descobertas do fim do período helenista.[41]

Quanto à parte norte da aresta, o período persa e o começo do período helenista não estavam representados nas escavações de Benjamin e Eilat Mazar, ao sul do muro meridional do Monte do Templo, que produziram descobertas sobrepostas do final do período helenista e principalmente do começo do período romano sobre construções da Idade do Ferro II.[42] É significativo, outrossim, que as descobertas persas e helenistas antigas/primitivas não tenham sido informadas pelas escavações de Benjamin Mazar próximas ao canto sudoeste do Monte do Templo.[43] Algumas descobertas, mas não vestígios arquitetônicos ou conjuntos de cerâmica *in situ*, foram resgatadas por Crowfoot na

---

[40] Alon de Groot, David Cohen, and Arza Caspi, "Area A1", in Stratigraphic, Environmental, and Other Reports, Vol. 3 of *Excavations at the City of David 1978–1985*, ed. Alan de Groot and Donald T. Ariel, Qedem 33 (Jerusalem: The Institute of Archaeology, The Hebrew University of Jerusalem, 1992) 1–29.

[41] Kathleen M. Kenyon, "Excavations in Jerusalem, 1965", *PEQ* 98 (1966) 84. A Área K, de Shiloh, situada na aresta, a 90 m do norte da Área A, aproximadamente na mesma linha do sítio arqueológico K de Kenyon, foi escavada até a rocha matriz. Os vestígios mais primitivos datam do começo do período romano. Neste caso, uma operação de remoção em larga escala, que poderia ter destruído vestígios mais primitivos, parece ter acontecido no período romano [também Kathleen M. Kenyon, "Excavations in Jerusalem, 1964", *PEQ* 97 (1965) 14; Kenyon, "Excavations in Jerusalem, 1965", 88, para suas escavações nas proximidades].

[42] Eilat Mazar and Benjamin Mazar, *Excavations in the South of the Temple Mount: The Ophel of Biblical Jerusalem*, Qedem 29 (Jerusalem: The Institute of Archaeology, The Hebrew University of Jerusalem, 1989) XV–XVI.

[43] Benjamin Mazar, "The Excavations in the Old City of Jerusalem near the Temple Mount — Second Preliminary Report, 1969–1970 Seasons" [em hebraico], *ErIsr* 10 (1971) 1–34.

escavação da "Porta Ocidental"[44] e por Macalister e Duncan[45] na escavação imediatamente a oeste da Área G de Shiloh. O monte de entulho de 8-10 m de espessura, removido por Reich e Shukron na encosta oriental da Cidade de Davi, perto da Fonte de Gion,[46] produziu material cerâmico da Idade do Ferro II e do "do período tardio do Segundo Templo", mas nenhuma cerâmica persa ou helenista antiga/primitiva. Reich e Shukron interpretam isto como prova de que a Área G, situada no aclive da escavação deles, era desabitada naquele tempo. Por fim, é notável que a inspeção de escombros do Monte do Templo praticamente não recuperou achados do período persa.[47]

Reich e Shukron[48] também observaram que 75 das 85 impressões de selo de Yehud, oriundas das escavações de Shiloh, publicadas por Ariel e Shoham,[49] provinham das áreas B, D e E. Eles concluíram que o assentamento do período persa e do início do período helenista era restrito ao cume da aresta, ao sul da Área G.[50]

---

[44] John W. Crowfoot and Gerald M. Fitzgerald, *Excavations in the Tyropoeon Valley, Jerusalem 1927*, Palestine Exploration Fund Annual 5 (London: Palestine Exploration Fund, 1929).

[45] Robert A. S. Macalister and John G. Duncan, *Excavation on the Hill of Ophel, Jerusalem, 1923–1925*, Palestine Exploration Fund Annual 4 (London: Palestine Exploration Fund, 1926).

[46] Ronny Reich and Eli Shukron, "The Yehud Seal Impressions"; também Reich and Shukron, "The History of the Gihon Spring in Jerusalem", *Levant* 36 (2004) 211–23.

[47] Em comparação com número significativo de descobertas da Idade do Ferro II e do período helenista e início do período romano — Gabriel Barkay and Yitzhak Zweig, "The Temple Mount Debris Sifting Project: Preliminary Report" [em hebraico], *NSJ* 11 (2006) 213–37.

[48] Reich and Shukron, "The Yehud Seal Impressions".

[49] Donald T. Ariel and Yair Shoham, "Locally Stamped Handles and Associated Body Fragments of the Persian and Hellenistic Periods", in *Inscriptions*, Vol. 6 of Donald T. Ariel (ed.) *Excavations at the City of David 1978–1985*, Qedem 41 (Jerusalem: The Institute of Archaeology, The Hebrew University Jerusalem, 2000) 137–71.

[50] Confira uma opinião semelhante in Ariel and Shoham, "Locally Stamped Handles", 138.

Tudo isso parece indicar que:

1. No período persa e início do período helenista, a atividade no Monte do Templo não era intensa[51]e, de qualquer modo, não incluía áreas densamente habitadas.
2. A parte norte da aresta da Cidade de Davi era desabitada.
3. A parte sul da aresta provavelmente também era desabitada.

O assentamento do período persa e início do período helenista restringia-se à parte central da aresta, entre a Área G de Shiloh (que parece estar situada na margem da área habitada) e as Áreas D e E de Shiloh. O assentamento estava situado na aresta, com a encosta oriental fora da área construída. Mesmo nesta área restrita, um século de escavações, feitas por diversos arqueólogos, não conseguiu produzir uma única(!) casa ou recinto característicos do período persa, e apenas uma estrutura do início do período helenista foi encontrada. A ideia de que o assentamento foi erradicado devido à atividade posterior e à erosão[52] deve ser rejeitada à luz da razoável preservação dos vestígios do período helenista tardio e da Idade do Ferro II.

O tamanho máximo do assentamento persa e helenista antigo/primitivo, portanto, era de cerca de 240 (N-S) x 120 (L-O) m, ou seja, por volta de 20-25 dunams/2-2,5 ha.[53] Calculando-se a população de acordo com o amplamente aceito coeficiente de densidade de 20

---

[51] Compare as descobertas da Idade do Ferro II, ao sul do muro meridional do Monte do Templo, com a evidência negativa para o período persa e início do período helenista; cf. Barkay and Zweig, "The Temple Mount Debris Sifting Project".

[52] Por exemplo: De Groot, "Jerusalem in the Early Hellenistic Period", 67.

[53] Contrariamente à ideia de um assentamento de 60 dunams/60 mil m²/6 ha (excluindo-se o Monte do Templo) in Carter, *The Emergence of Yehud*, 200; Lipschits, "Achaemenid Imperial Policy", 32; e à de um assentamento de 30 acres/12,14 ha (possivelmente incluindo-se o Monte do Templo) in Nahman Avigad, "Jerusalem: The Second Temple Period", *NEAEHL* 2 (1993) 720.

pessoas por um dunam/mil m² construído(s)⁵⁴ – uma cifra que pode ser demasiado elevada para o que parece ter sido uma aresta pouco habitada⁵⁵ – chega-se a uma população estimada de 400 a 500 pessoas, ou seja, cerca de uma centena de homens adultos.⁵⁶ Isto está em franco contraste com estimativas prévias, até mesmo mínimas, de 1.250, 1.500 ou 3 mil habitantes,⁵⁷ estimativas que exigem um grande assentamento de 75-150 dunams/75 mil m²-150 mil m²/7,5 ha-15 ha – mais do que toda a área da Cidade de Davi.⁵⁸ Esses dados conformam-se bem à situação nos arredores imediatos de Jerusalém, onde o número de locais com vestígios arqueológicos caiu de 140 na Idade do Ferro II para 14 no período persa.⁵⁹ Eles também se encaixam na redução demográfica

---

54 Israel Finkelstein, "A Few Notes on Demographic Data from Recent Generations and Ethno-archaelogy", *PEQ* 122 (1990) 47–52 e bibliografia. Este coeficiente está baseado em dados etnoarqueológicos e etno-históricos que se opõem a Jeffrey R. Zorn,, "Estimating the Population Size of Ancient Settlements: Methods, Problems, Solutions, and a Case Study", *BASOR* 295 (1994) 31–48. Zorn alcançou números inflados que não se ajustam aos dados demográficos em sociedades pré-modernas. Seu erro pode ter-se originado da pressuposição de que todos os edifícios em Tell Nasbeh eram habitados ao mesmo tempo; contudo, não foi estabelecida nenhuma sequência estratigráfica para o assentamento que foi habitado continuamente durante séculos, no decorrer da Idade do Ferro e do período babilônico.

55 A respeito deste problema, cf. "A Few Notes on Demographic Data".

56 Philip J. King and Lawrence E. Stager (*Life in Biblical Israel* [Louisville: Westminster, 2001], 389) são os únicos estudiosos a falar a respeito de um pequeno assentamento com "algumas centenas de habitantes"; a um só tempo, eles aceitam como histórica a descrução da construção do muro da cidade por Neemias (cf. mais adiante).

57 Carter, *The Emergence of Yehud*, 288; Lipschits, "Achaemenid Imperial Policy", 32; Lipschits, *The Fall and Rise of Jerusalem*, 271; "alguns milhares" in Avigad, "Jerusalem", 720.

58 Para não citar a estimativa de Weinberg, baseada em sua interpretação do texto bíblico, de 15 mil pessoas em Jerusalém, e de 150 mil em Yehud no tempo de Neemias (*The Citizen-Temple Community*, 43 e 132, respectivamente).

59 Amos Kloner, *Archaeological Survey of Israel, Survey of Jerusalem: The Northwestern Sector, Introduction and Indices* (Jerusalem: Israel Antiquities Authority, 2003),

geral em toda a área da província de Yehud – um máximo de 20 mil-30 mil pessoas no período persa, de acordo com Carter[60] e Lipschits,[61] cerca de 15 mil segundo meus próprios cálculos – aproximadamente um terço ou um quarto da população daquela área no final da Idade do Ferro II.[62]

3. O muro de Neemias

Alguns arqueólogos têm admitido a descrição da reconstrução do muro em Ne 3 como fato histórico e têm-se dividido apenas acerca da sequência das fortificações. Os minimalistas restringiram-nas à Cidade de Davi, e os maximalistas defendem que a descrição incluía a colina sudoeste.[63] Duas descobertas no campo têm sido entendidas como indicações para o procedimento da muralha de Neemias: uma na crista acima da encosta oriente da Cidade de Davi e a outra no lado ocidental daquela aresta.

Kenyon argumentou que, devido ao colapso do muro da cidade do final da Idade do Ferro II e dos edifícios da encosta oriental da aresta em decorrência da destruição babilônica, a muralha da cidade de Neemias foi construída mais acima, no topo da encosta.[64] Em seu quadrado A XVIII (adjacente à Área G de Shiloh), Kenyon

---

28*; Kloner, "Jerusalem's Environs in the Persian Period", [em hebraico], *NSJ* 7 (2001) 92; para o início do período helenista, cf. Kloner, *Archaeological Survey of Israel*, 30*.

[60] Carter, *The Emergence of Yehud*, 195–205.
[61] Lipschits, "Demographic Changes in Judah", 364.
[62] Carter, *The Emergence of Yehud*, 247, baseado in Magen Broshi and Israel Finkelstein, "The Population of Palestine in Iron Age II", *BASOR* 287 (1992) 47–60; Avi Ofer, *The Highland of Judah during the Biblical Period* [em hebraico] (tese de doutorado; Tel Aviv: Tel Aviv University, 1993).
[63] Cf. o resumo em Ussishkin, "The Borders and De Facto Size of Jerusalem".
[64] Kenyon, *Digging Up Jerusalem*, 183–84; Kenyon, *Jerusalem: Excavating Three Thousand Years of History* (London: Thames & Hudson, 1967), 111.

identificou um breve segmento na muralha da cidade que havia sido descoberto primeiramente por Macalister e Duncan[65] – um muro que foi posteriormente datado, por unanimidade, do período helenista tardio[66] – como a muralha construída por Neemias. A data que ela atribuiu a esse segmento do muro baseou-se em descobertas de cerâmica em um estrato armazenado contra sua face exterior; esta cerâmica foi datada por Kenyon do século V ao início do século III a.C.[67] Shiloh também argumentou – sem nenhuma prova arqueológica – que a muralha da cidade foi construída "sobre a rocha matriz no topo da encosta oriental".[68] Stern aceitou a identificação e a datação de Kenyon deste segmento do muro de Neemias.[69] Ussishkin, por outro lado, sugeriu que Neemias reconstruiu o muro da Idade do Ferro II que se estende pela parte mais baixa da encosta oriental da Cidade de Davi.[70]

A única informação do lado ocidental da Cidade de Davi provém das escavações de Crowfoot, feitas em 1927. Uma sólida estrutura que havia sido fundada sobre a rocha matriz, sob densas camadas de ocupações posteriores e de entulhos, foi identificada como uma guarita da Idade do Bronze que seguiu sendo utilizada até o período romano.[71] Albright[72] identificou a "guarita" de Crowfoot com a Porta do Esterco/Lixo de Ne 3,13, enquanto Alt[73] propôs equipará-la à porta

---

[65] Macalister and Duncan, *Excavation on the Hill of Ophel*.
[66] Cf. a literatura sobre o Primeiro Muro, retrocitada.
[67] Kenyon, *Digging Up Jerusalem*, 183; os séculos V-VI na legenda da ilustração n. 79.
[68] Shiloh, *Excavations at the City of David*, 29; igualmente Avigad, "Jerusalem", 720; De Groot, "Jerusalem during the Persian Period", 78.
[69] Stern, *The Assyrian, Babylonian, and Persian Periods*, 435.
[70] Ussishkin, "The Borders and De Facto Size of Jerusalem", 160.
[71] Crowfoot and Fitzgerald, *Excavations in the Tyropoeon Valley*, 12–23.
[72] William F. Albright, "Excavations at Jerusalem", *JQR* 21 (1930) 167.
[73] Albrecht Alt, "Das Taltor von Jerusalem", *PJ* 24 (1928) 74–98.

do Vale de Ne 3,13. A proposta de Alt tem sido aceita pela maioria das autoridades.[74]

Entretanto, ambas as descobertas – a parede descoberta por Kenyon e a estrutura escavada por Crowfoot – não podem ser datadas do período persa. A identificação de Kenyon do muro de Neemias baseava-se (ainda inédita) em cerâmica encontrada em uma pequena sondagem, em um aterro ou um depósito de lixo jogado contra a face exterior do muro.[75] Como argumentou corretamente De Groot, tal camada não pode ser usada para datar um muro de cidade.[76] Esse material poderia ter sido tirado de qualquer depósito de lixo sobre a encosta e colocado ali para apoiar o muro.[77] Shiloh reexaminou esse segmento do muro da cidade e descobriu, na rocha matriz, material do final da Idade do Bronze, perto do lado interno; por conseguinte, ele sugeriu que tal parte do muro pode ter-se originado de um período pré-persa.[78] Escavações imediatamente a oeste deste ponto, feitas por Macalister e Duncan[79] e E. Mazar,[80] não desenterraram resíduos arquitetônicos do período persa e começo do período helenista. Entretanto, deixaram claro que esse segmento faz parte da muralha da cidade do final do período helenista, descoberto primeiramente por

---

[74] Por exemplo: Michael Avi-Yonah, "The Walls of Nehemiah: A Minimalist View", *IEJ* 4 (1954) 244–45; Yoram Tzafrir, "The Walls of Jerusalem in the Period of Nehemiah" [em hebraico], *Cathedra* 4 (1977) 39; Hugh G. M. Williamson, "Nehemiah's Walls Revisited", *PEQ* 116 (1984) 81–88; Eshel, "Jerusalem under Persian Rule", 333.

[75] Kenyon, *Digging Up Jerusalem*, ilustração n. 79.

[76] De Groot, "Jerusalem during the Persian Period", 78.

[77] Para a mesma situação na Muralha Exterior de Gazara/Gezer/Gazer, cf. Israel Finkelstein, "Penelope's Shroud Unraveled: Iron II Date of Gezer's Outer Wall Established", *TA* 21 (1994) 278.

[78] Jane M. Cahill and David Tarler, "Excavations Directed by Yigal Shiloh at the City of David, 1978–1985", in Geva, *Ancient Jerusalem Revealed*, 41.

[79] Macalister and Duncan, *Excavation on the Hill of Ophel*.

[80] Eilat Mazar, *The Excavations in the City of David*, 2005 [em hebraico] (Jerusalem: Shoham, 2007).

Macalister e Duncan.[81] Se não fosse por Ne 3, duvido muito que Kenyon tivesse datado do período persa um breve segmento em um bem preservado muro do período helenista tardio.

Recentemente, Ussishkin tratou detalhadamente da estrutura escavada por Crowfoot e identificada por ele como uma guarita.[82] Ussishkin lançou dúvidas sobre a identificação da estrutura como uma porta e argumentou convincentemente que ela provavelmente data do período helenista tardio ou do começo do período romano.[83]

Para resumir este assunto, não há nenhuma prova arqueológica para a muralha de cidade de Neemias. O muro a leste data do período helenista tardio e a estrutura a oeste – independentemente de sua função – também é posterior ao período persa. Não fosse pelo relato de Ne 3, nenhum estudioso teria defendido um muro de cidade em Jerusalém do período persa. Três muros de cidade são conhecidos na Cidade de Davi, datados da Idade do Bronze Médio, do final da Idade do Ferro II e do final do período helenista. Todos os três foram facilmente rastreados e encontrados relativamente bem preservados. Nenhum outro muro de cidade jamais foi encontrado, e duvido que esta situação mude em decorrência de escavações futuras.[84]

Poder-se-ia tomar um rumo diferente e argumentar, com Ussishkin,[85] que Neemias simplesmente reconstruiu o muro danificado do final da Idade do Ferro II. Contudo, nas diversas secções do muro da Idade do Ferro II que foram descobertas – tanto na aresta sudoeste

---

[81] Macalister and Duncan, *Excavation on the Hill of Ophel*; cf. detalhes in Israel Finkelstein, Ze'ev Herzog, Lily Singer-Avitz and David Ussishkin, "Has King David's Palace Been Found in Jerusalem?", *TA* 34 (2007) 142–64.

[82] Ussishkin, "The Borders and De Facto Size of Jerusalem".

[83] Ussishkin, "The Borders and De Facto Size of Jerusalem", 159; cf. também Kathleen M. Kenyon, "Excavations in Jerusalem, 1963", *PEQ* 96 (1964) 13.

[84] Teoricamente, poder-se-ia argumentar que Ne 3 refere-se aos muros do complexo do Templo. Contudo, a descrição de um muro de cidade, com várias portas e torres, não se coaduna com tal possibilidade.

[85] Ussishkin, "The Borders and De Facto Size of Jerusalem".

quanto na sudeste – não há nenhum indício de uma renovação ou reconstrução no período persa. Nas partes da muralha de cidade do final da Idade do Ferro II, descoberta na colina sudoeste, as primeiras alterações e acréscimos datam do período helenista tardio.[86] Nenhuma reconstrução desse tipo tem sido rastreada na longa linha do muro da Idade do Ferro II descoberto em diversas escavações ao longo da encosta oriental da Cidade de Davi, ao sul da Fonte de Gion. Arqueologicamente, o muro de Neemias é uma miragem.

Isto não deveria causar nenhuma surpresa, a julgar pelo que realmente conhecemos acerca dos sistemas de assentamento do período persa em Yehud, de modo particular, e em todo o país, de modo geral. Para diferençar-se da construção das fortificações da Idade do Ferro II e do final do período helenista em Jerusalém – as quais representam uma entidade territorial-política bem organizada, com população e riqueza significativas, prova da burocracia de alto nível e de clara ideologia de soberania[87] –, a pequena comunidade de diversas centenas de habitantes da Jerusalém do período persa (ou seja: não mais do que uma centena de homens adultos), com uma região interiorana esgotada e sem nenhuma economia de base, possivelmente não pôde engajar-se na reconstrução do muro de cidade da Idade do Ferro II, de aproximadamente 3,5 km de comprimento(!), com muitas portas.[88]

---

[86] Avigad, *Discovering Jerusalem*, 65–72; Geva, "General Introduction to the Excavations", 24; Geva, "Summary and Discussion of Findings", 529–32.

[87] A maioria dos estudiosos data a construção da muralha de cidade do final do período helenista (o Primeiro Muro de Josefo) da época dos hasmoneus (por exemplo: Avigad, *Discovering Jerusalem*, 75–83; Hillel Geva, "The 'First Wall' of Jerusalem during the Second Temple Period — An Architectural-Chronological Note" [em hebraico], *ErIsr* 18 [1985] 21–39; Geva, "Summary and Discussion of Findings", 533–34). Benjamin Mazar e Hanan Eshel ("Who Built the First Wall of Jerusalem?", *IEJ* 48 [1998] 265–68) sugeriram que o muro foi construído anteriormente, nos dias de Antíoco III. Por razões que ultrapassam o escopo deste artigo, adiro à primeira opção.

[88] Aceitando-se a reconstrução de Ussishkin – "The Borders and De Facto Size of Jerusalem".

E por que as autoridades persas deveriam permitir a reconstrução das fortificações antigas, arruinadas, e fazer de Jerusalém a única cidade fortificada sobre a região colinosa? As explicações de estudiosos que lidaram com tal problema – que isto foi possibilitado devido à pressão da Liga de Delos sobre a costa mediterrânea, por causa da revolta no Egito etc.[89] –, parecem forçadas, levando-se em consideração a localização de Jerusalém, distante do Egito, de vias internacionais, de portos costeiros ou de outros locais estratégicos.[90] Sem dúvida, fortificações do período persa são conhecidas apenas ao longo da planície costeira.[91]

4. A realidade por trás de Ne 3

Portanto, qual é a realidade histórica por trás da descrição da reconstrução de Neemias dos muros de Jerusalém?

Alguns estudiosos têm observado a natureza independente da lista de Ne 3 quando comparada com o restante das "Memórias de Neemias",[92] mas estão divididos quanto à questão de se Neemias usou uma fonte prévia ou contemporânea que foi conservada nos arquivos do templo[93]

---

[89] Resumos em Kenneth G. Hoglund, *Achaemenid Imperial Administration in Syria-Palestine and the Missions of Ezra and Nehemiah*, SBLDS 125 (Atlanta: Scholars Press, 1992) 61–64, 127–28; Edelman, *The Origins of the 'Second' Temple*, 334–40; Lipschits, "Achaemenid Imperial Policy", 35–38.

[90] Lipschits, "Achaemenid Imperial Policy", 35–38.

[91] Stern, *The Assyrian, Babylonian, and Persian Periods*, 464–68.

[92] Charles C. Torrey, *Ezra Studies* (Chicago: University of Chicago Press, 1910) 225; Frank Michaeli, *Les Livres des Chroniques, d'Esdras et de Néhémie*, Commentaire de l'Ancien Testament 16 (Neuchâtel: Delachaux & Niestlé, 1967), 318–19; Hugh G. M. Williamson, *Ezra, Nehemiah*, WBC 16 (Waco, TX: Word Books, 1985), 200; Joseph Blenkinsopp, *Ezra/Nehemiah: A Commentary* (Philadelphia: Westminster, 1988), 231; Mark A. Throntveit, *Ezra-Nehemiah* (Louisville: John Knox, 1992), 74–75; Lester L. Grabbe, *Ezra-Nehemiah* (London: Routledge, 1998), 157.

[93] Michaeli, *Les Livres des Chroni*ques, 319; Ulrich Kellermann, *Nehemia: Quellen Überlieferung und Geschichte*, BZAW 102 (Berlin: Töpelmann, 1967), 14–17; Williamson, *Ezra, Nehemiah*, 201; Throntveit, *Ezra-Nehemiah*, 75; Blenkinsopp, *Ezra/ Nehemiah*, 231.

ou se um editor posterior inseriu o texto no livro de Neemias.[94] Levando-se em consideração as evidências arqueológicas apresentadas neste artigo, uma fonte existente, oriunda do período persa, que descrevesse um autêntico esforço de construção naquele tempo, não é uma opção viável. Ficamos, portanto, com as seguintes possibilidades:

1. Que a descrição em Ne 3 é utópica; fundamentou-se na realidade geográfica da muralha de cidade em ruínas, oriunda da Idade do Ferro II, mas não reflete real trabalho no muro. O texto pode descrever um ato simbólico mais do que trabalho de verdade, semelhantemente a atos simbólicos ligados à fundação de cidades etruscas e romanas. E pode corresponder a um tipo atributivo e ideal de cidade que deveria incluir um muro (cf. *Od.* 6.6–10).[95]

2. Que o autor do período persa usou uma fonte prévia, que descrevia a construção do final do século VIII ou uma reforma pré-586 do muro de cidade da Idade do Ferro II, e incorporou-a ao texto de Neemias.

3. Que a descrição foi inspirada pela construção do muro do final do período helenista e do período hasmoneu.

A primeira possibilidade é difícil de aceitar. A descrição detalhada da construção da muralha da cidade e a proeminência da história do muro ao longo das Memórias de Neemias (Ne 1,3; 2,4.8.13.17; 3,33.38; 4,5.9; 5,16; 6,1.6.15; 7,1; 12,27) tornam-na altamente improvável. Ademais, a descrição em Ne 3 – que inclui referência a diversas

---

[94] Por exemplo: Charles C. Torrey, *The Composition and Historical Value of Ezra-Nehemiah* (Giessen: Ricker, 1896), 37–38; Torrey, *Ezra Studies*, 249, que identificou o editor com o Cronista; Sigmund Mowinckel, *Studien zu dem Buche Ezra-Nehemia* (Oslo: Universitetsforlaget, 1964), 109–16, que optou por um redator pós-cronista.

[95] Sou grato a meu colega e amigo Irad Malkin por chamar-me a atenção para estas possibilidades.

portas, torres, piscinas e casas – parece referir-se à realidade de uma grande cidade; à luz do que já foi dito, o final da Idade do Ferro I e o período hasmoneu são as únicas opções.

A segunda possibilidade provavelmente deveria ser deixada de lado: (1) Não há nenhum indício – histórico ou arqueológico – de algum trabalho importante no muro de cidade da Idade do Ferro II no final do século XVII ou começo do século XVI, e é duvidoso que uma fonte do final do século XVIII tenha sobrevivido até os séculos V ou IV sem ser mencionada em alguma fonte bíblica do final da monarquia. (2) A maioria dos nomes de portas, torres e piscinas na lista não corresponde a muitos nomes nos textos bíblicos do final da monarquia.[96]

A terceira opção situaria Ne 3 no que os estudiosos veem como redações tardias em Esdras e Neemias, o que pode ser datado até o período helenista.[97] Böhler situa claramente a reconstrução da história de Jerusalém em Neemias sobre o pano de fundo hasmoneu.[98] O uso de palavras como a província Além do Rio/Além Eufrates (עבר הנהר, Ne 3,7), *pelekh* e פחת (Ne 3,11) não apresenta dificuldade para

---

[96] Exceto pela Torre de Hananeel e pela Porta dos Cavalos, mencionadas em Jr 31,38 e 31,40, respectivamente. A porta dos Peixes e a Porta do Vale aparecem em 2Cr (33,14 e 26,9, respectivamente), mas não em textos monárquicos tardios.

[97] Williamson, *Ezra, Nehemiah*, xxxv; Jacob L. Wright, *Rebuilding Identity: The Nehemiah Memoir and Its Earliest Readers*, BZAW 348 (Berlin: de Gruyter, 2004); Wright, "A New Model for the Composition of Ezra-Nehemiah", in Oded Lipschits, Gary N. Knoppers, and Rainer Albertz (eds.) *Judah and the Judeans in the Fourth Century B.C.E.* (Winona Lake, IN: Eisenbrauns, 2007), 333–48. De acordo com Ne 3, a população de Jerusalém incluía 3.044, um número que traduz um total de 12 mil – 15 mil habitantes (Weinberg, "Jerusalem in the Persian Period", 316). Se esse número tem alguma credibilidade, corresponde a uma cidade de 600 dunams/600 mil m²/60 ha – o tamanho de Jerusalém no final da Idade do Ferro II e do século II a.C.

[98] Dieter Böhler, *Die heilige Stadt in Esdras α und Esra-Nehemia: Zwei Konzeptionen der Wiederherstellung Israels*, OBO 158 (Fribourg: Universitätsverlag, 1997), 382–97.

datação assim tardia na medida em que elas aparecem em fontes judaicas posteriores.[99]

Datar a inserção deste texto do período hasmoneu pode corresponder à importância atribuída à figura de Neemias nos primeiros dois capítulos de 2 Macabeus (como o construtor do templo!), o que Bergren interpreta como uma tentativa de reforçar a figura de Judas Macabeu, o herói de 2 Macabeus, ao compará-lo a Neemias – figura proeminente da restauração, construtor, líder político, zeloso da lei e paradigma de piedade.[100] Neemias pode ter sido escolhido como tal modelo para os hasmoneus porque ele representava uma liderança não davidida, não sadocita.

Indícios de que Ne 3 não reflete realidades do período persa podem ser encontrados na arqueologia de dois dos três sítios bem identificados e escavados (em vez de inspecionados) mencionados na lista – Betsur e Gabaon/Gibeon.

---

[99] Para עבר הנהר, cf. 1Mc 7,8 — Uriel Rappaport, *The First Book of Maccabees: Introduction, Hebrew Translation, and Commentary* [em hebraico] (Jerusalem: Yad Ben-Zvi, 2004), 281. Para *pelekh* na literatura rabínica (sem entrar na discussão sobre o significado da palavra – Aaron Demsky, "Pelekh in Nehemiah 3", *IEJ* 33 [1983] 242–44; Moshe Weinfeld, "Pelekh in Nehemiah 3", in Gershon Galil and Moshe Weinfeld (eds.) *Studies in Historical Geography and Biblical Historiography*, VTSup 81 (Leiden: Brill, 2000), 249–50; Edelman, *The Origins of the 'Second' Temple*, 213–14); cf. Alexander Kohut, *Aruch Completum* (Vienna: Hebräischer Verlag Menorah, 1926), 346; Demsky, "*Pelekh* in Nehemiah 3", 243. Para פחת, cf. Dn 3,27.

[100] Theodore A. Bergren, "Nehemiah in 2 Maccabees 1:10–2:18", *JSJ* 28 (1997) 249–70; também Bergren, "Ezra and Nehemiah Square off in the Apocrypha and Pseudepigrapha", in Michael E. Stone and Theodore A. Bergren (eds.) *Biblical Figures Outside the Bible* (Harrisburg: Trinity Press International, 1998), 340–65. Pode ser digno de nota que Ben Sira (49,13), autor do início do século II, também enfatiza Neemias como construtor.

A arqueologia de Betsur (Ne 3,16) no período persa tem sido discutida. Funk,[101] Paul e Nancy Lapp,[102] e Carter[103] argumentaram que o sítio foi habitado de maneira muito dispersa, na verdade, insignificante no período persa e começo do período helenista. Funk observou que a "interpretação dos resíduos persa-helenistas em Betsur depende em larga escala das referências literárias existentes [...]".[104] Baseando-se em um único lugar(!), Stern aderiu à ideia de atividade significativa no local no período persa.[105] Reich argumentou na mesma linha, em conformidade com uma análise arquitetônica.[106] O material publicado a partir das escavações[107] inclui apenas número reduzido de descobertas – cacos de louça, vasilhames e moedas – que podem ser datados com segurança do período persa,[108] ao passo que falta completamente a maioria das formas pertencentes ao repertório do período persa. Por conseguinte, embora a arqueologia possa ter revelado vestígios de alguma atividade do período persa no local, está claro que era um local importante somente no final da Idade do Ferro II e no final do período helenista. Dever-se-ia observar que Betsur – supostamente o quartel-general de

---

[101] Robert W. Funk, "Beth-Zur", *NEAEHL* 1 (1993) 261.

[102] Paul W. Lapp and Nancy Lapp, "Iron II — Hellenistic Pottery Groups", in *The 1957 Excavation at Beth-Zur,* by Ovid R. Sellers et al., AASOR 38 (Cambridge: American Schools of Oriental Research, 1968), 70; Paul W. Lapp, "The Excavation of Field II", in Sellers et al., *The 1957 Excavation at Beth-Zur,* 29.

[103] Carter, *The Emergence of Yehud,* 157.

[104] Robert W. Funk, "The History of Beth-Zur with Reference to Its Defenses", in Sellers et al., *The 1957 Excavation at Beth-Zur,* 9.

[105] Stern, *The Assyrian, Babylonian, and Persian Periods,* 437–38; cf. também: Stern, *Material Culture of the Land of the Bible in the Persian Period, 538–332 B.C* (Warminster: Aris & Phillips, 1982), 36.

[106] Ronny Reich, "The Beth-Zur Citadel II — A Persian Residency?", *TA* 19 (1992) 113–23.

[107] Ovid R. Sellers, *The Citadel of Beth-Zur* (Philadelphia: Westminster, 1933); Sellers et al., *The 1957 Excavation at Beth-Zur.*

[108] Stern, *The Assyrian, Babylonian, and Persian Periods,* 437.

um meio distrito na província de Yehud – não produziu sequer uma única impressão de selo de Yehud.[109]

Gabaon/Gibeon (Ne 3,7) tampouco produziu descobertas inequívocas do período persa. Sem entrar no debate sobre a datação do lagar e das inscrições de Gabaon/Gibeon – da monarquia tardia ou do século VI[110] – as impressões de selo *mwsh* e os cacos de louça em forma de cunha e com impressos de junco encontrados no local[111] atestam certa atividade no período babilônico ou final do período babilônico e começos do período persa. Contudo, cerâmica típica do período persa e impressões de selos de Yehud não foram encontradas.[112] Cerâmica e moedas do final do período helenista são atestadas. De acordo com Pritchard, existe "apenas escassa evidência de ocupação do fim do século VI até o começo do século I a.C." em Gabaon/Gibeon.[113] No entanto, em uma tentativa de oferecer provas para a Gabaon/Gibeon de Ne 3,7, ele argumentou que "assentamentos dispersos e esporádicos" existiram ali, de fato, durante os períodos persa e helenista.[114] De maneira correta, Stern interpretou os achados de Gabaon/Gibeon como prova de atividade apenas do século VI e, possivelmente, do começo do período persa no local.[115]

---

[109] Acima de 530 já foram registradas até agora — Oded Lipschits and David Vanderhooft, "Yehud Stamp Impressions: History of Discovery and Newly-Published Impressions", *TA* 34 (2007) 3.

[110] Cf. sumários em Stern, *Material Culture of the Land of the Bible*, 32–33; Stern, *The Assyrian, Babylonian, and Persian Periods*, 433.

[111] James B. Pritchard, *Winery, Defenses and Soundings at Gibeon* (Philadelphia: University Museum, University of Pennsylvania, 1964), figuras 32:7, 48:17.

[112] Para as últimas, cf. Lipschits, *The Fall and Rise of Jerusalem*, 180.

[113] James B. Pritchard, "Gibeon", *NEAEHL* 2 (1993) 513.

[114] James B. Pritchard, *Gibeon, Where the Sun Stood Still: The Discovery of the Biblical City* (Princeton: Princeton University Press, 1962), 163.

[115] Stern, *Material Culture of the Land of the Bible*, 32–33; Stern, *The Assyrian, Babylonian, and Persian Periods*, 433; Lipschits, *The Fall and Rise of Jerusalem*, 243–45 — século VI. Outros três lugares na lista, bem identificados, produziram tanto descobertas persas quanto helenistas: Jericó (Stern, *Material Culture of the*

Há diversos problemas em relação à opção hasmoneia para o pano de fundo de Ne 3. Em primeiro lugar, os topônimos na descrição do Primeiro Muro, na *B.J.* 5.4.2, de Josefo – especialmente a "porta dos Essênios" (bem como os nomes de portas mencionados por Josefo alhures) – são diferentes dos topônimos em Ne 3. Entretanto, a mudança pode ser atribuída a tempos pós-hasmoneus, principalmente herodianos. Um problema mais grave é a proeminência da história da construção do muro da cidade ao longo das Memórias de Neemias. Aceitando-se uma realidade hasmoneia por trás do relato do muro de cidade em Neemias, seria necessário, portanto, uma drástica nova abordagem de todo o livro de Neemias.[116]

5. Conclusão

As descobertas do período persa em Jerusalém e a busca pelo muro de Neemias são questões complementares nas quais os arqueólogos renunciaram à arqueologia em favor de uma leitura acrítica do texto bíblico. A carência de descobertas arqueológicas e a falta de textos extrabíblicos sobre a Yehud do período persa abrem o caminho para um raciocínio circular na reconstrução da história deste período.

As descobertas indicam que, no período persa e no início do período helenista, Jerusalém era um vilar que se estendia sobre uma

---

Land of the Bible, 38; Ehud Netzer, *Hasmonean and Herodian Palaces at Jericho I* [Jerusalem: Israel Exploration Society, 2001], respectivamente), Zanoah/Zanoe (Yehuda Dagan, *The Shephelah during the Period of the Monarchy in Light of Archaeological Excavations and Surveys* [em hebraico] [tese de mestrado; Tel Aviv: Tel Aviv University, 1992], 92)] e Técua/Técoa (Ofer, *The Highland of Judah*, apêndice IIA, 28). Ceila coloca um problema: como é que até agora as inspeções do sítio parecem ter produzido apenas cerâmica do período persa (Moshe Kochavi, "The Land of Judah", in Moshe Kochavi [ed.] *Judaea, Samaria and the Golan, Archaeological Survey 1967–1968* [em hebraico], [Jerusalem: Carta, 1972]), 49; Dagan, *Shephelah*, 161.

[116] A este respeito, cf. Böhler, *Die heilige Stadt in Esdras*.

área de cerca de 20 dunams/20 mil m²/2 ha, com uma população de umas poucas dezenas de pessoas, ou seja: não mais do que uma centena de homens adultos. Essa população – e a exaurida população da zona rural de Jerusalém, em particular, e de todo o território de Yehud, em geral – não poderia aguentar um grande esforço de reconstrução das fortificações arruinadas da cidade, oriundas da Idade do Ferro II. Além disso, não há nenhuma prova, seja lá qual for, para alguma reconstrução ou reforma de fortificações no período persa. Levando-se tais dados em consideração, há três maneiras de explicar Ne 3: (1) que é uma lista utópica; (2) que preserva a memória de uma construção ou reforma do muro da cidade da Idade do Ferro; e (3) que a lista está influenciada pela construção do Primeiro Muro no período hasmoneu. Todas as três opções apresentam substanciais dificuldades – as duas primeiras mais do que a terceira. Seja como for, a arqueologia de Jerusalém no período persa – conforme já apresentada – deve ser o ponto de partida para qualquer discussão futura.

Em uma questão mais vasta, a evidência arqueológica de Jerusalém lança séria dúvida sobre a noção de que grande parte do material bíblico tenha sido composto no período persa e começo do período helenista. Todavia, este assunto crucial foge ao intuito deste ensaio e será discutido em outro lugar.

Adendo

Compreender a evidência negativa

Em uma contestação ao artigo reimpresso retrocitado, Lipschits sugeriu que a Jerusalém do período persa incluía a área do "Ofel" – entre o Monte do Templo e a Área G de Shiloh.[117] Aqui nos deparamos com um problema metodológico: o que deveria decidir: fatos arqueológicos,

---

[117] Oded Lipschits, "Persian Period Finds from Jerusalem: Facts and Interpretations", *JHS* 9 (2009) art. 20.

mesmo evidência negativa (também um fato), ou hipóteses?[118] Lipschits escreve (meus comentários estão em *itálico*, entre colchetes):

> A importância da colina do Ofel como a principal área construída no período persa e começo do período helenista jamais foi discutida na pesquisa arqueológica e histórica. A razão era a escassez de descobertas [*de fato, nenhuma descoberta*] nesta área de cerca de 20 dunams [...] Esta é a única área plana da cidade, fácil de povoar. Sua proximidade ao Monte do Templo, de um lado, e a fácil opção de fortificá-la [...] [*jamais se encontrou nenhuma fortificação*] fez dela a opção preferencial para o assentamento no período persa. Apesar da escassez de achados [*na verdade, nenhum achado*] nesta área [...] [ela] deveria ser considerada parte da área povoada de Jerusalém durante o período persa e começo do período helenista. A ausência de descobertas do período persa sobre a colina do Ofel [...] é um indício das limitações da pesquisa arqueológica.[119]

Desnecessário dizer que hipóteses, em vez de fatos concretos, ditam a interpretação de Lipschits: não existem descobertas; no entanto, de acordo com a lógica do autor, visto que a área deve ter sido povoada, então um assentamento deve ter existido ali.

---

[118] Para duas opiniões sobre este assunto, cf. Nadav Na'aman, "Text and Archaeology in a Period of Great Decline: The Contribution of the Amarna Letters to the Debate on the Historicity of Nehemiah's Wall", in Philip R. Davies and Diana Vikander Edelman (eds.) *The Historian and the Bible: Essays in Honour of Lester L. Grabbe* (New York: T&T Clark, 2010), 20–30; Na'aman, "Does Archaeology Really Deserve the Status of a 'High Court' in Biblical Historical Research?", in Bob Becking and Lester L. Grabbe (eds.) *Between Evidence and Ideology: Essays on the History of Ancient Israel Read at the Joint Meeting of the Society for Old Testament Study and the Oud Testamentisch Werkgezelschap, Lincoln, July 2009*, OtSt 59 (Leiden: Brill, 2010), 165–84; Israel Finkelstein, "Archaeology as High Court in Ancient Israelite History: A Reply to Nadav Na'aman", *JHS* 10 (2010) art. 19.

[119] Lipschits, "Persian Period Finds", 19–20.

O outeiro no Monte

Três anos depois da publicação do artigo original, Koch, Lipschits e eu sugerimos que o outeiro de Jerusalém deveria ser buscado no Monte do Templo em vez de na aresta sudoeste (Cidade de Davi).[120] Tal ideia reclama diversas modificações com relação ao capítulo reimpresso retrocitado:[121]

1. O assentamento do período persa e começo do período helenista estava situado sobre o antigo outeiro do Monte do Templo.

2. Este assentamento oferece uma solução para a localização da Jerusalém mencionada em uma carta de Elefantina[122] e um local para a compilação de textos bíblicos no pós-586 e a Jerusalém pré-aproximadamente 130 a.C.

3. Mesmo assim, a atividade no período persa e começo do período helenista no outeiro no Monte do Templo era fraca. Isto pode ser deduzido das parcas descobertas representantes desses períodos resgatadas ao redor do Monte do Templo. Refiro-me à encosta oriental do Monte do Templo e às escavações do "Ofel" ao sul, bem como aos escombros filtrados da área da mesquita de Al-Aqsa.[123]

---

[120] Israel Finkelstein, Ido Koch, and Oded Lipschits, "The Mound on the Mount: A Possible Solution to the 'Problem with Jerusalem'?", *JHS* (2011) art. 12; seguindo Axel E. Knauf, "Jerusalem in the Late Bronze and Early Iron Ages: A Proposal", *TA* 27 (2000) 75–90.

[121] Ele também responde às preocupações expressas in Na'aman, "Text and Archaeology in a Period of Great Decline".

[122] Bezalel Porten, *The Elephantine Papyri in English: Three Millennia of Cross-Cultural Continuity and Change*, DMOA 22 (Leiden: Brill, 1996), 135–37.

[123] Yitzhak Dvira (Zweig), Gal Zigdon, and Lara Shilov, "Secondary Refuse Aggregates from the First and Second Temple Periods on the Eastern Slope of the Temple Mount" [em hebraico], *NSJ* 17 (2011) 68; comunicação pessoal de Eilat Mazar; Barkay, and Zweig, "The Temple Mount Debris Sifting Project", 222, respectivamente.

4. A descrição da construção/reparo do muro de Jerusalém nas "Memórias de Neemias", sem nenhuma referência a locais específicos, provavelmente refere-se a antigas fortificações da Idade do Ferro sobre o Monte do Templo, ao passo que a detalhada descrição em Ne 3 refere-se às fortificações helenistas que circundam a aresta sudeste e a colina sudoeste.[124] Conseguintemente, a fim de diferençar do que escrevo antes das conclusões do artigo reimpresso retrocitado, datar a realidade por trás de Ne 3 do final do período helenista não exige necessariamente uma revisão no que tange às Memórias de Neemias.

5. As cerâmicas persa e helenista antiga/primitiva e as impressões de selo encontradas na encosta oriental da aresta da Cidade de Davi agora deveriam ser compreendidas como representantes de atividade ao redor da fonte, em vez de um assentamento; elas podem também originar-se de aterros do final do período helenista e começo do período romano.

Atualizações da arqueologia

A "Torre do Norte": muralha de cidade do período persa?

Eilat Mazar recentemente recuperou a datação de Kenyon da Torre do Norte, na Área G, acima da encosta oriental da aresta da Cidade

---

[124] De acordo com Lipschits, os versículos em Ne 3 que descrevem a construção de portas são singulares em sua fraseologia, na sequência das palavras e nos verbos usados; diferem da fórmula costumeira utilizada para descrever a construção do muro propriamente dito. Sem o fardo das muitas portas, o relato original (sem Ne 3) descrevia a trajetória do muro de cidade do pequeno outeiro de Jerusalém sobre o Monte do Templo (Finkelstein, Koch, and Lipschits, "The Mound on the Mount"; para uma análise do texto de Ne 3, cf. Oded Lipschits, "Nehemiah 3: Sources, Composition and Purpose", in Isaac Kalimi [ed.] *New Perspectives on Ezra-Nehemiah: History and Historiography, Text, Literature, and Interpretation* [Winona Lake, IN: Eisenbrauns, 2012] 73–100).

de Davi do período persa.[125] Mazar fundamenta sua datação da fortificação em descobertas recuperadas sob a torre, as quais datam do fim do século VI e da primeira metade do século I a.C.[126] É escusado dizer que essas camadas não oferecem mais do que um *terminus post quem* ["limite após o qual"] para a construção da torre – posterior ao final do século VI/começo do século V a.C. A data mais lógica para as torres e para o muro é o final do período helenista (hasmoneus), como sugerido por muitas autoridades (no artigo reimpresso retrocitado).

Publicações de descobertas da área e na cidade de Davi

Descobertas oriundas das escavações de Shiloh na Área E foram publicadas há alguns anos. As descobertas do período persa o foram em quatro quadrados, e restos do começo do período helenista foram desenterrados em diversos locais.[127] Esses restos não mudam o quadro apresentado em meu artigo de 2008, aqui reimpresso. O mesmo permanece verdadeiro para a cerâmica do período persa encontrada em vários locais no bairro Armênio e no bairro Cristão da Cidade Antiga;[128] a maior parte deste material origina-se de aterros.

---

[125] Eilat Mazar, *The Summit of the City of David: Excavations 2005–2008* (Jerusalem: Shoham Academic Research and Publication, 2015), 189–202.

[126] Yiftah Shalev, "The Early Persian Period Pottery", in Mazar, *The Summit of the City of David*, 203–41.

[127] Alon de Groot, "Discussion and Conclusions", in Area E: Stratigraphy and Architecture Text, Vol. 7A of *Excavations at the City of David 1978–1985 Directed by Yigal Shiloh*, by Alon de Groot and Hannah Bernick-Greenberg, Qedem 53 (Jerusalem: The Institute of Archaeology, The Hebrew University of Jerusalem, 2012), 173–79; Sharon Zuckerman, "The Pottery of Stratum 9 (the Persian Period)", in Area E: The Finds, Vol. 7B of *Excavations at the City of David 1978–1985 Directed by Yigal Shiloh*, by Alon de Groot and Hannah Bernick-Greenberg, Qedem 54 (Jerusalem: The Institute of Archaeology, The Hebrew University of Jerusalem, 2012), 31–50; Andrea Berlin, "The Pottery of Strata 8–7 (The Hellenistic Period)", in De Groot and Bernick-Greenberg, Area E: The Finds, 5–30.

[128] De Groot, "Discussion and Conclusions", 173–74.

Descobertas na área de estacionamento Givati

Recentes escavações na área do estacionamento Givati, situada no setor noroeste da aresta da Cidade de Davi, lançaram luz sobre assuntos discutidos no artigo reimpresso:[129]

1. Forte atividade do final do período helenista nesta área da cidade reforça a ideia de que os restos escavados por Crowfoot na "Guarita Ocidental", imediatamente ao sul, de fato datam do final do período helenista ou do começo do período romano, conforme proposto por Ussishkin.

2. Se a fortificação do final do período helenista descoberta aqui – a torre e a rampa – realmente pertence à Acra [Cidadela], o Primeiro Muro do final do período helenista, que é posterior a esta fortificação, não pode datar de antes do final do século II a.C.

3. Restos do início do período helenista revelados aqui podem representar o começo da expansão helenista de Jerusalém a partir do outeiro no Monte do Templo em direção ao sul e ao sudeste (semelhantemente à expansão primitiva da cidade no final da Idade do Ferro IIA).

4. A cerâmica do período persa (por enquanto sem nenhum resto arquitetônico) foi encontrada aqui durante escavações em 2018. A data exata e a importância de tais achados ainda não foram esclarecidas (informação pessoal, Yuval Gadot).

---

[129] Doron Ben-Ami and Yana Tchekhanovets, "The Seleucid Fortification System in the Givati Parking Lot, City of David" [em hebraico], *New Studies in the Archaeology of Jerusalem and Its Region* 9 (2015) 313–22.

Capítulo 2

ARQUEOLOGIA DA LISTA DOS REPATRIADOS NOS LIVROS DE ESDRAS E NEEMIAS

1. Introdução

No primeiro capítulo, à luz da arqueologia de Jerusalém no período persa, questionei a descrição que Ne 3 faz da construção da muralha de Jerusalém.[1] As descobertas indicam que o assentamento era pequeno e pobre. Cobria uma área de aproximadamente 2-2,5 ha, e era habitada por 400/500 pessoas. A arqueologia de Jerusalém não apresenta nenhuma prova da construção de um muro no período persa ou reforma do muro de cidade arruinado da Idade do Ferro II. Concluí com três alternativas para compreender a discrepância entre o texto bíblico e as descobertas arqueológicas: (1) que a descrição em Ne 3 é utópica; (2) que ela preserva a memória de uma construção ou reforma do muro da cidade da Idade do Ferro; e (3) que a descrição está influenciada pela construção do Primeiro Muro no período hasmoneu. Todas as três opções apresentam dificuldades substanciais, mas a primeira me parece a menos problemática. Seja como for, argumentei, a arqueologia de Jerusalém no período persa deve ser o ponto de partida para qualquer discussão futura do assunto. Consequentemente, creio que agora é o momento de analisar as outras listas nos livros de Esdras e Neemias à luz da moderna pesquisa arqueológica – em primeiro lugar e acima de tudo, a lista dos repatriados para Sião (Esd 2,1-67; Ne 7,6-68).

---

[1] Israel Finkelstein, "Jerusalem in the Persian (and Early Hellenistic) Period and the Wall of Nehemiah", *JSOT* 32 (2008) 501–20.

A lista dos repatriados constitui uma das pedras angulares para o estudo da província de Yehud no período persa. Estudiosos têm discutido o relacionamento entre as duas versões da lista, a autenticidade histórica desta fonte, sua data, se representa uma onda de repatriados ou uma síntese de diversas ondas, e seu valor para calcular a população de Yehud.[2] Devido à falta de fontes do antigo Oriente Próximo sobre Yehud, a discussão tem-se concentrado principalmente sobre os textos bíblicos e, portanto, em determinados casos, tem sido presa de um raciocínio circular. A única fonte de informação que pode romper este entrave é a arqueologia. Entretanto, até agora, a arqueologia tem sido introduzida apenas a fim de reconstruir padrões de assentamento e estabelecer a população de Yehud.[3] A arqueologia dos sítios mencionados na lista dos repatriados jamais foi analisada sistematicamente. O objetivo deste artigo é fazer isso.

Vinte locais são mencionados na lista. Estão situados na região montanhosa de Benjamim, nas proximidades de Jerusalém (ao sul de Belém), e nas áreas de Lod/Lida, a oeste, e em Jericó, a leste (Figura 2.1.). A localização de três desses locais – Netofa, Nebo (Nob) e Senaá – não está satisfatoriamente bem estabelecida, ao passo que o restante está bem (ou razoavelmente bem) identificado e, assim, sua arqueologia pode ser consultada. Em cada caso, pretendo revisar as descobertas do final da Idade do Ferro II, dos períodos persa e helenista. No caso de escavações completas, a discussão pode entrar em subfases dentro desses períodos; obviamente, isto não pode ser feito no caso de material de inspeção. Adicionalmente, mencionarei fontes datadas com segurança oriundas do final da Idade do Ferro II (material

---

[2] Para as mais recentes discussões, cf. Charles E. Carter, *The Emergence of Yehud in the Persian Period: A Social and Demographic Study*, JSOTSup 294 (Sheffield: Sheffield Academic Press, 1999), 77–78; Diana V. Edelman, *The Origins of the 'Second' Temple: Persian Imperial Policy and the Rebuilding of Jerusalem* (London: Equinox, 2005), 175–76; e especialmente Oded Lipschits, *The Fall and Rise of Jerusalem: Judah under Babylonian Rule* (Winona Lake, IN: Eisenbrauns, 2005), 158–68, com ampla bibliografia.

[3] Carter, *The Emergence of Yehud*; Lipschits, *The Fall and Rise of Jerusalem*, 258–71.

bíblico) e do período helenista (o livro dos Macabeus) que se referem a estes locais. Começarei com os locais escavados e continuarei com os sítios inspecionados.

2. Sítios escavados

2.1. Jerusalém

No final da Idade do Ferro II, Jerusalém estendia-se tanto sobre a aresta da "Cidade de Davi" quanto sobre a colina sudoeste, uma área de aproximadamente 60 ha.[4]

No período persa, o assentamento estava restrito a um setor da Cidade de Davi. A maioria das descobertas foi recuperada na parte central da aresta, entre as Áreas G e D das escavações de Shiloh.[5] O período persa (Estrato 9) aparece inteiramente, segundo Shiloh,[6] nas Áreas D1,[7] D2 e G,[8] e está parcialmente representado na Área E1. No entanto, mesmo nestas áreas as descobertas foram parcas e pobres; a maioria veio de aterros e de restos de pedreira. Cacos de louça do período persa e algumas impressões de selos foram encontrados nas Áreas A e B de Reich e Shukron, situadas no Vale do Cedron e no

---

[4] Por exemplo: Hillel Geva, "Summary and Discussion of Findings from Areas A, W and X-2", in Hillel Geva (ed.) *Jewish Quarter Excavations in the Old City of Jerusalem*, Vol. 2 (Jerusalem: Israel Exploration Society, 2003), 501–52; Ronny Reich and Eli Shukron, "The Urban Development of Jerusalem in the Late Eight Century B.C.E.", in Andrew G. Vaughn and Ann E. Killebrew (eds.) *Jerusalem in the Bible and Archaeology: The First Temple Period*, SymS 18 (Atlanta: Society of Biblical Literature, 2003), 209–18.

[5] Yigal Shiloh, *Excavations at the City of David*, Vol. 1, Qedem 19 (Jerusalem: The Institute of Archaeology, The Hebrew University of Jerusalem, 1984), 4.

[6] Shiloh, *Excavations at the City of David*, tabela 2.

[7] Donald T. Ariel, Hannah Hirschfeld, and Neta Savir, "Area D1: Stratigraphic Report", in *Extramural Areas*, Vol. 5 of Donald T. Ariel (ed.) *Excavations at the City of David*, Qedem 40 (Jerusalem: The Institute of Archaeology, The Hebrew University of Jerusalem, 2000), 59–62.

[8] Shiloh, *Excavations at the City of David*, 20.

meio da encosta, respectivamente, a cerca de 200-250 m ao sul da Fonte de Gion; eles parecem ter-se originado no assentamento situado sobre a aresta.[9] Reich e Shukron[10] observam também que 75 de 85 impressões de selo de Yehud das escavações de Shiloh publicadas por Ariel e Shoham[11] originaram-se das Áres B, D e E. Eles concluem que o assentamento do período persa e do começo do período helenista estava restrito ao topo da aresta, ao sul da Área G.[12] Diferentes campos de escavação na extremidade sul da Cidade de Davi e no setor norte produziram evidência negativa para o período persa; em vários desses locais foram encontrados restos helenistas tardios sobrepostos a restos da Idade do Ferro II.[13]

O assentamento helenista antigo/primitivo (Estrato 8) está restrito aproximadamente à mesma área da Cidade de Davi. Aparece completamente apenas na Área E2, parcialmente representado nas Áreas E1 e E3, e escassamente representado nas Áreas D1 e D2.[14] Neste caso, também, as descobertas são escassas, consistindo em três columbários[15] e uma estrutura que rendeu a única montagem de cerâmica helenista antiga/primitiva de Jerusalém.[16] O tamanho máximo do assentamento

---

[9] Ronny Reich and Eli Shukron, "The Yehud Stamp Impressions from the 1995–2005 City of David Excavations", *TA* 34 (2007) 59–65.

[10] Reich and Shukron, "The Yehud Stamp Impressions".

[11] Donald T. Ariel and Yair Shoham, "Locally Stamped Handles and Associated Body Fragments of the Persian and Hellenistic Periods", in Inscriptions, Vol. 6 of Donald T. Ariel (ed.) *Excavations at the City of David* 1978–1985, Qedem 41 (Jerusalem: The Institute of Archaeology, The Hebrew University of Jerusalem, 2000), 137–71.

[12] Cf. uma opinião um pouco semelhante in Ariel and Shoham, "Locally Stamped Handles", 138.

[13] Cf. detalhes in Finkelstein, "Jerusalem in the Persian (and Early Hellenistic) Period" (capítulo 1 neste livro).

[14] Shiloh, *Excavations at the City of David*, 4, tabela 2.

[15] Alon de Groot, "Jerusalem in the Early Hellenistic Period" [em hebraico], *NSJ* 10 (2004) 67–70.

[16] Na Area E1 — Shiloh, *Excavations at the City of David*, 15.

persa e helenista antigo/primitivo, portanto, era de cerca de 240 (N-S) x 120 (L-O) m, ou seja, por volta de 2-2,5 ha.[17]

No final do período helenista, Jerusalém expandiu-se novamente até cobrir toda a área da cidade prévia da Idade do Ferro II, ou seja: a Cidade de Davi e a colina sudoeste.[18]

2.2. Gabaon/Gibeon

Gabaon/Gibeon prosperou no final da Idade do Ferro II. Produzia vinho, estava rodeada por robustas fortificações e equipada com um sofisticado sistema de água.[19] Um cemitério bem planejado, do final da Idade do Ferro II, jaz a leste do outeiro.[20]

Gabaon/Gibeon não produziu achados inequívocos do período persa. Sem entrar no debate a respeito do lagar e das inscrições de Gabaon/Gibeon – monarquia tardia ou século VI[21] –, as impressões de

---

[17] Contrariamente à ideia de um assentamento de 6 ha (excluindo-se o Monte do Templo) in Carter, *The Emergence of Yehud*, 200; Oded Lipschits, "Achaemenid Imperial Policy, Settlement Processes in Palestine, and the Status of Jerusalem in the Middle of the Fifth Century B.C.E.", in Oded Lipschits and Manfred Oeming (ed.) *Judah and the Judeans in the Persian Period*, (Winona Lake, IN: Eisenbrauns, 2006), 32; e à de um assentamento de 30 acres/12,14 ha (possivelmente incluindo-se o Monte do Templo) in Nahman Avigad, "Jerusalem: The Second Temple Period", *NEAEHL* 2 (1993) 720.

[18] Resumos in Hillel Geva, "Western Jerusalem at the End of the First Temple Period in Light of the Excavations in the Jewish Quarter", in Vaughn and Killebrew, *Jerusalem in the Bible and Archaeology*, 183–208; Geva, "Summary and Discussion of Findings", 526–34; Gregory J. Wightman, *The Walls of Jerusalem: From the Canaanites to the Mamluks* (Sydney: Meditarch, 1993), 111–57.

[19] James B. Pritchard, *Gibeon, Where the Sun Stood Still, The Discovery of the Biblical City* (Princeton: Princeton University Press, 1962) 53–99.

[20] Hanan Eshel, "The Late Iron Age Cemetery of Gibeon", *IEJ* 37 (1987) 1–17.

[21] Cf. os resumos in Ephraim Stern, *Material Culture of the Land of the Bible in the Persian Period, 538–332 B.C* (Warminster: Aris & Phillips, 1982), 32–33; Stern, *The Assyrian, Babylonian, and Persian Periods (732–332 B.C.E.)*, Vol. 2 of *Archaeology of the Land of the Bible* (New York: Doubleday, 2001), 433; Oded

selos *mwsh* e os cacos de louça em forma de cunha e com impressos de junco, encontrados no local,[22] atestam certa atividade no período babilônico ou final do período babilônico e começos do período persa. Contudo, cerâmica típica do período persa e impressões de selos de Yehud não foram encontradas.[23]

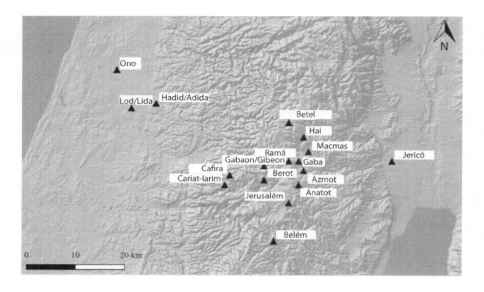

Figura 2.1. Locais mencionados na lista dos repatriados.

De acordo com Pritchard, existe "apenas escassa evidência de ocupação do fim do século VI até o começo do século I a.C." em Gabaon/Gibeon.[24] No entanto, em uma tentativa de oferecer provas para a Gabaon/Gibeon de Ne 3,7, e para a lista dos repatriados, ele propôs que "assentamentos dispersos e esporádicos" existiram ali, de

---

Lipschits, "The History of the Benjaminite Region under Babylonian Rule" [em hebraico], *Zion* 64 (1999) 287-91.

[22] James B. Pritchard, *Winery, Defenses and Soundings at Gibeon* (Philadelphia: University Museum, University of Pennsylvania, 1964), figuras 32:7, 48:17.

[23] Para estas últimas, cf. Lipschits, *The Fall and Rise of Jerusalem*, 180.

[24] James B. Pritchard, "Gibeon", *NEAEHL* 2 (1993) 513.

fato, durante os períodos persa e helenista.[25] De maneira correta, Stern interpretou os achados de Gabaon/Gibeon como prova de atividade apenas do século VI e, possivelmente, do começo do período persa.[26]

Cerâmica helenista tardia e moedas datadas dos dias de Antíoco III e João Hircano são atestadas em Gabaon/Gibeon.[27]

Gabaon/Gibeon é mencionada em fontes bíblicas do final da monarquia – na lista de cidades de Benjamim (Js 18,25), unanimemente datada do final do século VII a.C.,[28] e no livro de Jeremias (28,1; 41,16).

2.3. Betel

Betel era completamente povoada no final da Idade do Ferro II.[29] Um caco de cerâmica em forma de cunha com impressão de junco encontrado no local[30] e um selo babilônico adquirido dos aldeões de Beitin[31] parecem indicar que o local continua a ser habitado no século VI a.C. (e confira, mais adiante, a referência em Zc 7,2). Kelso[32] sugeriu que a cidade foi destruída na segunda metade do século VI.

Nenhuma inequívoca evidência para uma ocupação no período persa foi encontrada em Betel; não havia restos arquitetônicos, nenhuma

---

[25] Pritchard, *Gibeon, Where the Sun Stood Still*, 163.

[26] Stern, *Material Culture of the Land of the Bible*, 32–33; Stern, *The Assyrian, Babylonian, and Persian Periods*, 433; Lipschits, *The Fall and Rise of Jerusalem*, 243–45 — século VI.

[27] Pritchard, *Gibeon, Where the Sun Stood Still*, 163.

[28] Albrecht Alt, "Judas Gaue unter Josia", *PJ* 21 (1925) 100–116; Nadav Na'aman, "The Kingdom of Judah under Josiah", *TA* 18 (1991) 3–71, com bibliografia especializada anterior.

[29] James L. Kelso, *The Excavation of Bethel (1934–1960)* AASOR 39 (Cambridge: American Schools of Oriental Research, 1968), 36–37.

[30] Kelso, *The Excavation of Bethel*, pl. 67, 8.

[31] Kelso, *The Excavation of Bethel*, 37; Stern, *Material Culture of the Land of the Bible*, 31.

[32] Kelso, *The Excavation of Bethel*, 37, 38.

cerâmica e nada de impressões de selos. Ademais, os alicerces dos muros helenistas penetravam nos restos da Idade do Ferro II.[33] Os escavadores especularam que um assentamento do período persa pode ter sido situado sob a área construída do povoado de Beitin, perto da fonte, na parte sudeste do sítio,[34] mas tal assentamento deveria ter deixado um claro sinal de cerâmica no local. O único indício do gênero é um diminuto caco de cerâmica identificado por Illiff como parte de um lécito grego do século V a.C.[35]

Um próspero assentamento helenista foi descoberto em Betel.[36]

Betel é mencionada em grande número de fontes bíblicas tardo-monárquicas, tais como a lista de cidades de Benjamim (Js 18,22), que data do final do século VII,[37] e a descrição dos dias de Josias (2Rs 23). O Papiro Amherst 63 menciona deportados pelos assírios, que provavelmente estavam estabelecidos em Betel.[38] Se a menção de Betel em Zc 7,2 se refere a um local[39] e não é parte do nome de uma pessoa,[40] atesta o fato de que o local era habitado no final do século VI. Betel é citada na lista das fortalezas construídas por Báquides (1Mc 9,50).

---

[33] Kelso, *The Excavation of Bethel*, 36.

[34] Kelso, *The Excavation of Bethel*, 38.

[35] Kelso, *The Excavation of Bethel*, 80, pl. 37, 10. Gostaria de agradecer ao Dr. Oren, da Universidade de Tel Aviv, por verificar este caco de cerâmica e confirmar-lhe a data sugerida há décadas por Illiff.

[36] Kelso, *The Excavation of Bethel*, 36, 40, 52; Paul W. Lapp, "Bethel Pottery of the Late Hellenistic and Early Roman Periods", in Kelso, *The Excavation of Bethel*, 77–80.

[37] Alt, "Judas Gaue unter Josia"; Na'aman, "The Kingdom of Judah".

[38] Richard C. Steiner, "The Aramaic Text in Demotic Script: The Liturgy of a New Year's Festival Imported from Bethel to Syene by Exiles from Rash", *JAOS* 111 (1991) 362–63.

[39] Por exemplo: Carol L. Meyers and Eric M. Meyers, *Haggai, Zechariah 1–8*, AB 25B (Garden City: Doubleday, 1987), 382–83.

[40] Por exemplo: Peter R. Ackroyd, *Exile and Restoration, A Study of Hebrew Thought of the Sixth Century BC* (London: SCM Press, 1968), 207.

2.4. Hadid/Adida

Hadid/Adida é identificada com segurança na colina de el-Haditheh, a nordeste de Lod/Lida. As escavações de salvamento de objetos no local indicam que o assentamento do final da Idade do Ferro estendia-se pelo outeiro principal e sua encosta noroeste.[41] A escavação produziu duas tabuinhas neoassírias cuneiformes do século VII a.C.[42] O local foi ocupado tanto no período persa quanto no helenista.[43]

Hadid/Adida é mencionada em conexão com a história dos hasmoneus; foi fortificada pelo hasmoneu Simão (1Mc 12,38; 13,13; Josefo, *A. J.* 13.203, 392).

2.5. Jericó

Tel es-Sultan era intensamente povoado no século VII a.C. Impressões de selo de Yehud e vasos atenienses[44] indicam que o local era habitado no período persa. O assentamento helenista tardio estava situado em Tulul Abu el-Alayiq, a sudeste de Tel es-Sultan.[45]

---

[41] Etty Brand, *Salvage Excavation on the Margin of Tel Hadid: Preliminary Report* [em hebraico] (Tel Aviv: Tel Aviv Institute of Archaeology, 1998), 27–29.

[42] Nadav Na'aman and Ran Zadok, "Assyrian Deportations to the Province of Samaria in the Light of the Two Cuneiform Tablets from Tel Hadid", *TA* 27 (2000) 159–88.

[43] Etty Brand, "el-Haditha" [em hebraico], *ESI* 19 (1997) 44*–46*; para o assentamento helenista, cf. também Alla Nagorsky, "Tel Hadid", *ESI* 117 (2005) <http://www.hadashot-esi.org.il/report_detail_eng.aspx?id=173&mag_id=110>.

[44] David Vanderhooft and Oded Lipschits, "A New Typology of the Yehud Stamp Impressions", *TA* 34 (2007) 12–37; Stern, *Material Culture of the Land of the Bible*, 38, respectivamente.

[45] Ehud Netzer, *Hasmonean and Herodian Palaces at Jericho I* (Jerusalem: Israel Exploration Society, 2001).

Jericó é mencionada na lista de cidades de Benjamim (Js 18,21), a qual data do final do século VII a.C.[46] É citada em várias fontes helenistas – Papiro de Zenão, 1 e 2 Macabeus, Diodoro e Estrabão.[47]

2.6. Lod/Lida

A colina de Lod/Lida jamais foi adequadamente escavada; de fato, sua extensão exata, sob a cidade árabe pré-moderna, não é muito clara.[48] Mesmo assim, as descobertas têm sido suficientes para mostrar que Lod/Lida foi habitada do tempo neolítico ao tempo otomano.[49] Escavações em Neve Yarak, redondeza da moderna Lod/Lida situada próxima ao antigo outeiro, produziu descobertas da Idade do Ferro II, persas e helenistas.[50] É bastante claro que o local foi habitado nos três períodos discutidos neste ensaio.

Lod/Lida é mencionado em 1Mc 11,34 como uma das três toparquias acrescentadas ao território hasmoneu no ano 145 a.C.

3. Sítios arqueológicos inspecionados

3.1. Belém

A colina ocupa o setor oriental da aresta com excesso de construções da cidade de Belém. Parece ter sido completamente ocupada na

---

[46] Alt, "Judas Gaue unter Josia"; Na'aman, "Kingdom of Judah".
[47] Yoram Tzafrir, Leah Di Segni, and Judith Green, *Tabula Imperii Romani Judaea Palaestina, Maps and Gazetteer* (Jerusalem: Israel Academy of Sciences and Humanities, 1994), 143.
[48] Cf. Ram Gophna and Itzhak Beit-Arieh, *Archaeological Survey of Israel: Map of Lod* (80) (Jerusalem: Israel Antiquities Authority, 1997), 88.
[49] Gophna and Beit-Arieh, *Archaeological Survey of Israel*.
[50] Aryeh Rosenberger and Alon Shavit, "Lod, Newe Yaraq", *ESI* 13 (1993) 54*– 56*; Amir Feldstein, "Lod, Neve Yaraq (B)", *ESI* 19 (1997) 50*; Hamoudi Khalaily and Avi Gopher, "Lod", *ESI* 19 (1997) 51*; Yoav Arbel, "Lod", *ESI* 116 (2004) 40*.

Idade do Ferro II.⁵¹ Uma inspeção recente de parcelas da terra ainda disponíveis para pesquisa a leste da Igreja da Natividade revelou cacos de louça da Idade do Ferro II e bizantinos;⁵² nenhum outro período é mencionado.

A única inspeção quantitativa no local foi realizada por Ofer, que reuniu 26 aros do final da Idade do Ferro II, dois aros do período persa e um ou dois aros do período helenista.⁵³ À exceção de indicar períodos de ocupação, tais dados são insuficientes para reconstruir o tamanho do local e a intensidade da atividade nos vários períodos de habitação.

Belém é mencionada na versão da *LXX* da lista de cidades de Judá (Js 15,59a), a qual data do final do século VII a.C.,⁵⁴ e no livro de Jeremias (41,17).

3.2. Anatot

Os primeiros estudos não situaram restos pré-romanos no vilarejo de 'Anata.⁵⁵ Conseguintemente, a localização da Anatot bíblica foi buscada em dois locais nas proximidades do vilarejo.

Ras el-Kharubeh foi tanto inspecionada quanto escavada.⁵⁶ A escavação moderna produziu pequeno número de cacos de louça (40, ao todo) do final da Idade do Ferro II, cacos de louça do período persa (cerca de 25% do material da escavação) e grande número de cacos de

---

[51] Cf. a lista de lugares com descobertas da Idade do Ferro II in Kay Prag, "Bethlehem, A Site Assessment", *PEQ* 132 (2000) 170–71.

[52] Prag, "Bethlehem".

[53] Avi Ofer, *The Highland of Judah during the Biblical Period* [em hebraico] (tese de doutorado; Tel Aviv: Tel Aviv University, 1993), apêndice IIA, 13.

[54] Alt, "Judas Gaue unter Josia"; Na'aman, "The Kingdom of Judah".

[55] Edward P. Blair, "Soundings at 'Anata (Roman Anathoth)", *BASOR* 62 (1936) 18–21; William F. Albright, "Additional Note", *BASOR* 62 (1936) 25–26.

[56] Para as primeiras pesquisas, cf. Avraham Bergman and William F.Albright, "Soundings at the Supposed Site of Old Testament Anathoth", *BASOR* 62 (1936) 22–25.

louça do final do período helenista. Constatou-se que o local sofreu erosão e foi escassamente habitado.[57] Uma inspeção levada a cabo no local produziu cacos de louça da Idade do Ferro II e do período helenista, mas nenhuma descoberta do período persa.[58]

Outro local sugerido para a localização da Anatot bíblica é Khirbet Deir es-Sidd, que também foi escavado por Biran.[59] Foi fortemente habitado no final da Idade do Ferro II, mas não produziu descobertas do período persa. Foram encontrados somente alguns poucos cacos de louça greco-romanos. Uma inspeção realizada no local produziu grande número de cacos de louça, 70% dos quais foram datados da Idade do Ferro II. Cacos de louça do período persa foram encontrados em uma tumba. Cacos do período helenista também estavam presentes.[60]

Uma inspeção moderna completa do vilarejo de 'Anata mostrou que está construído sobre um local antigo.[61] Portanto, não há razão para buscar a localização de Anatot em outro local. A inspeção produziu 242 cacos de louça, 35% dos quais datam da Idade do Ferro II e 10% do período helenista. O período persa não está representado.[62]

A menção de Anatot no livro de Jeremias atesta que o local foi povoado nos últimos tempos da monarquia.

---

[57] Avraham Biran, "On the Identification of Anathoth" (em hebraico) *ErIsr* 18 (1985) 209–11.

[58] Uri Dinur and Nurit Feig, "Eastern Part of the Map of Jerusalem" [em hebraico], in Israel Finkelstein and Yitzhak Magen (ed.) *Archaeological Survey of the Hill Country of Benjamin* (Jerusalem: Israel Antiquities Authority, 1993), 358.

[59] Biran, "On the Identification of Anathoth", 211–13.

[60] Dinur and Feig, "Eastern Part of the Map of Jerusalem", 379.

[61] Dinur and Feig, "Eastern Part of the Map of Jerusalem", 359–60.

[62] Como editor do livro no qual as inspeções de Dinur e Feig, Feldstein et al. foram publicadas, o autor considerou a cerâmica de todos os locais. Isto inclui os locais referidos aqui – 'Anata, Hizma, Khirbet el-Kafira, Khirbet el-Burj, er-Ram, Jaba', e Mukhmas.

3.3. Azmot

Azmot é identificado com segurança com o povoado de Hizma, a nordeste de Jerusalém. O local foi inspecionado duas vezes. Kallai reportou cacos de louça do período romano e posterior.[63] Uma inspeção mais completa e moderna foi realizada por Dinur e Feig,[64] que reportaram cacos de louça da Idade do Ferro II e dos períodos persa e helenista.[65]

3.4. Cariat-Iarim

Cariat-Iarim é identificada com segurança com a colina de Deir el-'Azar, acima do vilarejo de Abu-Ghosh. Uma ampla coleção de cerâmica oriunda do local, armazenada pela Autoridade de Antiguidades de Israel, foi estudada pelo autor em 1992. Inclui 440 cacos de porcelana, dos quais 310 datam da Idade do Ferro II, um do período persa, 49 do período persa ou helenista, 23 do período helenista e 11 do período helenista ou romano. O número de cacos de louça recolhidos no local é suficiente para afirmar que era fortemente habitado no final da Idade do Ferro II, mui esparsamente habitado – se é que o foi – no período persa, e habitado no período helenista.

Cariat-Iarim é mencionado nas listas de cidades de Judá e de Benjamim (Js 15,60; 18,14), que datam do final do século VII a.C.,[66] e no livro de Jeremias (26,20).

3.5. Cafira

Cafira é identificada com segurança com Khirbet el-Kafira, a noroeste de Jerusalém. O sítio foi inspecionado duas vezes. Vriezen

---

[63] Zecharia Kallai, "The Land of Benjamin and Mt.Ephraim" [em hebraico], in Moshe Kochavi (ed.) *Judaea, Samaria and the Golan, Archaeological Survey 1967–1968*, (Jerusalem: Carta, 1972), 185.
[64] Dinur and Feig, "Eastern Part of the Map of Jerusalem", 372–73.
[65] Veja também: Uri Dinur, "Hizma", *ESI* 5 (1986) 53.
[66] Alt, "Judas Gaue unter Josia"; Na'aman, "The Kingdom of Judah".

reuniu amplo número de cacos de louça da Idade do Ferro II e vários cacos dos períodos persa e helenista.[67] Feldstein et al. inspecionaram completamente o local e recolheram 243 cacos de louça, dos quais 81% datam da Idade do Ferro II.[68] Alguns cacos foram temporariamente datados do período persa, e 13% foram atribuídos aos períodos helenista e romano. A partir desses dados, é evidente que o período principal de ocupação foi a Idade do Ferro II, que a atividade no local, durante o período persa, era fraca, e que a ocupação se intensificou no período helenista.

Cafira é mencionado na lista de cidades de Benjamim (Js 18,26), que data do final do século VII a.C.[69]

3.6. Berot

A localização de Berot foi discutida nos primeiros anos da pesquisa,[70] mas posteriormente foi fixada com segurança na localidade de Khirbet el-Burj, nos subúrbios do moderno bairro de Ramot, em Jerusalém.[71] O local foi inspecionado e parcialmente escavado em uma operação de resgate.

Kallai foi o primeiro a liderar uma moderna inspeção no local.[72] Ele referiu cerâmica da Idade do Ferro II e um único caco em forma de cunha e com impressão de junco, provavelmente datado do século VI a.C. Feldstein et al.[73] perfizeram uma inspeção mais moderna e

---

[67] Karel J. H Vriezen, "Hirbet Kefire — Eine Oberflächenuntersuchung", *ZDPV 91* (1975), figuras 4, 23–25, e 5, respectivamente.

[68] Amir Feldstein et al., "Southern Part of the Maps of Ramallah and el-Bireh and Northern Part of the Map of 'Ein Kerem'" [em hebraico], in Finkelstein and Magen, *Archaeological Survey of the Hill Country of Benjamin*, 209–11.

[69] Alt, "Judas Gaue unter Josia"; Na'aman, "The Kingdom of Judah".

[70] Resumo in Shemuel Yeivin, "The Benjaminite Settlement in the Western Part of their Territory", *IEJ* 21 (1971) 141–42.

[71] Yeivin, "The Benjaminite Settlement", 141–42.

[72] Kallai, "The Land of Benjamin", 186–87.

[73] Feldstein et al., "Southern Part of the Maps of Ramallah", 231–33.

mais completa no local e recolheram 212 cacos de louça, dos quais 74% datam da Idade do Ferro II, alguns do período persa, 9% dos períodos persa e helenista, e 8% do período helenista.

Uma escavação de resgate foi realizada no local em 1992.[74] A maioria das descobertas pertencia aos tempos medievais, mas foi descoberta evidência de um assentamento que foi ocupado desde a Idade do Ferro, passando pelo período helenista.

A partir desses dados, fica claro que o assentamento estava no auge na Idade do Ferro II, que a atividade no período persa era fraca, e que alguma retomada aconteceu no período helenista.

Berot é mencionada na lista de cidades de Benjamim (Js 18,25), que data do final do século VII a.C.[75] Possivelmente, está mencionada em 1Mc 9,4 como Βερεα.[76]

3.7. Ramá

Ramá é unanimemente identificada com o vilarejo de er-Ram, ao norte de Jerusalém. Apenas uma inspeção moderna foi realizada no local – por Feldstein et al.[77] Eles recolheram o grande número de 359 cacos de louça, dos quais 20% datam da Idade do Ferro II, 2% do período persa e 13% do período helenista. Significa que o local era fortemente habitado na Idade do Ferro II, que declinou no período persa e que se recuperou no período helenista.

Ramá aprece na lista das cidades de Benjamim (Js 18,25), que data do final do século VII a.C.,[78] e no livro de Jeremias (31,15; 40,1).

---

[74] Alexander Onn and Yehuda Rapuano, "Jerusalem, Khirbet el-Burj", *ESI* 14 (1994) 88–90.

[75] Alt, "Judas Gaue unter Josia"; Na'aman, "The Kingdom of Judah".

[76] Josefo, *A.J.* 12.422 escreve B 12.42, mas cf. a discussão in Uriel Rappaport, *The First Book of Maccabees: Introduction, Hebrew Translation, and Commentary* [em hebraico] (Jerusalem: Yad Ben-Zvi, 2004), 233.

[77] Feldstein et al., "Southern Part of the Maps of Ramallah", 168–69.

[78] Alt, "Judas Gaue unter Josia"; Na'aman, "The Kingdom of Judah".

3.8. Gaba/Gabaá

Gaba/Gabaá é identificada com segurança com o povoado de Jaba', a nordeste de Jerusalém. O local foi inspecionado duas vezes. Kallai referiu cacos de louça da Idade do Ferro II e do período persa.[79] Feldstein et al. realizaram uma inspeção mais completa no local e recolheram 284 cacos de louça, dos quais 23% datam da Idade do Ferro II e 22% do período helenista.[80] Por conseguinte, parece que o local foi fortemente habitado, seja na Idade do Ferro II, seja no período helenista. Provavelmente, estava deserto (ou mui esparsamente habitado) no período persa.

Gaba/Gabaá aparece na lista de cidades de Benjamim (Js 18,24), que data do final do século VII a.C.[81]

3.9. Macmas

Macmas é identificada com segurança com o vilarejo de Mukhmas, a nordeste de Jerusalém. O antigo local – Khirbet el-Hara el-Fauqa – está situado na margem setentrional do vilarejo. O local foi inteiramente inspecionado por Feldstein et al., que recolheram 643 cacos de louça(!), dos quais 14% datam da Idade do Ferro II, 10% do período persa e 19% do período helenista.[82] Isto quer dizer que o local foi intensamente habitado em todos os períodos discutidos aqui.

Macmas servia temporariamente como a sede do hasmoneu Jônatas (1Mc 9,73; Josefo, *A.J.* 13.34).

3.10. Hai

A Hai da lista dos repatriados é um enigma. O local de et-Tell não foi habitado depois da Idade do Ferro I. Pressupondo-se que existe

---

[79] Kallai, "The Land of Benjamin", 183.
[80] Feldstein et al., "Southern Part of the Maps of Ramallah", 177–79.
[81] Alt, "Judas Gaue unter Josia"; Na'aman, "The Kingdom of Judah".
[82] Feldstein et al., "Southern Part of the Maps of Ramallah", 185–86.

uma conexão entre a Hai do livro de Josué (um nome originalmente derivado de uma história etiológica) e a Hai da lista, os únicos locais que podem oferecer uma realidade arqueológica por trás deste topônimo são o vilarejo de Deir Dibwan, ou, melhor (do ponto de vista da preservação do nome), Khirbet el-Haiyan, situado nos arredores meridionais de Deir Dibwan.

Deir Dibwan é um grande povoado que jamais foi inspecionado adequadamente. Feldstein et al. conseguiram recolher 20 cacos de louça ali, entre os quais um único caco da Idade do Ferro II, e todos os demais, do período romano e posteriores.[83] Isto é insuficiente para chegar a conclusões a respeito da história do assentamento do local.

Khirbet el-Haiyan foi tanto escavado quanto inspecionado. A escavação no local revelou evidência de uma ocupação que começa no período romano.[84] A inspeção de Kallai revelou cacos de louça do período romano e posteriores.[85] Feldstein et al. recolheram 112 cacos de louça no local, dos quais 32% foram datados do período helenista ou romano.[86]

Tais elementos não são suficientes para esta discussão. Parece lógico sugerir que a Hai da lista dos repatriados deveria ser buscada em Deir Dibwan.

3.11. Ono

Gophna, Taxel e Feldstein recentemente mostraram que Ono não pode ser identificada com Kafr Ana, um local que não foi ocupado desde a Idade do Cobre até o período bizantino.[87] Em vez disso, eles

---

[83] Feldstein et al., "Southern Part of the Maps of Ramallah", 183–84.
[84] Joseph A. Callaway and Murray B. Nicol, "A Sounding at Khirbet Hayian", *BASOR* 183 (1966) 19.
[85] Kallai, "The Land of Benjamin", 178–79.
[86] Feldstein et al., "Southern Part of the Maps of Ramallah", 183.
[87] Ram Gophna, Itamar Taxel, and Amir Feldstein, "A New Identification of Ancient Ono", *BAIAS* 23 (2005) 167–76.

sugerem identificar Ono como a localidade de Kafr Juna, situada a um quilômetro a nordeste de Kafr Ana. Inspeções conduzidas ali produziram grande número de cacos de porcelana da Idade do Ferro II e dos períodos persa e helenista.[88]

4. Discussão

A Tabela 1 resume as descobertas nos locais mencionados na lista dos repatriados.

Tabela 1. Resumo da arqueologia dos locais mencionados na lista dos repatriados, incluindo a intensidade ocupacional (V [=] evidência de atividade, mas dados insuficientes para especificar a intensidade da atividade

	Ferro II	Persa	Helenista
Jerusalém	Forte	Fraca	Forte
Belém	V	Fraca	Fraca
Gabaon/Gibeon	Forte	– (exceto para o século VI?)	Fraca
Anatot	Forte	–	Média
Azmot	V	V	V
Cariat-Iarim	Forte	Fraca	Média
Cafira	Forte	Fraca	Fraca
Berot	Forte	Fraca	Média
Ramá	Forte	Fraca	Média
Gaba/Gabaá	Forte	–?	Forte
Macmas	Forte	Média	Forte
Betel	Forte	– (exceto para o século VI?)	Forte
Hai (se Khirbet el-Haiyan) (se Deir Dibwan)	– V	–	V?
Lod/Lida	V	V	V
Hadid/Adida	V	V	V
Ono	Forte	Forte	Forte
Jericó	V	V	V

---

[88] Gophna, Taxel and Feldstein, "A New Identification of Ancient Ono", 167–76.

De três a cinco locais mencionados na lista (incluindo locais que foram inteiramente escavados) não foram habitados no período persa, e em outros locais a atividade foi fraca. Locais que não aparecem na lista são também dignos de menção. O melhor indicador da importância de locais no período persa é o número de impressão de selo de Yehud encontrado do decurso de suas escavações.[89] Os locais com o maior número de tais impressões de selos são Ramat Rahel, Jerusalém, Masfa, Nebi Samuel/Nabi Sanwil e Engadi. Masfa, Engadi e Bet-Carem[90] não aparecem na lista, e a lista não inclui nenhum nome que possa corresponder à localização de Nebi Samuel/Nabi Sanwil. Em outras palavras: quatro dos cinco locais com maior número de impressões de selos de Yehud estão ausentes da lista – outra indicação de que a lista não se encaixa na realidade do período persa. Finalmente, é evidente que o número de repatriados que aparece na lista[91] – se tomado como reflexo de uma verdadeira realidade demográfica – não se coaduna com a esgotada população de Yehud no período persa.[92]

Tudo isso é suficiente para argumentar que a lista dos repatriados não pode ser vista como autêntico registro dos locais onde os repatriados se instalaram no período persa. A arqueologia da lista contradiz as ideias tanto dos que aceitam a lista como genuinamente representante do assentamento primitivo, imediatamente depois do retorno,[93] ou nos dias de Neemias,[94] quanto daqueles que a veem como resumo de várias

---

[89] Refiro-me aos Tipos 1-15 in Vanderhooft and Lipschits, "A New Typology of the Yehud Stamp Impressions".

[90] Com maior probabilidade, Ramat Rahel — Yohanan Aharoni, *The Land of the Bible: A Historical Geography* (Philadelphia: Westminster Press, 1979), 418.

[91] Cf. a discussão in Lipschits, *The Fall and Rise of Jerusalem*, 161–62.

[92] Para a última, cf., por exemplo, Carter, *The Emergence of Yehud*, 195–205; Lipschits, *The Fall and Rise of Jerusalem*, 270.

[93] Por exemplo: Kurt Galling, "The 'Gola-List' according to Ezra 2 // Nehemiah 7", *JBL* 70 (1951) 149–58; Jacob M. Myers, *Ezra Nehemiah*, AB 14 (Garden City: Doubleday, 1965), 14–17.

[94] Joseph Blenkinsopp, *Ezra/Nehemiah: A Commentary* (Philadelphia: Westminster, 1988), 83.

ondas de repatriados até os dias de Neemias.[95] Baseado em uma estimativa demográfica para a Yehud do período-persa, Lipschits[96] rejeitou as ideias de deportações em larga escala no final da Idade do Ferro II e ondas significativas de repatriados desde então, e sugeriu que a lista seja uma compilação literária que pode ter-se fundamentado em vários censos que foram empreendidos durante o período persa.[97] Os resultados de tal investigação tornam tal sugestão demasiado insustentável.

Há diversas maneiras de decifrar a realidade por trás da lista dos repatriados. De acordo com a primeira, ela reflete uma situação do fim da Idade do Ferro II, possivelmente centrada em uma vaga memória das áreas principais das quais as pessoas foram deportadas, ou das áreas principais para as quais elas retornaram. Outra possibilidade é que a lista não tenha absolutamente nenhum valor histórico e simplesmente mencione assentamentos importantes do final da Idade do Ferro II, em áreas que foram incluídas na província de Yehud. Uma terceira explicação poderia ser que a lista foi compilada no final do período helenista (hasmoneus) e reflete a realidade de assentamento daquele tempo, tendo como pano de fundo uma vaga memória do território da província de Yehud, com o acréscimo da área de Lod/Lida (mais adiante). A última possibilidade também se conformaria à realidade demográfica oculta por trás da lista.[98]

Por fim, é digno de nota que sete dos locais na lista aparecem nos livros dos Macabeus, até mesmo locais importantes na história dos hasmoneus, tais como Berot, Macmas e Hadid/Adida. O aparecimento de Lod/Lida,

---

[95] Resumos in Lipschits, *The Fall and Rise of Jerusalem*, 159–60, nota 91.
[96] Lipschits, *The Fall and Rise of Jerusalem*, 160–61.
[97] Para outros estudiosos que propuseram semelhante solução, cf. as referências in Lipschits, *The Fall and Rise of Jerusalem*, 160, nota 92.
[98] Do ponto de vista do texto, cf. Jacob L. Wright, "A New Model for the Composition of Ezra-Nehemiah", in Oded Lipschits, Gary N. Knoppers, and Rainer Albertz (eds.) *Judah and the Judeans in the Fourth Century B.C.E.* (Winona Lake, IN: Eisenbrauns, 2007), 347. Wright argumenta que a lista "parece responder a noções apocalípticas que mui provavelmente não antecedem o período helenista".

Hadid/Adida e Ono na lista é também significativo. De acordo com a distribuição das impressões de selo de Yehud do período persa,[99] esta área não fazia parte da província de Yehud. A Samaria, distrito de Lod/Lida, foi acrescentada ao território hasmoneu em 145 a.C. (1Mc 11,34) – outro indício de que a lista pode descrever uma realidade do século II a.C.

5. Resumo

A arqueologia dos locais mencionados na lista dos repatriados parece mostrar que ela não representa realidades do período persa. Locais importantes do período persa não mencionados na lista reforçam tal ideia. A arqueologia da lista deixa duas opções principais para a compreensão da realidade por trás dela. Consoante a primeira, a lista retrata locais da Idade do Ferro II tardia. De acordo com a segunda, foi compilada no final do período helenista (hasmoneu) e representa a realidade daquela época. A última solução, também proposta como uma possibilidade para a compreensão de Ne 3,[100] levanta sérias dificuldades tendo em vista que tem implicações de longo alcance com relação à data da redação final dos livros de Esdras e Neemias. Contudo, sem fontes extrabíblicas para apoiar uma data no período persa para a lista dos repatriados, a evidência arqueológica não pode ser ignorada.

Adendo

Arqueologia de Jerusalém

Poucos anos depois da publicação do artigo original, Koch, Lipschits e eu levantamos a possibilidade de que o antigo outeiro de Jerusalém estava situado no Monte do Templo (em vez de na aresta da "Cidade de Davi").[101] Neste caso também, há informação suficiente para indicar

---

[99] Vanderhooft and Lipschits, "A New Typology of the Yehud Stamp Impressions".
[100] Finkelstein, "Jerusalem in the Persian... Period" (capítulo 1 neste livro).
[101] Israel Finkelstein, Ido Koch, and Oded Lipschits, "The Mound on the Mount: A Possible Solution to the 'Problem with Jerusalem'?", *JHS* 11 (2011) art. 12.

que a atividade no período persa e começo do período helenista era fraca; confira outras informações no adendo do capítulo 1.

Betel

Um ano após a publicação do artigo original sobre a lista dos repatriados, Singer-Avitz e eu publicamos uma reavaliação detalhada da arqueologia de Betel, baseada em completo exame da cerâmica da escavação armazenada no Seminário Teológico de Pittsburgh e no Instituto W. F. Albright de Pesquisa Arqueológica, em Jerusalém.[102] Reafirmamos a observação (baseada em material publicado) a respeito de uma lacuna ocupacional (ou atividade muito fraca) no local durante os períodos babilônico e persa e início do período helenista. Na'aman e Lipschits criticaram nossas descobertas,[103] argumentando que:

1. O sítio arqueológico foi apenas parcialmente escavado.

2. Em determinados períodos, Betel funcionava como local somente para o templo, e o templo pode ter sido situado em setores não escavados do local.

3. Fundamentado em Gn 12,8 e 13,3, Lipschits sugeriu que o templo estaria situado a leste de Betel; ele levantou a possibilidade

---

[102] Israel Finkelstein and Lily Singer-Avitz, "Reevaluating Bethel", *ZDPV* 125 (2009) 33–48.

[103] Nadav Na'aman, "Does Archaeology Really Deserve the Status of a 'High Court' in Biblical Historical Research?", in Bob Becking and Lester L. Grabbe (eds.) *Between Evidence and Ideology: Essays on the History of Ancient Israel Read at the Joint Meeting of the Society for Old Testament Study and the Oud Testamentisch Werkgezelschap, Lincoln, July 2009*, OtSt 59 (Leiden: Brill, 2010), 180–82; Na'aman, "The Jacob Story and the Formation of Biblical Israel", *TA* 41 (2014) 101; Oded Lipschits, "Bethel Revisited", in Oded Lipschits, Yuval Gadot, and Matthew J. Adams (eds.) *Rethinking Israel: Studies in the History and Archaeology of Ancient Israel in Honor of Israel Finkelstein* (Winona Lake, IN: Eisenbrauns, 2017), 233–46. Para minha resposta inicial a Na'aman, cf. Israel Finkelstein, "Archaeology as High Court in Ancient Israelite History: A Reply to Nadav Na'aman", *JHS* 10 (2010) art. 19.

de identificar sua localização em uma colina a cerca de um quilômetro de distância do monte de Betel.

4. Lipschits aventou a possibilidade de que "períodos com baixo número de material importado, 'bacana' e sugestivo (tal como os períodos babilônico, persa e o início do período helenista, por exemplo) tenham sido jogados fora [...]" (*sic*).[104]

5. Betel deve ter sido povoada nesses períodos por causa da datação da composição dos textos bíblicos até essa faixa de tempo.

Estes argumentos deveriam ser todos dispensados:

1. A área que estava disponível para a escavação de Betel era significativa. Em 1927, Albright estimou que ela cobria 1,5 ha,[105] o que compõe cerca de metade da área do outeiro. Este setor foi explorado em vários campos relativamente amplos, acrescidos de algumas sondagens adicionais. Em algumas das áreas escavadas, a escavação alcançou a rocha matriz. Isto significa que Betel havia sido escavada mais completamente do que muitos outros sítios do Levante meridional e que as descobertas – até mesmo cacos de louça dispersos – deveriam representar a história do assentamento do local.

2. Mesmo que esse tivesse sido o caso, quatro séculos de atividade em um templo deveriam ter deixado alguns resquícios – cacos de louça dispersos aqui e ali.

3. Os versículos do Gênesis não podem decidir a localização do templo. Os autores podem ter pretendido distanciar Abraão do abominável templo de Betel; a ideia poderia ter sido associar Abraão ao importante local de Betel, mas situar seu altar longe do templo pecaminoso de Jeroboão. Em todo o caso,

---

[104] Lipschits, "Bethel Revisited", 240.

[105] Kelso, *The Excavation of Bethel*, 2.

por enquanto, a colina a leste de Betel, que foi recentemente escavada,[106] não exibe nenhum sinal de atividade cultual e nenhuma descoberta dos períodos babilônico e persa e do início do período helenista.

4. Este argumento é difícil de entender: por que os escavadores decidiriam jogar fora os simples (não "bacanas") cacos de louça de um período e conservar cacos semelhantes de outro?

5. Um clássico argumento circular.

Outros locais mencionados na lista dos repatriados

A primeira estação de escavações no sítio de Cariat-Iarim (2017) confirmou a descrição das descobertas da inspeção reportada anteriormente: forte ocupação na Idade do Ferro IIB-C, fraca atividade no período persa e início do período helenista e significativa atividade no final do período helenista.[107]

Albright *Revividus*?

Zevit contestou minha análise da arqueologia dos sítios mencionados na lista dos repatriados e defendeu a datação da lista do período persa.[108] O debate traduz-se em duas atitudes contrastantes perante a construção da história do antigo Israel. Zevit – nas pegadas da Escola de Albright – repete o testemunho bíblico em linguagem (menos) moderna; adapta a arqueologia quando é útil e rejeita-a quando lhe obstrui o caminho; e defende-se de qualquer tentativa de desafiar a historicidade do texto. Sou propenso a conceder à arqueologia um papel

---

[106] Aharon Tavger, "E.P.914 East of Beitin and the Location of the Ancient Cult Site of Bethel" [em hebraico], *In the Highland's Depth* 5 (2015) 49–69.

[107] Israel Finkelstein et al., "Excavations at Kiriath-jearim Near Jerusalem, 2017: Preliminary Report", *Semitica* 60 (2018) 31–83.

[108] Ziony Zevit, "Is there an Archaeological Case for Phantom Settlements in the Persian Period?", *PEQ* 141 (2009) 124–37.

central, independente, e trato os textos como obra literária estratificada, cujas camadas estão entretecidas com os fins ideológicos de seus autores e com as realidades de seu tempo.[109]

O artigo de Zevit demonstra falta de conhecimento – e de compreensão – do método e das técnicas arqueológicas:

1. Zevit argumenta contra a confiabilidade das inspeções arqueológicas: "Inspeções são simples inspeções. A origem acidental do que os inspetores recolhem um tanto aleatoriamente não pode ser usada para determinar a verdadeira natureza de um sítio arqueológico [...]".[110] É verdade que a supervisão de determinado sítio pode falhar quanto a períodos de ocupação posteriormente revelados em escavações, mas: (a) isto certamente não é verdadeiro no caso dos sítios que produzem centenas de cacos de louça (cf. o citado para 'Anata, Deir el-'Azar, Khirbet el-Kafira, er-Ram, Jaba' e Mukhmas; (b) o caso descrito neste capítulos envolve grande número de locais e, portanto, as chances de um erro sistemático no campo – omitindo os mesmos períodos repetidamente – são poucas. O fato de diversos destes locais na lista dos repatriados terem sido inteiramente escavados (em vez de inspecionados) fortalece meu argumento.

2. "Teoricamente, uma presença histórica [no período persa – Israel Finkelstein] poderia ser invisível para a arqueologia."[111] Esta é uma afirmação surpreendente, visto que muros, recintos, cacos de porcelana, vasilhames de pedra, utensílios de metal e outras descobertas não evaporam. Até mesmo leve atividade humana deixa vestígios que podem ser detectados em escavações. Inspeções, também, quando executadas adequadamente,

---

[109] Cf. detalhes in Israel Finkelstein, "Persian Period Jerusalem and Yehud: A Rejoinder", *JHS* 9 (2009) art. 24.

[110] Zevit, "Is there an Archaeological Case", 131.

[111] Zevit, "Is there an Archaeological Case", 125.

proveem um bom quadro da história do assentamento de um local. Isto é especialmente verdadeiro na zona montanhosa, onde os assentamentos são normalmente situados em uma aresta ou em uma colina e, assim, os cacos de louça são erodidos para as encostas, onde podem ser facilmente recolhidos em grandes quantidades.

3. O que Zevit diz acerca dos "dois períodos persas parcialmente sobrepostos" (o histórico e o arqueológico[112]) é trivial. Fenômenos semelhantes foram estudados há muito tempo atinentes a outros períodos de transição, como, por exemplo, do período romano para o bizantino, e do bizantino para o começo da era islâmica. O que Zevit afirma a respeito da transição de tradições de cerâmica entre o final da Idade do Ferro II e o século VI a.C.[113] é conhecido de todo o estudante de arqueologia do primeiro ano e é levado em consideração em estudos sérios do período. Seja como for, a compilação de cerâmica do século V para o século IV a.C. é bem conhecida e fácil de identificar.[114]

---

[112] Zevit, "Is there an Archaeological Case", 132.
[113] Zevit, "Is there an Archaeological Case", 125.
[114] Por exemplo: Stern, *Material Culture of the Land of the Bible*.

Capítulo 3

A EXTENSÃO TERRITORIAL E A DEMOGRAFIA DE YEHUD/JUDEIA NO PERÍODO PERSA E COMEÇO DO PERÍODO HELENISTA

A extensão territorial de Yehud no período persa e da Judeia helenista e estimativas de sua população são temas importantes na pesquisa atual,[1] como implicações de longo alcance para determinar a data da composição de diversas obras bíblicas.[2] A pesquisa recente sobre as impressões de selo de Yehud[3] e meu próprio trabalho com as listas geográficas nos livros de Esdras e Neemias[4] levantam novas questões e demandam um análise diferente de ambos os tópicos.

---

[1] Por exemplo: Charles E. Carter, *The Emergence of Yehud in the Persian Period: A Social and Demographic Study*, JSOTSup 294 (Sheffield: Sheffield Academic Press, 1999); Oded Lipschits, *The Fall and Rise of Jerusalem: Judah under Babylonian Rule* (Winona Lake, IN: Eisenbrauns, 2005).

[2] Por exemplo: William Schniedewind, "Jerusalem, the Late Judaean Monarchy and the Composition of the Biblical Texts", in Andrew G. Vaughn and Ann E. Killebrew (eds.) *Jerusalem in the Bible and Archaeology: The First Temple Period*, SymS 18 (Atlanta: Society of Biblical Literature, 2003), 375–94; Schniedewind, *How the Bible Became a Book:, The Textualization of Ancient Israel* (Cambridge: Cambridge University Press, 2004), 165–90.

[3] David Vanderhooft and Oded Lipschits, "A New Typology of the Yehud Stamp Impressions", *TA* 34 (2007) 12–37.

[4] Israel Finkelstein, "Jerusalem in the Persian (and Early Hellenistic) Period and the Wall of Nehemiah", *JSOT* 32 (2008) 501–20; Finkelstein, "Archaeology and the List of Returnees in the Books of Ezra and Nehemiah", *PEQ* 140 (2008) 1–10 (capítulos 1 e 2 neste livro).

1. Yehud no período persa

Enquanto as fronteiras da província de Yehud foram aparentemente reconstruídas segundo duas informações – as listas geográficas dos livros de Esdras e Neemias, em primeiro lugar e acima de tudo, entre elas, a lista dos construtores da muralha de Jerusalém em Neemias, e a dispersão de impressões de selo da Yehud do período persa[5] –, na realidade a principal consideração tem sido sempre o texto bíblico. A distribuição das impressões de selo de Yehud abrange apenas parte da área descrita em Ne 3, mas isto não tem sido completamente considerado, especialmente porque os estudiosos não têm questionado a data do material geográfico em Neemias, estabelecida para o período persa.

A maior parte das listas em Esdras e Neemias é fragmentária e não cobre toda a suposta área de Yehud. Ne 3 oferece um quadro mais abrangente, mencionando a divisão do território governado de Jerusalém até diversos distritos (*pelekh*) e meios-distritos (meios-*pelekh*). Cinco locais estão listados como quartéis-generais neste sistema administrativo (Figura 3.1.): Jerusalém, Bet-Carem, Masfa, Betsur e Ceila. Diversos estudiosos têm sugerido acrescentar distritos a leste (Jericó) e a noroeste (Gazara/Gezer/Gazer).[6] Concordo com Lipschits que a província descrita na lista estava dividida em cinco unidades – aquelas a que os textos especialmente se referem.[7] Consequentemente, a província estendia-se de Betsur, ao sul, à área de Masfa, ao norte (até mesmo as áreas ao redor destes dois locais), e do Deserto da Judeia, a leste, a Ceila, a oeste. A última é a única extensão até a Sefelá.

---

[5] Tipos 1-12 in Vanderhooft and Lipschits, "A New Typology of the Yehud Stamp Impressions"; para um resumo das diversas opiniões, cf. Carter, *The Emergence of Yehud*, 75–90; Lipschits, *The Fall and Rise of Jerusalem*, 154–84.

[6] Cf. os resumos das diversas opiniões in Ephraim Stern, *Material Culture of the Land of the Bible in the Persian Period, 538–332 B.C.* (Warminster: Aris & Phillips, 1982), 247–49; Carter, *The Emergence of Yehud*, 79–80; Lipschits, *The Fall and Rise of Jerusalem*, 168–74.

[7] Lipschits, *The Fall and Rise of Jerusalem*, 168–74.

Ainda assim, a lista em Ne 3 dificilmente pode servir como base para a reconstrução das fronteiras de Yehud no *período persa*.

(1) Em outro lugar, argumentei que a descrição do edifício da muralha da cidade em Ne 3 não se harmoniza com o que sabemos acerca da arqueologia de Jerusalém no período persa.[8] Enquanto Ne 3 se refere à grande cidade, provavelmente incluindo a colina sudoeste (60 ha, com muros que atingem o comprimento de 3,5 km[9]), que foi fortificada com um muro mais sólido, com muitas torres e portas, a Jerusalém do período persa era um povoado *não fortificado*, que se estendia por uma área muito limitada de 2-2,5 ha – na parte central da aresta da Cidade de Davi. Parece que a descrição em Ne 3 – que não pertence às Memórias de Neemias[10] e provavelmente foi inserida no texto de Neemias[11] –, se não utópica, pode representar a realidade da construção do Primeiro Muro pelos hasmoneus no século II a.C.[12]

(2) A arqueologia de Betsur, mencionada como sede da metade do distrito (Ne 3,16), apresenta outro problema. Funk, Paul e Nancy

---

[8] Para o ensaio original, cf. Finkelstein, "Jerusalem in the Persian (and Early Hellenistic) Period" (capítulo 1 neste livro).

[9] David Ussishkin, "The Borders and De Facto Size of Jerusalem in the Persian Period", in Oded Lipschits and Manfred Oeming (eds.) *Judah and the Judeans in the Persian Period*, (Winona Lake, IN: Eisenbrauns, 2006), 147–66.

[10] Por exemplo: Charles C. Torrey, *Ezra Studies* (Chicago: University of Chicago Press, 1910), 225; Hugh G. M. Williamson, *Ezra, Nehemiah*, WBC 16 (Waco, TX: Word Books, 1985), 200; Joseph Blenkinsopp, *Ezra/Nehemiah: A Commentary* (Philadelphia, Westminster, 1988), 231.

[11] Por exemplo: Charles C. Torrey, *The Composition and Historical Value of Ezra--Nehemiah* (Giessen: Ricker, 1896), 37–38; Torrey, *Ezra Studies*, 249; Sigmund Mowinckel, *Studien zu dem Buche Ezra-Nehemia* (Oslo: Universitetsforlaget, 1964), 109–16.

[12] Finkelstein, "Jerusalem in the Persian (and Early Hellenistic) Period". Dieter Böhler, *Die heilige Stadt in Esdras α und Esra-Nehemia: Zwei Konzeptionen der Wiederherstellung Israels*, OBO 158 (Fribourg: Universitätsverlag, 1997), 382–97 coloca explicitamente a reconstrução da história de Jerusalém em Neemias no contexto hasmoneu.

Lapp, também Carter, defendem que o local foi habitado mui escassamente, na verdade, de modo insignificante no período persa e começo do período helenista.[13] Funk observou que a "interpretação dos restos persa-helenistas em Betsur depende em ampla medida das referências literárias existentes",[14] dando a entender que foi escrita de acordo com a compreensão do texto em vez de consoante os dados arqueológicos. Baseando-se em um único local(!), Stern aderiu à ideia de atividade significativa no local durante o período persa.[15] Reich argumentou na mesma linha, em conformidade com uma análise arquitetônica.[16] O material publicado a partir das escavações[17] inclui apenas número limitado de descobertas – cacos de louça, vasilhames e moedas – que podem ser datados com segurança do período persa,[18] ao passo que falta completamente a maioria das formas típicas do repertório do período persa. Por conseguinte, embora a arqueologia possa ter revelado vestígios de alguma atividade do período persa no local, está claro que era um local importante somente no final da Idade do Ferro II e, ainda mais, no final do período helenista.

(3) Gabaon/Gibeon, que também é mencionada neste capítulo (Ne 3,7), tampouco produziu descobertas inequívocas do período persa. Sem

---

[13] Robert W. Funk, "Beth-Zur", *NEAEHL* 1 (1993) 261; Paul W. Lapp and Nancy Lapp, "Iron II — Hellenistic Pottery Groups", in *The 1957 Excavation at Beth-Zur*, by Orvid R. Sellers et al., AASOR 38 (Cambridge: American Schools of Oriental Research, 1968), 70; Paul W. Lapp, "The Excavation of Field II", in Sellers et al., *The 1957 Excavation at Beth-Zur*, 29; Carter, *The Emergence of Yehud*, 157.

[14] Robert W. Funk, "The History of Beth-Zur with Reference to Its Defenses", in Sellers et al., *The 1957 Excavation at Beth-Zur*, 9.

[15] Ephraim Stern, *The Assyrian, Babylonian, and Persian Periods (732–332 B.C.E.)*, Vol. II of Archaeology of the Land of the Bible (New York: Doubleday, 2001), 437–38; cf. também: Stern, *Material Culture of the Land of the Bible*, 36.

[16] Ronny Reich, "The Beth-Zur Citadel II — A Persian Residency?", *TA* 19 (1992) 113–23.

[17] Ovid R. Sellers, *The Citadel of Beth-Zur* (Philadelphia: Westminster, 1933); Ovid R. Sellers et al., *The 1957 Excavation at Beth-Zur*.

[18] Stern, *The Assyrian, Babylonian, and Persian Periods*, 437.

entrar no debate sobre a datação do lagar e das inscrições de Gabaon/ Gibeon – da monarquia tardia ou do século VI[19] –, as impressões de selos *mwsh* e os cacos de louça em forma de cunha e com impressos de junco, encontrados no local,[20] atestam certa atividade no período babilônico ou final do período babilônico e começos do período persa. Contudo, cerâmica típica do período persa e impressões de selos de Yehud não foram encontradas.[21] Cerâmica e moedas do final do período helenista são atestadas. De acordo com Pritchard, existe "apenas escassa evidência de ocupação do fim do século VI até o começo do século I a.C." em Gabaon/Gibeon.[22] No entanto, em uma tentativa de oferecer provas para a Gabaon/Gibeon de Ne 3,7, ele argumentou que "assentamentos dispersos e esporádicos" existiram ali, de fato, durante os períodos persa e helenista.[23] De maneira correta, Stern interpretou os achados de Gabaon/Gibeon como prova de atividade apenas do século VI e, possivelmente, do começo do período persa no local.[24]

(4) Por fim, mas não menos importante, a distribuição das impressões de selos[25] de Yehud do período persa não se encaixa no território descrito em Ne 3 (Figura 3.1.).[26] Na zona montanhosa, tais impressões

---

[19] Cf. sumários in Stern, *Material Culture of the Land of the Bible*, 32–33; Stern, *The Assyrian, Babylonian, and Persian Periods*, 433.

[20] James B. Pritchard, *Winery, Defenses and Soundings at Gibeon* (Philadelphia: University Museum, University of Pennsylvania, 1964), figuras 32:7, 48:17.

[21] Para as últimas, cf. Lipschits, *The Fall and Rise of Jerusalem*, 180.

[22] James B. Pritchard, "Gibeon", *NEAEHL* 2 (1993) 513.

[23] James B. Pritchard, *Gibeon: Where the Sun Stood Still, The Discovery of the Biblical City* (Princeton: Princeton University Press, 1962), 163.

[24] Stern, *Material Culture of the Land of the Bible*, 32–33; Stern, *The Assyrian, Babylonian, and Persian Periods*, 433; Lipschits, *The Fall and Rise of Jerusalem*, 243–45 — século VI.

[25] Grupos 1–12 in Vanderhooft and Lipschits, "A New Typology of the Yehud Stamp Impressions".

[26] No decorrer deste artigo, ao descrever a distribuição dos diversos tipos de impressões de selos de Yehud, refiro-me às concentrações principais. Uma única impressão de selo nada significa, conforme demonstrado pelas impressões

de selos estão concentradas em Jerusalém e em seus arredores, até mesmo Ramat Rahel, com apenas alguns (seis unidades) encontrados na zona montanhosa ao norte de Jerusalém. Nenhuma impressão de selos desse tipo foi encontrada ao sul de Ramat Rahel. A leste, impressões de selos desse tipo foram encontradas em Jericó e em Engadi (seis unidades) – uma razão plausível para a inclusão desta área dentro dos limites de Yehud. A oeste, foram encontradas em Gazara/Gezer/Gazer e em Tel Harasim, na Sefelá ocidental (quatro unidades ao todo) – locais claramente fora dos limites de Yehud até a expansão do estado hasmoneu nos dias de Jônatas e Simão (ver mais adiante); nenhuma foi encontrada nos diversos locais da Sefelá superior.

Levando-se em consideração o problema da datação da realidade por trás de Ne 3, e a ausência de elementos textuais extrabíblicos para o período persa, poder-se-ia (dever-se-ia?) tentar reconstruir as fronteiras de Yehud *apenas* de acordo com a distribuição das impressões de selos e dos elementos textuais dos séculos III e II a.C. (ver mais adiante).[27] Consequentemente, Yehud parece ter incluído principalmente a área de Jerusalém, entre Ramat Rahel e a Cidade de Davi. Poderia ter-se estendido um pouco mais ao sul, mas Betsur parece ter ficado fora da província.[28] Ao norte, a carência de impressões de selos da área de Masfa e Nebi Samuel/Nabi Sanwil (seis unidades, que constituem 5,5% do total deste tipo, comparado com as 32 unidades, que constituem 11% dos Tipos 13-14 posteriores na obra de Vanderhooft e Lipschits[29])

---

encontradas na Babilônia e em Kadesh-barnea/Cades-Barneia; para esta última, cf. Vanderhooft and Lipschits, "A New Typology of the Yehud Stamp Impressions", 21 e 27 respectivamente.

[27] As genealogias de Judá e de Benjamim em 1 Crônicas não podem ajudar a reconstruir a "territorialidade" (substituindo "território" – um modismo pós-moderno) de Yehud (John W. Wright, "Remapping Yehud, The Borders of Yehud and the Genealogies of Chronicles", in Lipschits and Oeming, *Judah and the Judeans in the Persian Period,* 67–89) porque parecem representar realidades do período pós-persa (cf. o capítulo 5 neste livro).

[28] Contra Carter, *The Emergence of Yehud*, 98–99.

[29] Vanderhooft and Lipschits, "A New Typology of the Yehud Stamp Impressions".

levanta a questão de se esta área estava incluída em Yehud. A lista dos repatriados, que menciona locais nesta área, provavelmente deveria ser datada do período helenista.[30] A leste, havia a possível extensão para Jericó e Engadi. Quanto a oeste, no tempo do Papiro de Zenon, de meados do século III a.C., Maresa e Aduram/Adoraim pertenciam à Idumeia. A área de Lod/Lida e Gazara/Gezer/Gazer (que eram antes cidades israelitas em vez de judaítas na Idade do Ferro II), e Acaron, na Sefelá ocidental, estavam anexadas à Judeia apenas nos dias de Jônatas e de Simão, nos anos da década de 140 a.C. Por conseguinte, inclino-me a concordar com Carter que a Yehud do período persa não se estendia até a Sefelá.[31]

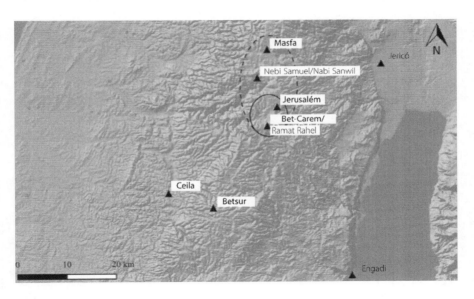

Figura 3.1. Locais mencionados em Ne 3 (em negrito) contra a área principal com as impressões de selo de Yehud no período persa (85% das descobertas em linha contínua; 90% em linha pontilhada).

---

[30] Para o artigo original, Finkelstein, "Archaeology and the List of Returnees" (capítulo 2 neste livro).
[31] Carter, *The Emergence of Yehud*, 91–98.

Yehud era "governada" a partir de uma pequena aldeia do templo, em Jerusalém, que tinha uma população limitada de algumas centenas de pessoas.[32] Entretanto, seu *status* como a capital da província é nítido a partir de sua alusão no papiro de Bagohi, de Elefantina, e aparentemente também a partir do alto nível de prata nas moedas de Yehud, o que parece estar relacionado ao papel delas na economia do templo.[33]

Tomando-se por base a interpretação das fontes literárias, a população da Yehud do período persa tinha sido estimada em até 150 mil pessoas.[34] Mais razoavelmente, estudos baseados arqueologicamente têm avaliado que a população na província era de 20 mil a 30 mil pessoas.[35] No entanto, os últimos números, também, parecem de algum modo inflacionados.

(1) O coeficiente de densidade de 250 habitantes por hectare construído, usado por Carter e Lipschits, é demasiado elevado para os povoados da zona montanhosa escassamente habitados no período persa. Um coeficiente de 200 habitantes por hectare construído parece ser o número máximo possível.[36]

---

[32] Finkelstein, "Jerusalem in the Persian (and Early Hellenistic) Period" (capítulo 1 neste livro).

[33] Yigal Ronen, "Some Observations on the Coinage of Yehud", *Israel Numismatic Journal* 15 (2003–2006) 29–30; Oren Tal, "Coin Denominations and Weight Standards in Fourth Century B.C.E. Palestine", *Israel Numismatic Research* 2 (2007) 17–28.

[34] Joel Weinberg, *The Citizen-Temple Community*, JSOTSup 151 (Sheffield: Sheffield Academic Press, 1992) 132.

[35] Carter, *The Emergence of Yehud*, 195–205; Oded Lipschits, "Demographic Changes in Judah between the Seventh and the Fifth Centuries B.C.E.", in Oded Lipschits and Joseph Blenkinsopp (eds.) *Judah and the Judeans in the New-Babylonian Period* (Winona Lake, IN: Eisenbrauns, 2003), 364, respectivamente.

[36] Israel Finkelstein, "Ethno-historical Background, Land Use and Demography in Recent Generations", in Israel Finkelstein, Zvi Lederman, and Shlomo Bunimovitz (eds.) *Highlands of Many Cultures: The Southern Samaria Survey*, MSIA 14 (Tel Aviv: Tel Aviv University Institute of Archaeology, 1997), 121–24.

(2) A população de Jerusalém era menos da metade dos 1.250-1.500 defendidos por Carter, e dos 1.500 ou até mesmo 3 mil estimados por Lipschits.[37] Ela contava com não mais do que algumas centenas de pessoas.[38]

(3) Carter e Lipschits incluíram em seus cálculos áreas ao norte de Masfa e ao sul de Betsur, e Lipschits acrescentou partes da Sefelá.

Recentemente, verifiquei novamente este assunto. Meu cômputo fundamenta-se nos dados arqueológicos reunidos por Lipschits,[39] embora limitando-o à área descrita acima, do sul de Ramat Rahel a Masfa, e do Mar Morto até à fronteira entre as zonas montanhosas e a Sefelá. Dividi os locais de acordo com categorias (Tabela 3.1.),[40]

Locais pequenos: 0,1-0,3 ha, com uma média de 0,2 ha

Locais médios: 0,4-1 ha, com uma média de 0,7 ha

Locais grandes: 1,1-3 ha, com uma média de 2 há

---

[37] Carter, *The Emergence of Yehud*, 288; Oded Lipschits, "Achaemenid Imperial Policy, Settlement Processes in Palestine, and the Status of Jerusalem in the Middle of the Fifth Century B.C.E.", in Lipschits and Oeming, *Judah and the Judeans in the Persian Period*, 32. Para a cifra mais elevada, cf. Lipschits, *The Fall and Rise of Jerusalem*, 271.

[38] Finkelstein, "Jerusalem in the Persian (and Early Hellenistic) Period" (capítulo 1 neste livro).

[39] Oded Lipschits, The 'Yehud' Province under Babylonian Rule (586–539 B.C.E.) Historic Reality and Historiographic Conceptions [em hebraico] (tese de doutorado; Tel Aviv: Tel Aviv University, 1997) 226–318.

[40] Para uma explicação deste método, cf. Israel Finkelstein, "Methods of the Field Survey and Data Recording", in Finkelstein, Lederman, and Bunimovitz, *Highlands of Many Cultures*, 20-22.

Tabela 3.1. Número de locais e total de área construída na Yehud do período persa			
	Locais pequenos	Locais médios	Locais grandes
Norte de Jerusalém	25	10	4
Área de Jerusalém	17	9	2
Sul de Jerusalém	30	13	5
Vale do Jordão	2	–	1
Total	74	32	12
Total de área construída em hectares	14,8	22,4	24

Os resultados na Tabela 3.1. somam uma área total construída de cerca de 61 ha. Recorrendo-se a um coeficiente de densidade de 200 habitantes por hectare construído, a estimativa para toda a província de Yehud no período persa, incluindo Jerusalém, seria de cerca de 12 mil pessoas (aproximadamente metade dos números propostos por Carter e Lipschits)[41] – comparável ao cálculo da população de Jerusalém sozinha no final da Idade do Ferro II e no fim do período helenista. Isto chega a 10% da população de todo o reino de Judá (até mesmo a densamente populosa Sefelá) no final do século VIII a.C., e aproximadamente 15% da população das áreas montanhosas da Judá do final do século VIII.[42]

Esses cálculos demográficos – tanto para Judá, em geral (acima), quanto para Jerusalém (para os últimos)[43] – têm amplas implicações sobre a pesquisa histórica dos séculos VI e IV a.C. Eles depõem contra estudiosos que tendem a minimizar o alcance da catástrofe que

---

[41] Carter, *The Emergence of Yehud*, 195–205; Lipschits, "Demographic Changes in Judah", 364.

[42] Magen Broshi and Israel Finkelstein, "The Population of Palestine in Iron Age II", *BASOR* 287 (1992) 47–60.

[43] Finkelstein, "Jerusalem in the Persian (and Early Hellenistic) Period" (capítulo 1 neste livro).

atingiu Judá em 586 a.C.[44] e, ao mesmo tempo, contradizem a ideia de ondas compactas de repatriados para Yehud;[45] eles parecem diminuir a importância da população de Yehud (relativa aos deportados para a Babilônia) na produção dos textos bíblicos exílicos e pós-exílicos e na formação da natureza do judaísmo pós-exílico primitivo;[46] e desafiam a ideia[47] de que grande parte do material da Bíblia foi escrita na Yehud do período persa.[48]

2. O período helenista inicial (até a década de 160 a.C.)

As informações textuais diretas para o período ptolemaico são escassas: os papiros de Zenon revelam que Maresa na Sefelá e Aduram/Adoraim, a sudeste de Hebron, pertenciam à Idumeia.

Voltando para a arqueologia, as concentrações principais das impressões de selos de Yehud dos Tipos 13-15, que parecem pertencer ao final dos séculos IV e III a.C.,[49] são encontradas em Jerusalém e em

---

[44] Por exemplo: Hans M. Barstad, *The Myth of the Empty Land: A Study in the History and Archaeology of Judah during the "Exilic" Period* (Oslo: Scandinavian University Press, 1996); Barstad, "After the 'Myth of the Empty Land': Major Challenges in the Study of Neo-Babylonian Judah", in Lipschits and Blenkinsopp, *Judah and the Judeans in the Neo-Babylonian Period*, 3–20; Thomas C. Römer, *The So-Called Deuteronomistic History* (London: T&T Clark, 2005), 110; para opiniões diferentes sobre este assunto, cf. Lester L. Grabbe (ed.) *Leading Captivity Captive: "The Exile" as History and Ideology*, JSOTSup 278 (Sheffield: Sheffield Academic Press, 1998); para visões gerais, cf. Rainer Albertz, *Israel in Exile: The History and Literature of the Sixth Century B.C.E.*, SBLStBL 3 (Atlanta: Society of Biblical Literature, 2003); Lipschits, *The Fall and Rise of Jerusalem*.

[45] Cf. também: Lipschits, "Demographic Changes in Judah", 365.

[46] Contra, por exemplo, Römer, *The So-Called Deuteronomistic History*.

[47] Por exemplo: Philip R. Davies, *In Search of Ancient Israel* (Sheffield, JSOT Press, 1992).

[48] Cf. também: Schniedewind, *How the Bible Became a Book*; Schniedewind, "Jerusalem, the Late Judaean Monarchy".

[49] Vanderhooft and Lipschits, "A New Typology of the Yehud Stamp Impressions".

Ramat Rahel, Jericó e Engadi, Masfa e Nebi Samuel/Nabi Sanwil. Sua distribuição ao norte de Jerusalém é particularmente notável; nesta área, impressões 13-14 aumentam de cerca de 5,5% do total no grupo primitivo (Tipos 1-12, do período persa) para 11% no período em discussão. Isto pode indicar uma expansão da província ou, pelo menos, da população judaica, ao norte, para incluir a zona montanhosa ao redor de Masfa.[50]

As fronteiras da Judeia na primeira metade do século II a.C. podem ser traçadas de acordo com diversas fontes: a localização das batalhas entre Judas Macabeu e os selêucidas, a localização das fortalezas construídas por Báquides depois da morte de Judas, e outros indícios em 1 Macabeus (para a distribuição das impressões de selos do Tipo *yrslm* [Jerusalém] e de tipos posteriores de Yehud, cf. mais adiante).

A importância da área ao norte e a noroeste de Jerusalém na medida em que dominava o acesso principal à cidade e, possivelmente, como a fronteira da expansão da Judeia, é indicada pelo fato de que cinco das oito batalhas de Judas Macabeu aconteceram aqui, três delas (Bet-Horon, Hadasa e Cafarsalama) ao longo da estrada Bet--Horon–Gabaon/Gibeon (Figura 3.2.). É razoável presumir que Judas Macabeu se deparou com as tropas selêucidas nas fronteiras da Judeia ou próximo a elas. As duas batalhas ao sul – em Betsur e Bet-Zacarias (ligeiramente ao norte de Betsur) provavelmente deveriam indicar a fronteira sudoeste da província. 1 Macabeus parece indicar que Betsur trocou de mãos mais de uma vez durante as guerras,[51] o que significa que estava situada ao sul das fronteiras da Judeia.

---

[50] Para a teoria de que isto aconteceu subsequentemente à revolta samaritana contra Alexandre Magno, cf. Menahem Stern, *The Documents on the History of the Hasmonaean Revolt* [em hebraico] (Tel Aviv: Hakibbutz Hameuchad, 1965), 110; Aryeh Kasher, "Some Suggestions and Comments Concerning Alexander Macedon's Campaign in Palestine" [em hebraico], *Beit Miqra* 20 (1975) 187–208. Contra esta ideia, cf., por exemplo, Albrecht Alt, "Zur Geschichte der Grenze zwischen Judäa und Samaria", *PJ* 31 (1935) 94–97.

[51] Betsur tinha sido fortificada por Judas Macabeu (1Mc 4,61), conservada por Lísias (1Mc 6,7), fortificada por Báquides (1Mc 9,52), sitiada pelo hasmoneu Simão (1Mc 11,65) e fortificada por ele (1Mc 14,33).

Situar os locais fortificados por Báquides "na Judeia" (1Mc 9,50-52) é essencial para traçar seus limites da província na década de 160 a.C. Os locais mencionados na lista são: Jericó, Emaús, Bet-Horon, Bete, Tamnata, Faraton, Tefon, Betsur, Gazara/Gezer/Gazer e Acra [Cidadela], em Jerusalém (Figura 3.2.). A localização da maioria destes locais é autoevidente. Os locais de difícil identificação são Tamnata, Faraton e Tefon.

Tamnata e Faraton foram identificadas por Abel como duas localidades diferentes,[52] Tamnata [=] a Tamna bíblica (Khirbet Tibna a sudeste da Samaria)[53] e Faraton [=] a Faraton [Piraton] bíblica ([=] o povoado de Far'ata, a oeste de Siquém).[54] Esta proposta é difícil de aceitar, visto que ela situa ambos os locais fora da Judeia.[55] Conseguintemente, concordo com Avi-Yonah e Roll, que identificam Tamnata com outra Tamna – provavelmente Khirbet Tibna, a sudeste de Jerusalém, em uma aresta que desce para o Vale de Elá.[56] O problema com esta identificação é que uma inspeção inicial do local revelou cacos de louça do final da Idade do Ferro II (mas não helenistas?).[57]

---

[52] Félix-Marie Abel, *Les livres des Maccabées* (Paris: Librairie Lecoffre, 1949), 172.

[53] Também Zecharia Kallai, *The Northern Boundaries of Judah* [em hebraico] (Jerusalem: Magnes, 1960), 96; Israel Shatzman, *The Armies of the Hasmonaeans and Herod from Hellenistic to Roman Frameworks* (Tübingen: Mohr, 1991) 42.

[54] Também Axel E. Knauf, "Pireathon–Ferata", *BN* 51 (1990) 19–24.

[55] Michael Avi-Yonah, *The Holy Land from the Persian to the Arab Conquests (536 B.C.to A.D.640): A Historical Geography* (Grand Rapids: Baker, 1977), 53. Pela mesma razão – conservando os locais "na Judeia" – eu argumentaria contra Israel Roll, "Bacchides' Fortifications and the Arteries of Traffic to Jerusalem in the Hellenistic Period" [em hebraico], *ErIsr* 25 (1996) 509–14, e aceito a identificação de Gazara/Gezer com Gazer. Acho difícil concordar com a ideia de que a expressão *na Judeia* seja anacrônica – Félix-Marie Abel, "Topographie des campagnes machabéennes", *RB* 34 (1925) 202–8; Jonathan A. Goldstein, 1 *Maccabees: A New Translation with Introduction and Commentary* (Garden City: Doubleday, 1976), 386.

[56] Roll, "Bacchides' Fortifications and the Arteries".

[57] Amihai Mazar, "The Excavations of Khirbet Abu et-Twein and the System of Iron Age Fortresses in Judah" [em hebraico], *ErIsr* 15 (1981) 246. Gershon Galil, "Pirathon, Parathon and Timnatha", *ZDPV* 109 (1993) 49–53, sugeriu situar

Safrai e Na'aman situaram Faraton no povoado de Farkha, perto de Nahal Shiloh,[58] e Galil identificou-a com Khirbet el-Fire, a oeste de Hebron.[59] Esses locais encontram-se todos fora das fronteiras da Judeia. Avi-Yonah buscou Faraton em Wadi Fara, a noroeste de Jerusalém,[60] mas não há nenhum local real que possa ser proposto para tal identificação. Por conseguinte, a localização de Faraton permanece um enigma.

Tefon foi identificada com Tafua, ao sul de Siquém,[61] com a Tafua meridional a oeste de Hebron,[62] Beit Nattif,[63] Técua/Técoa,[64] e Khirbet Bad-Falu, ao norte de Técua/Técoa.[65] A primeira identificação deveria ser descartada na medida em que situa a fortaleza distante da Judeia. Dentre os locais judaítas, os dois últimos parecem preferíveis.

Marcando esses locais (pelo menos aqueles identificados com segurança) em um mapa, obtém-se um sistema que rodeia a área central da Judeia: Jericó, Betel e Bet-Horon, ao norte; Gazara/Gezer/Gazer e Emaús a noroeste; Timan, perto do Vale de Elá, a oeste; e Betsur e Tefon/Técua/Técoa ao sul.

Macabeus também nos narra que, a oeste, Odolam estava provavelmente no território da Judeia (2Mc 12,38), enquanto Gazara/Gezer/

Tamnata em Khirbet et-Tawil. Mas se não se busca a preservação do nome, qualquer local helenista é possível.

[58] Ze'ev Safrai, *Borders and Government in the Land of Israel in the Period of the Mishna and the Talmud* [em hebraico] (Tel Aviv: Hakibbutz Hameuchad, 1980), 61–62; Nadav Na'aman, "Pirathon and Ophrah", *BN* 50 (1989) 11–16.

[59] Galil, "Pirathon, Parathon and Timnatha".

[60] Avi-Yonah, *The Holy Land*, 53–54.

[61] Abel, *Les livres des Maccabées*, 173.

[62] Avraham Kahana, *Hasfarim Hahitzoniim II* [em hebraico] (Tel Aviv: Massada, 1960), 142, nota 50.

[63] Christa Möller and Gotz Schmitt, *Siedlungen Palästinas nach Flavius Josephus* (Wiesbaden, Reichert, 1976), 36–37; Galil, "Pirathon, Parathon and Timnatha".

[64] Avi Yonah, *The Holy Land*, 54 — o nome aparece como tal em um dos manuscritos de Josefo.

[65] Roll, "Bacchides' Fortifications and the Arteries", 513.

Gazer pertencia a Azoto/Asdode até ser conquistada por Simão. Acaron e a área de Lod/Lida estavam anexadas à Judeia apenas no tempo de Jônatas (ver mais adiante).

De acordo com essas fontes, a Judeia estende-se da área de Betsur, ou apenas ao norte dela, até Masfa, e do Deserto da Judeia até a Sefelá oriental. Isto significa que, relativamente à Yehud do período persa, a Judeia do início do período helenista expandia-se em duas direções, para o oeste, até a Sefelá superior, e para o norte, até a área de Masfa. A população também cresceu significativamente.

A fim de calcular a população da Judeia naquele tempo, comparei a situação no período persa com a do período helenista em duas áreas para as quais os dados são abrangentes e comparáveis – a zona montanhosa, ao norte e ao sul de Jerusalém.[66] Também incluí a área construída de Jerusalém. Usei o mesmo método para calcular o tamanho dos locais de acordo com categorias (cf. mais acima) e acrescentei uma categoria para locais muito grandes (acima de 3 ha construídos) – cinco, ao todo. Os resultados estão resumidos na Tabela 3.2.:

Tabela 3.2. Número de locais e total de área construída na zona montanhosa nos períodos persa e helenista		
	Persa	Helenista
Locais ao norte de Jerusalém	39	106
Área construída (hectares)	20	110
Locais ao sul de Jerusalém	48	96
Área construída (hectares)	25	62
Jerusalém		
Área construída (hectares)	2,5	60
TOTAL Locais	88	203
Área construída (hectares)	47,5	232

---

[66] De acordo com Israel Finkelstein and Yitzhak Magen (eds.) *Archaeological Survey of the Hill Country of Benjamin* (Jerusalem: Israel Antiquities Authority, 1993); Avi Ofer, *The Highland of Judah during the Biblical Period* [em hebraico] (tese de doutorado; Tel Aviv: Tel Aviv University 1993), respectivamente.

Projetando tais cifras sobre toda a área (de Yehud), contra os 61 ha construídos no período persa obtém-se 298 ha construídos no período helenista. A isso dever-se-ia acrescentar a Sefelá superior (não incluída no cálculo para o período persa). Dagan reportou 254 locais e uma área total construída de 285 ha para toda a Sefelá no período helenista.[67] Calculando aproximadamente um quarto do último número – cerca de 70 ha –, para a faixa oriental da Sefelá parece razoável, visto que os locais na parte mais colinosa desta região são menores do que os situados na Sefelá inferior mais fértil. Isto nos traz cerca de 370 ha para toda a área da Judeia.

No entanto, nas inspeções, o "período helenista" também abrange a fase final helenista (o final do século II e a primeira metade do século I a.C.). A fim de alcançar um número razoável para a década de 160 a.C., tomei a média do crescimento desde o período persa até o final do período helenista em uma área mais limitada de Yehud/Judeia – 180 ha – e acrescentei 30 ha para a Sefelá. Isto dá 210 ha que se traduzem em uma população estimada em cerca de 42 mil pessoas – aproximadamente 10%(!) do número proposto por Avi-Yonah e Bar-Kochva.[68]

---

[67] Yehuda Dagan, "Results of the Survey, Settlement Patterns in the Lachish Region", in *The Renewed Archaeological Excavations at Lachish (1973–1994)*, by David Ussishkin, Vol. 5, MSIA 22 (Tel Aviv: Tel Aviv University, Institute of Archaeology, 2004), 2685.

[68] Michael Avi-Yonah, "The Hasmonean Revolt and Judah Maccabee's War against the Syrians", in *The Hellenistic Age*, Vol. 6 of Abraham Schalit (ed.) *The World History of the Jewish People* (New Brunswick: Rutgers University, 1972), 163; Bezalel Bar-Kochva, *Judas Maccabeus: The Jewish Struggle against the Seleucids* (Cambridge: Cambridge University, 1989), 57. Mais recentemente, Horsley calculou a população da Judeia no início do período hasmoneu em 100–200 mil pessoas, Richard A. Horsley, "The Expansion of Hasmonean Rule in Idumea and Galilee: Toward a Historical Sociology", in Philip R. Davies and John M.Halligan (eds.) *Second Temple Studies III: Studies in Politics, Class and Material Culture*, JSOTSup 340 (Sheffield: Sheffield Academic Press, 2002), 134.

Usando uma cifra de 10% a 15% para a tropa que deve ter sido destacada para o serviço militar de toda a população nos tempos clássicos,[69] chega-se a mais ou menos 5 mil homens. A este número deveriam ser acrescentados judeus de fora da Judeia que possam ter-se unido às tropas de Judas Macabeu, por exemplo, das três toparquias ao norte dela – possivelmente cerca de 1.500 homens.[70] Contudo, esses números mostram que Judas Macabeu pode ter recrutado, por breves períodos de tempo, um máximo de mais ou menos 6 mil-7 mil homens para seu exército. Desnecessário dizer que um erro de 10% ou até mesmo de 20% não mudará tais números de modo significativo.

Tal cálculo ajusta-se à maioria dos números dados para a tropa judaica em 1 e em 2 Macabeus.[71] Havia 6 mil homens no começo da guerra (2Mc 8,1); um máximo de 10 mil na batalha de Betsur (1Mc 4,29); e 3 mil nas batalhas de Emaús (1Mc 4,6), Hadasa (1Mc 7,40) e Elasa; nesta última, um número menor de 800 participou da verdadeira luta (1Mc 9,5-6). Ao mesmo tempo, os números derivados da arqueologia desafiam números apresentados por historiadores do período. Baseando-se na menção de 11 mil homens nas expedições judaicas para Galaad e para a Galileia (1Mc 5,20), e admitindo que Judas Macabeu deixou número semelhante de homens para defender a

---

[69] Bar-Kochva, *Judas Maccabeus*, 56.

[70] Meu cálculo para a população das áreas da zona montanhosa das três toparquias (conforme minha própria inspeção – Finkelstein, Lederman, and Bunimovitz, *Highlands of Many Cultures*) é aproximadamente de 15 mil. A isso deve-se acrescentar a população da toparquia de Lod/Lida, na planície – provavelmente alguns milhares. Uma estimativa de 10% a 15% deste número perfaz aproximadamente 3 mil, mas, naturalmente, nem toda a população nessas toparquias era judia. Portanto, eu computaria não mais do que metade desta cifra.

[71] Cf. a tabela de resumo in Shatzman, *The Armies of the Hasmonaeans*, 25–26, negligenciando a possibilidade de que os autores subestimaram a tropa hasmoneia e o caráter ligado à Bíblia de alguns dos números em 1 e 2 Macabeus (Bar-Kochva, *Judas Maccabeus*, 47; Israel Shatzman, "The Hasmonean Army" [em hebraico], in David Amit and Hanan Eshel (eds.) *The Hasmonean Period* (Jerusalem: Yad Ben-Zvi, 1995), 33.

Judeia, Avi-Yonah calculou a tropa geral judaica em 22 mil homens.[72] Bar-Kochva e Shatzman aceitaram essa cifra.[73]

3. As fases iniciais da expansão hasmoneia

Na década de 140, o estado hasmoneu começou a expandir-se ao norte e a oeste. As três toparquias ao norte da Judeia – Lod/Lida, Efraim (Aferema) e Ramataim (1Mc 11,34) – e a área de Acaron (1Mc 10,89) foram entregues à Judeia nos dias de Jônatas,[74] que, adicionalmente, parece ter anexado a Pereia judaica, na Transjordânia (Figura 3.2.).[75] Gazara/Gezer/Gazer e Jope foram tomadas por Simão (1Mc 13,43.48; 14,5).[76] A conquista de Jope foi provavelmente a mais importante a esta altura, visto que ofereceu à Judeia uma saída para o mar. Agora a Judeia estendia-se de Betsur, ao sul, para Nahal Shiloh, ao norte; e do Deserto da Judeia e da Pereia, a leste, até além de Acaron e Gazara/Gezer/Gazer, a oeste, e até Jope, a noroeste.

A população do território tradicional da Judeia, incluindo as três toparquias, pode ser estimada em quase 60 mil (cf. mais acima). A isso dever-se-ia acrescer a Sefelá ocidental (210 ha construídos no período helenista, de acordo com Dagan,[77] mais ou menos metade desta cifra – cerca de 100 ha – para os meados do século II a.C.), a área de Jope e da Pereia, que pode elevar o número total de pessoas na Judeia nos dias de Simão a mais de 100 mil. Está claro, portanto, que em breve período de tempo, na década de 140, a Judeia expandiu-se acentuadamente já em território, já em população. A população governada

---

[72] Avi-Yonah, "The Hasmonean Revolt", 167.
[73] Bar-Kochva, *Judas Maccabeus*, 50; Shatzman, *The Armies of the Hasmonaeans*, 27.
[74] Por exemplo: Avi-Yonah, *The Holy Land*, 47, 55–57; Joshua J. Schwartz, *Lod (Lydda) Israel from Its Origins through the Byzantine Period, 5600 B.C.E.–640 C.E.*, BARIS 571 (Oxford: B.A.R, 1991), 50–51.
[75] Avi-Yonah, *The Holy Land*, 57.
[76] Avi-Yonah, *The Holy Land*, 58–59.
[77] Dagan, "Results of the Survey", 2685.

a partir de Jerusalém era semelhante, agora, à do reino de Judá no século VII a.C. Este número (e a saída para o mar) demonstram as oportunidades econômicas e militares que se abriram aos hasmoneus na segunda metade do século II a.C, oportunidades que foram exploradas para dar continuidade à expansão do estado hasmoneu.

É difícil determinar se os tipos tardios de impressões de selos de Yehud[78] pertencem a esta fase da história da Judeia (década de 140) ou ao final da fase anterior – o começo do século II até a década de 160 a.C. Os seguintes argumentos deveriam ser levados em consideração.

(1) Não há dúvida de que as impressões de selos da Yehud hebraica primitiva e as impressões de selos do Tipo *yrslm* datam do século II a.C., primeiramente e acima de tudo por causa de sua distribuição na colina sudoeste de Jerusalém, que não era habitada entre o começo do século VI e o século II a.C.[79] Entretanto, o número relativamente modesto delas ali, comparado ao número delas na Cidade de Davi,[80] parece indicar que elas caíram em desuso nos primeiros dias do quarteirão sudoeste; do contrário, esperar-se-ia que o número delas ali fosse bem mais elevado.

---

[78] Tipos 16-17 in Vanderhooft and Lipschits, "A New Typology of the Yehud Stamp Impressions".

[79] Ronny Reich, "Local Seal Impressions of the Hellenistic Period", in Hillel Geva (ed.) *Jewish Quarter Excavations in the Old City of Jerusalem* (Jerusalem: Israel Exploration Society, 2003), Vol. 2, 256–62.

[80] 27 na colina sudoeste, comparadas a 59 na Cidade de Davi para os Tipos 16-17 – Vanderhooft and Lipschits, "A New Typology of the Yehud Stamp Impressions"; 10 comparadas a 22, respectivamente, para as impressões de selo Tipo *yrslm* – Reich, "Local Seal Impressions of the Hellenistic Period", e Donald T. Ariel and Yair Shoham, "Locally Stamped Handles and Associated Body Fragments of the Persian and Hellenistic Periods", in Inscriptions, Vol. 6 of Donald T. Ariel (ed.) *Excavations at the City of David 1978–1985*, Qedem 41 (Jerusalem: The Institute of Archaeology, The Hebrew University of Jerusalem, 2000), 137–71, respectivamente.

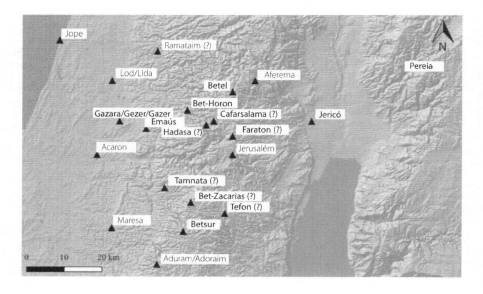

Figura 3.2. Locais mencionados em relação à expansão hasmoneia; localidades reportadas em 1 Macabeus como palco das batalhas de Judas Macabeu e as fortalezas construídas por Báquides estão em negrito. Os pontos de interrogação indicam identificação provisória.

(2) Não foi encontrada nenhuma impressão de selos deste tipo em Betel, ao norte, nem em Betsur, ao sul. O mesmo mantém-se verdadeiro para Lod/Lida e para toda a área das três toparquias e para Jope. Somente uma impressão de selos do Tipo *yrslm* é conhecida da Sefelá (encontrada em Azeca).

Parece, portanto, que os Tipos 16-17, e as impressões de selos do tipo *yrslm* datam da primeira metade do século II a.C., antes da grande expansão da Judeia. O aparecimento relativamente forte delas em Gazara/Gezer/Gazer (5 impressões de Yehud e 2 de *yrslm*), que estava anexada à Judeia nos dias de Simão, pode ser explicado como evidência de seus robustos laços comerciais com a Judeia.

4. De volta a Ne 3 e à lista dos repatriados

Em dois artigos anteriores, tratei de duas listas geográficas da Bíblia, tradicionalmente interpretadas como a refletir realidades do período persa – a lista dos construtores da muralhas de Jerusalém em Ne 3 e a lista dos repatriados em Esd 2,1-67 e Ne 7,6-68. Fundamentando-me em descobertas arqueológicas de Jerusalém e de sítios bem identificados que aparecem na lista dos repatriados, levantei a possibilidade de que ambos refletem realidades helenistas, mais especificamente hasmoneias.[81]

A lista dos repatriados inclui locais na zona montanhosa ao norte de Jerusalém, no máximo até Betel, além de Lod/Lida, Hadid/Adida e porção de Ono, a noroeste (Figura 2.1.). O surgimento desses últimos locais é outra razão, além da arqueologia, para datar a lista do período hasmoneu. Se é esse o caso, a lista deveria ser datada do período imediatamente posterior à anexação das três toparquias à Judeia em 145 a.C.[82]

Ne 3 é um caso mais complicado. Menciona os distritos de Jerusalém e de Bet-Carem (mui provavelmente Ramat Rahel[83]), Masfa, ao norte, Betsur, ao sul, e Ceila na Sefelá superior, no sudoeste (Figura 3.1.). Se ela, de fato, reflete realidades do período helenista, pode ser significativo que a lista não mencione um distrito na área de Gazara/Gezer/Gazer-Lod/Lida, o que implica que ela antecede a anexação destas cidades à Judeia na década de 140 a.C. O fato de a lista não aludir a um distrito de Jericó pode corresponder à distribuição das impressões de selos de Yehud: Jericó e Engadi produziram número considerável de impressões do período persa (no total, 6 impressões dos Tipos 13-15, os quais provavelmente datam do começo do período

---

[81] Finkelstein, "Jerusalem in the Persian (and Early Hellenistic) Period"; Finkelstein, "Archaeology and the List of Returnees" (capítulos 1 e 2 neste livro).

[82] Do ponto de vista do texto, cf. Jacob L. Wright, "A New Model for the Composition of Ezra-Nehemiah", in Oded Lipschits, Gary N. Knoppers, and Rainer Albertz (eds.) *Judah and the Judeans in the Fourth Century B.C.E.* (Winona Lake, IN: Eisenbrauns, 2007), 347. Wright argumenta que a lista "parece responder a ideias apocalípticas que mui provavelmente não antecedem o período helenista".

[83] Yohanan Aharoni, *The Land of the Bible: A Historical Geography* (Philadelphia: Westminster, 1979), 418.

helenista (33 unidades, ao todo).[84] No entanto, os dois locais não produziram sequer uma impressão de selos da Yehud paleo-hebraica do século II – Tipos 16-17 das impressões de Yehud e das impressões de selos do Tipo *yrslm*.[85]

Conclusão

O material geográfico no livro de Neemias usado tradicionalmente para delinear as fronteiras de Yehud parece datar do período helenista. Sem nenhuma evidência textual, os limites de Yehud só podem ser reconstruídos consoante a distribuição de impressões de selos de Yehud. Parece que Yehud estendia-se ao redor de Jerusalém e de Ramat Rahel, com uma possível extensão ligeiramente mais ao norte, e até Jericó e Engadi, a leste. Não incluía o território da Sefelá. A população de Yehud pode ser calculada em cerca de 12 mil pessoas – até mesmo menor do que os números limitados que têm sido propostos recentemente.

A Judeia do começo do período helenista, incluindo os primeiros dias dos hasmoneus, ainda era limitada em território, embora um tanto maior do que a Yehud do período persa. Estendia-se de Betsur, ao sul, à área de Masfa, ao norte, e provavelmente incluía algum território na Sefelá superior oriental. Sua população cresceu acentuadamente – calcula-se ter contado com cerca de 40 mil pessoas. Essa estimativa confirma os números dados às tropas de Judas Macabeu em 1 Macabeus, mas é expressivamente menor do que as estimativas passadas tanto para as populações da Judeia quanto para as tropas em geral dos hasmoneus na década de 160 a.C.

---

[84] Vanderhooft and Lipschits, "A New Typology of the Yehud Stamp Impressions".

[85] Um tanto problemática é a menção de Betsur na lista. Betsur não produziu nenhuma impressão de selo de Yehud. A fim de datar o contexto de Ne 3 pouco antes da expansão da Judeia na década de 140, é preciso defender que isto é uma coincidência.

Tudo isso mudou na década de 140 a.C., com a súbita expansão da Judeia ao norte, a leste, a oeste e a noroeste. Sua população praticamente dobrou em poucos anos, alcançou um número próximo ao de Judá no século VII a.C. e concedeu-lhe a força necessária para outras conquistas e para o crescimento econômico nos últimos dias dos hasmoneus.

Adendo

O único acréscimo bibliográfico importante desde que o artigo original foi publicado (2010) é Oded Lipschits and David S. Vanderhooft, *The Yehud Stamp Impressions: A Corpus of Inscribed Impressions from the Persian and Hellenistic Periods in Judah* (Winona Lake, IN, Eisenbrauns, 2011). O livro não muda o resumo apresentado in Vanderhooft and Lipschits, "A New Typology of the Yehud Stamp Impressions", retrocitado. Para Jerusalém no período persa, Ne 3 e a lista dos repatriados, cf. os capítulos pertinentes.

Para a localização de Faraton, discutida anteriormente, cf. Israel Finkelstein, "Major Saviors, Minor Judges: The Historical Background of the Northern Accounts in the Book of Judges", *JSOT* 41 (2017) 440–41.

Capítulo 4

OS ADVERSÁRIOS DE NEEMIAS

1. Introdução

Nos capítulos 1 e 2, propus identificar as realidades geográfica, arqueológica e histórica por trás da lista dos construtores do muro em Ne 3,1-32 e a lista dos repatriados em Ne 7,6-68 (e Esd 2,1-67) nos tempos hasmoneus.[1] Situar a lista de Ne 3 no período helenista não deveria afetar a datação das Memórias de Neemias – a espinha dorsal do livro.[2] A construção da muralha é um tema importante nas Memórias de Neemias.[3] A realidade por trás delas pode ser buscada em obra realizada no outeiro original de Jerusalém, que está situado no Monte do Templo; à parte a atividade perto da Fonte de Gion, que deixou diversos vasos de cerâmica e uma dispersão de impressões de selos em aterros,[4] este era o principal assentamento no período persa e início do período helenista em Jerusalém.[5] Ne 3,1-32, por outro lado,

---

[1] Os capítulos 1 e 2 foram publicados originalmente como Israel Finkelstein, "Jerusalem in the Persian (and Early Hellenistic) Period and the Wall of Nehemiah", *JSOT* 32 (2008) 501–20; e Finkelstein, "Archaeology and the List of Returnees in the Book of Ezra and Nehemiah", *PEQ* 140/1 (2008) 7–16.

[2] Para o propósito do livro, cf., por exemplo, Joseph Blenkinsopp, *Judaism: The First Phase; The Place of Ezra and Nehemiah in the Origins of Judaism* (Grand Rapids: Eerdmans, 2009), 86–108; Reinhard G. Kratz, *The Composition of the Narrative Books of the Old Testament* (London: T&T Clark, 2005), 51.

[3] Por exemplo: Hugh G. M. Williamson, *Ezra, Nehemiah* (Waco, TX: Word Books, 1985), xxvii.

[4] Finkelstein, "Jerusalem in the Persian (and Early Hellenistic) Period".

[5] Israel Finkelstein, Ido Koch, and Oded Lipschits, "The Mound on the Mount: A Possible Solution to the 'Problem with Jerusalem'", *JHS* 11 (2011) art. 12. O limitado número de cacos de louça do período persa encontrados nas ruínas

é um adendo às Memórias de Neemias[6] e a realidade por trás dela é a construção da Primeira Muralha de Jerusalém, a qual circunda toda a grande cidade do século II a.C. – inclusive a aresta da "Cidade de Davi" e a Colina Ocidental.[7]

Outro tema proeminente no livro de Neemias, que está estreitamente ligado ao assunto da muralha da cidade, é a menção de inimigos que se opunham aos esforços de construção de Neemias.[8] A história dos

---

do Monte do Templo (Gabriel Barkay and Yitzhak Zweig, "The Temple Mount Debris Sifting Project: Preliminary Report" [em hebraico], *NSJ* 11 [2006] 222), a encosta leste do Monte do Templo (Yitzhak Dvira, Gal Zigdon, and Lara Shilov, "Secondary Refuse Aggregates from the First and Second Temple Periods on the Eastern Slope of the Temple Mount" NSJ 17 [2011] 68) e as escavações de "Ofel" (comunicação pessoal com Eilat Mazar) parecem indicar que até mesmo este assentamento relativamente restrito era pequeno e pouco populoso.

[6] Por exemplo: Charles C. Torrey, *The Composition and Historical Value of Ezra--Nehemiah* (Giessen: Ricker, 1896) 37–38; Sigmund Mowinckel, *Studien zu dem Buche Ezra-Nehemia* (Oslo: Universitetsforlaget, 1964) 109–16; Jacob L. Wright, "A New Model for the Composition of Ezra-Nehemiah", in Oded Lipschits, Gary N. Knoppers, and Rainer Albertz (eds.) *Judah and the Judeans in the Fourth Century B.C.E.* (Winona Lake, IN: Eisenbrauns, 2007), 337; a respeito da natureza independente desta fonte, cf., por exemplo, Williamson, *Ezra, Nehemiah*, 200; Joseph Blenkinsopp, *Ezra/Nehemiah: A Commentary* (Philadelphia: Westminster, 1988), 231; Mark A. Throntveit, *Ezra-Nehemiah* (Louisville: John Knox, 1992), 74–75; Lester L. Grabbe, *Ezra-Nehemiah* (London: Routledge, 1998), 157; Jacob L. Wright, *Rebuilding Identity, The Nehemiah Memoir and Its Earliest Readers*, BZAW 348 (Berlin: de Gruyter, 2004), 118–20; Oded Lipschits, "Nehemiah 3, Sources, Composition and Purpose", in Isaac Kalimi (ed.) *New Perspectives on Ezra–Nehemiah: History and Historiography, Text, Literature, and Interpretation* (Winona Lake, IN: Eisenbrauns, 2012), 97–98; para estudiosos que defendem uma data no período persa para a lista, cf. a bibliografia in Lipschits, "Nehemiah 3", 76–78.

[7] Para uma discussão detalhada de Ne 3, com bibliografia completa, cf. Lipschits, "Nehemiah 3" (ele data a lista do período persa).

[8] Blenkinsopp, *Ezra/Nehemiah*, 225; Blenkinsopp, *Judaism: The First Phase*, 97; a propósito dos adversários, cf. recentemente Diana Edelman, "Seeing Double, Tobiah the Ammonite as an Encrypted Character", *RB* 113 (2006) 570–84; Sebastian Grätz, "The Adversaries in Ezra/Nehemiah — Fictitious or Real?",

inimigos, também, aparece tanto como um tema abstrato (Ne 4,5.9; 6,16) quanto como adversários nominados, específicos – Sanabalat, o horonita; Tobias, o amonita; Gosem, o árabe (Ne 2,10.19; 3,33-36; 4,1-3; 6,1-14.17-19); e os azotitas (Ne 4,1).[9] É digno de atenção que as referências a adversários nominados circunscrevem a inserida lista dos construtores da muralha da cidade (Ne 2,19; 3,33-35 [cf. também: 4,1-3]). A questão é se as referências a adversários nominados, específicos pertencem às Memórias originais de Neemias.

Os nomes dos três indivíduos aparecem em textos extrabíblicos dos períodos persa e helenista. A maioria dos estudiosos identificou os adversários nominados com personagens do período persa,[10] especialmente Sanabalat, mencionado nos papiros de Elefantina como o governador da Samaria nos últimos dias do século V a.C, e Gasmu, rei de Quedar, que aparece em uma inscrição aramaica em um vasilhame de prata aparentemente encontrado em Tell el-Maskhuta, no Delta.[11] Outros propuseram que o autor dos textos de Neemias tomou-os como símbolos de suas pátrias.[12]

---

in Rainer Albertz and Jakob Wöhrle (eds.) *Between Cooperation and Hostility: Multiple Identities in Ancient Judaism and the Interaction with Foreign Powers*, JAJSup 11 (Göttingen: Vandenhoeck & Ruprecht, 2013), 73–87 e bibliografia; em relação às minhas notas preliminares sobre este tema, cf. Israel Finkelstein, "Persian Period Jerusalem and Yehud, A Rejoinder", *JHS* 9 (2009) art. 24.

[9] Para possíveis camadas dentro deste tema, cf. Wright, *Rebuilding Identity*, 116–17; Kratz, *The Composition of the Narrative Books*, 66.

[10] Por exemplo: David J. Clines, *Ezra, Nehemiah, Esther* (Grand Rapids: Eerdmans, 1984), 144–45; Williamson, *Ezra, Nehemiah*, 182–84; Blenkinsopp, *Ezra/Nehemiah*, 205, 225.

[11] Isaac Rabinowitz, "Aramaic Inscriptions of the Fifth Century B.C.E.from a North-Arab Shrine in Egypt", *JNES* 15 (1956) 1–9; William J. Dumbrell, "The Tell El-Maskhuta Bowls and the 'Kingdom' of Qedar in the Persian Period", *BASOR* 203 (1971) 33–44.

[12] Edelman, "Seeing Double", referindo-se a Tobias do século III a.C.; Grätz, "The Adversaries in Ezra/Nehemiah".

2. Os adversários

Seja-me permitido começar com breves resumos da ocorrência destes nomes em textos que datam dos (ou referem-se aos) períodos persa e helenista, com referência à informação que possa ajudar a situá-los em um contexto histórico.

2.1. Sanabalat, o horonita

Indivíduos chamados Sanabalat aparecem nos papiros de Elefantina como o governador da Samaria em 408 a.C., duas vezes nos papiros do Wadi ed-Daliyeh (século IV a.C.), como o pai de dois governadores da Samaria,[13] e em Josefo, *A.J.* 11.302, como um governador da Samaria, aparentemente nos dias de Dario III. As referências de Elefantina e do Wadi ed-Daliyeh apoiam a ideia de que "o horonita" refere-se a Bet--Horon, a noroeste de Jerusalém, em vez de a Horonaim, em Moab,[14] ou a locais distantes na região.[15] Os estudiosos supõem que o Sanabalat de Neemias era o primeiro na linha dos governadores da Samaria.[16] A alusão a Sanabalat como relacionado ao sumo sacerdote Eliasib em Ne 13,28 (quer ligada à história em Josefo, *A.J.* 11.7.2, quer não) deveria

---

[13] Por exemplo: Frank M. Cross, "The Discovery of the Samaria Papyri", *BA* 26 (1963) 110–21.

[14] Ulrich Kellermann, *Nehemia, Quellen, Überlieferung und Geschichte*, BZAW 102 (Berlin: Töpelmann, 1967).

[15] Siegfried Mittman, "Tobia, Sanballat und die persische Provinz Juda", *JNSL* 26.2 (2000) 1–49; Oded Tammuz, "Will the Real Sanballat Please Stand Up?", in Menahem Mor and Friedrich V. Reiterer (eds.) *Samaritans: Past and Present, Current Studies,* SJ 53 (Berlin: de Gruyter, 2010) 51–58.

[16] Frank M. Cross, "Aspects of Samaritan and Jewish History in Late Persian and Hellenistic Times", *HTR* 59 (1966) 201–11; para uma opinião diferente, cf. Jan Dušek, "Archaeology and Texts in the Persian Period, Focus on Sanballat", in Martti Nissinen (ed.) *Congress Volume Helsinki 2010* (Leiden: Brill, 2012), 117–32.

ser observada, na medida em que este versículo certamente não faz parte das Memórias de Neemias.[17]

2.2. Tobias, o amonita

O adjetivo "amonita" é explicado pelos estudiosos como referente seja à origem desta pessoa, seja ao seu posto como alto oficial em Amon. Indivíduos chamados Tobias são mencionados na Bíblia em conexão com acontecimentos "prévios" à história de Yehud.[18] Ne 13,7 associa um Tobias com o sumo sacerdote Eliasib.[19] Um Tobias é mencionado nos papiros de Zenon de meados do século III a.C. como proeminente figura em Amanítida. A história da família tobíada no final do século III e começos do século II a.C. é contada em detalhes por Josefo (*A.J.* 12.160–236; cf. as referências também em 2Mc 3,11; 1Mc 5,13). Esta família judaica aristocrática de Amanítida estava ligada ao sumo sacerdote em Jerusalém e participou das querelas que levaram à revolta macabeia. São descritos como propositores da cultura helenista e, por conseguinte, adversários dos Macabeus.[20]

---

[17] A respeito de Sanabalat, o horonita, cf., por exemplo: Cross, "Aspects of Samaritan and Jewish History"; Kellermann, *Nehemia*, 166 67; Hugh G. M. Williamson, "The Historical Value of Josephus' Jewish Antiquities XI", *JTS* 28 (1977) 49–66; Williamson, *Ezra, Nehemiah*, 182–83; Lester L. Grabbe, "Josephus and the Reconstruction of the Judean Restoration", *JBL* 106 (1987) 231–46; Blenkinsopp, *Ezra/Nehemiah*, 216–17; Tammuz, "Will the Real Sanballat Please Stand Up?".

[18] Resumo in Tamara C. Eskenazi, "Tobiah", *ABD* 6,584; Benjamin Mazar, "The Tobiads", *IEJ* 7 (1957) 137–45; cf. também: Edelman, "Seeing Double".

[19] Dois óstracos de Laquis, de cerca de 600 a.C., mencionam um Tobiyahu como um alto oficial na administração de Judá ("servo do rei") possivelmente pertencente à família real (Shmuel Ahituv, *Echoes from the Past* [Jerusalem: Carta, 2008], 63, 79 [óstracos 3 e 5]).

[20] Cf., por exemplo: Mazar, "The Tobiads"; Jonathan A. Goldstein, "The Tales of the Tobiads", in Jacob Neusner (ed.) *Christianity, Judaism and Other Greco--Roman Cults: Studies for Morton Smith at 60*, SJLA 12 (Leiden: Brill, 1975), 85–123; a respeito do amonita Tobias na lista dos adversários, cf. também, por exemplo, Kellermann, *Nehemia*, 167–70; Williamson, *Ezra, Nehemiah*, 183–84;

2.3. Gosem, o árabe

Este é um nome comum, conhecido de inscrições nabateias, safaíticas, tamúdicas e lihianitas. Seja como for, deve ter existido um rei cedarita, chamado Gosem, em algum momento do período persa;[21] um rei lihianita com o mesmo nome governou por volta de 200 a.C.;[22] uma inscrição lihianita de el-Ula refere-se a "Jasm, filho de Sahr e 'Abd, governador de Dedan".[23]

Numa tentativa de identificar a montagem de cenário por trás da lista dos nominados adversários, dever-se-ia prestar atenção ao aspecto geográfico, à localização dos adversários e à ameaça que eles poderiam ter representado para Jerusalém, ou a ameaça que a construção do muro poderia ter significado para eles. Em outras palavras: é necessário buscar o período que melhor se ajusta a um confronto ou tensão com Samaria, Amon, árabes ao sul e Azoto/Asdode. Obviamente, os adversários representam simbolicamente as áreas que circundam Yehud/Judeia por todos os lados (Figura 4.1.);[24] contudo, a ideia não pode ser despegada

---

Blenkinsopp, *Ezra/Nehemiah*, 217–19. Para uma visão diferente, cf. Dov Gera, *Judaea and Mediterranean Politics 219 to 161 B.C.E.*, Brill's Series in Jewish Studies 8 (Leiden: Brill, 1998), 36–58, que sustenta que o conto de José não pode ser lido como relato histórico preciso; em vez disso, é "uma peça de propaganda escrita por um judeu do Egito ptolemaico", baseado no conto do José bíblico.

[21] Conforme atestado na inscrição da tigela de prata de Tell el-Maskhuta; Rabinowitz, "Aramaic Inscriptions of the Fifth Century B.C.E."; Dumbrell, "Tell el-Maskhuta Bowls".

[22] Saba Farès-Drappeau, *Dédan et Liḥyān*: Histoire des arabes aux confins des pouvoirs perse et hellénistique (IVe-IIe s. avant l'ère chrétienne), TMO 42 (Lyon, Maison de l'Orient, 2005), 122–23.

[23] Israel Ephal, *The Ancient Arabs, Nomads on the Borders of the Fertile Crescent Ninth–Fifth Centuries B.C.* (Jerusalem: Magnes, 1982), 212; Axel E. Knauf, *Ismael: Untersuchungen zur Geschichte Palästinas und Nordarabiens im 1. Jahrtausend v. Chr.* (Wiesbaden: Harrassowitz Verlage, 1989), 105; a respeito de Gosem como um dos adversários de Neemias, cf. também, por exemplo, Kellermann, *Nehemia*, 170–73; Williamson, *Ezra, Nehemiah*, 192; Blenkinsopp, *Ezra/Nehemiah*, 225.

[24] Blenkinsopp, *Ezra/Nehemiah*, 225–26.

da realidade histórica. A fim de tratar deste assunto, dever-se-ia primeiramente reconstruir as fronteiras da Yehud do período persa e a Judeia helenista, e calcular sua população. Tratei deste tema detalhadamente alhures,[25] de modo que um resumo de minhas descobertas será suficiente.

3. Fronteiras de Yehud/Judeia

Os estudiosos reconstruíram as fronteiras da Yehud do período persa baseados na informação geográfica na descrição da construção do muro (a localização do distrito e das capitais subdistritais), locais mencionados na lista dos repatriados, e na distribuição das impressões de selos de Yehud.[26] Mas se estes textos foram inseridos dentro das Memórias de Neemias (em um período tardio?), recorrendo-se a eles corre-se o risco de argumentação circular. Portanto, a única informação confiável provém da distribuição das impressões de selos da Yehud do período persa (Tipos 1-12 em Vanderhooft e Lipschits[27]) e da informação textual atinente ao início do período helenista. Consequentemente, a província de Yehud parece ter abrangido principalmente a área de Jerusalém e de Ramat Rahel, com possível extensão até Jericó e Engadi, a leste, perto de Betsur, ao sul, e da área de Masfa, ao norte.[28]

---

[25] Israel Finkelstein, "The Territorial Extent and Demography of Yehud/Judea in the Persian and Early Hellenistic Periods", *RB* 117 (2010) 39–54 (capítulo 3 neste livro).

[26] Por exemplo: Ephraim Stern, *Material Culture of the Land of the Bible in the Persian Period, 538–332 B.C.* (Warminster: Aris & Phillips, 1982), 245–49; Charles E. Carter, *The Emergence of Yehud in the Persian Period: A Social and Demographic Study*, JSOTSup 294 (Sheffield: Sheffield Academic Press, 1999), 75–90; Oded Lipschits, *The Fall and Rise of Jerusalem, Judah under Babylonian Rule* (Winona Lake, IN: Eisenbrauns, 2005), 154–84.

[27] Para esta e outras referências a esta obra mais adiante, veja-se também a análise mais detalhada in David S. Vanderhooft and Oded Lipschits, "A New Typology of the Yehud Stamp Impressions", *TA* 34 (2007) 12–37.

[28] Pode-se argumentar, com justiça, que as impressões de selos estão relacionadas à administração da província e, portanto, são encontradas, sobretudo, em/ao redor de seu eixo; contudo, não há nenhuma melhor maneira de lidar com as fronteiras de Yehud.

Sua população pode ser estimada em não mais do que 10 mil pessoas.[29] Este pequeno território, com população exaurida, não poderia ter representado uma ameaça para seus vizinhos, certamente não para os azotitas a oeste e para os árabes ao sul; e não para a muito mais densamente populosa Samaria.[30]

Informação acerca da situação no período ptolomaico (século III a.C.) é mínima. Os papiros de Zenon revelam que Maresa, na Sefelá, e Aduram/Adoraim, a sudeste de Hebron, pertenciam à Idumeia. A principal concentração das impressões de selos de Yehud dos Tipos 13-15, que parecem pertencer ao final do século III e ao século IV a.C.,[31] está em Jerusalém e em Ramat Rahel, Jericó e Engadi, Masfa e Nebi Samuel/Nabi Sanwil. As fronteiras da Judeia do século III a.C. são, portanto, semelhantes ou aproximadas àquelas da Yehud do período persa.

Sob a perspectiva textual, as fronteiras da Judeia na primeira metade do século II a.C. podem ser traçadas de acordo com a localização dos pontos onde os Macabeus enfrentaram seus inimigos invasores e os locais fortificados por Báquides.[32] Consequentemente, a Judeia estende-se da área de Betsur ou próximo a ela, ao sul, até Masfa, ao norte, e do Deserto da Judeia, a leste, até a Sefelá oriental, a oeste.

---

[29] Aproximadamente metade das cifras apresentadas por Carter, *The Emergence of Yehud*, 195–205; Oded Lipschits, "Demographic Changes in Judah between the Seventh and the Fifth Centuries B.C.E.", in Oded Lipschits and Joseph Blenkinsopp (ed.) *Judah and the Judeans in the New-Babylonian Period* (Winona Lake, IN: Eisenbrauns, 2003), 364.

[30] Adam Zertal, "The Pahwah of Samaria (Northern Israel) during the Persian Period, Types of Settlement, Economy, History and New Discoveries", *Transeu* 2 (1989) 9–30.

[31] Vanderhooft and Lipschits, "A New Typology of the Yehud Stamp Impressions".

[32] Finkelstein, "The Territorial Extent and Demography of Yehud", com mapa; para a localização das fortificações de Báquides, cf. 1Mc 9,50-52 e a discussão in Israel Roll, "Bacchides' Fortifications and the Arteries of Traffic to Jerusalem in the Hellenistic Period" [em hebraico], *ErIsr25* (1996) 509–14, com referências a obras anteriores.

Em outros termos: a principal mudança em relação ao período prévio é a possível expansão rumo à Sefelá mais elevada. A população parece ter crescido a cerca de 40 mil.[33]

Arqueologicamente, as impressões de selos da Yehud paleo-hebraica[34] e as impressões de selos do Tipo *yrslm* claramente datam do século II a.C. Mas quando elas são incluídas neste século? O número relativamente modesto delas na colina ocidental de Jerusalém (os bairros Judeu e Armênio da Cidade Antiga), atinente à distribuição delas na aresta da Cidade de Davi,[35] parece indicar que caíram em desuso nos primeiros dias do bairro ocidental. De igual modo, o mesmo mantém-se verdadeiro para Lod/Lida e para toda a área das três toparquias entregues a Jônatas (ver mais adiante), bem como para Jope. Parece, pois, que os Tipos 16-17 e as impressões de selos do Tipo *yrslm* datam da primeira metade do século II a.C, antes da grande expansão da Judeia hasmoneia. Tudo isso indica que o território da Judeia do começo do século II a.C. não era demasiado diferente daquele da Yehud/Judeia dos períodos persa e ptolemaico.

A grande mudança teve início na década de 140, quando o estado hasmoneu começou a expandir-se em todas as direções. As três

---

[33] Aproximadamente 10% da cifra proposta por Michael Avi-Yonah, "The Hasmonean Revolt and Judah Maccabee's War against the Syrians", in The Hellenistic Age, Vol. 6 of Abraham Schalit (ed.) *The World History of the Jewish People* (New Brunswick: Rutgers University, 1972), 163; e Bezalel Bar-Kochva, *Judas Maccabeus: The Jewish Struggle against the Seleucids* (Cambridge: Cambridge University, 1989), 57.

[34] Tipos 16-17 in Vanderhooft and Lipschits, "A New Typology of the Yehud Stamp Impressions".

[35] Vanderhooft and Lipschits, "A New Typology of the Yehud Stamp Impressions"; Ronny Reich, "Local Seal Impressions of the Hellenistic Period", in Hillel Geva (ed.) *Jewish Quarter Excavations in the Old City of Jerusalem* (Jerusalem: Israel Exploration Society, 2003), Vol. 2, 256–62; Donald T. Ariel and Yair Shoham, "Locally Stamped Handles and Associated Body Fragments of the Persian and Hellenistic Periods", in Inscriptions, Vol. 6 of Donald T. Ariel (ed.) *Excavations at the City of David 1978–1985*, Qedem 41 (Jerusalem: The Institute of Archaeology, The Hebrew University of Jerusalem, 2000) 137–71.

toparquias ao norte – Lod/Lida, Efraim (Aferema) e Ramataim (1Mc 11,34) – e a área de Acaron (1Mc 10,89) foram transferidas para a Judeia nos dias de Jônatas,[36] que, ademais, parece ter anexado a Pereia judaica na Transjordânia,[37] que fazia fronteira com Amanítida. Gazara/Gezer/Gazer e Jope foram, pois, tomadas por Simão (1Mc 13,43.48; 14,5).[38] A população da Judeia naquela época pode ser computada em cerca de 100 mil. Está claro, portanto, que, em breve período de tempo, na década de 140, a Judeia expandiu-se dramaticamente já em território, já em população.

O próximo passo na expansão da Judeia se deu nos dias de João Hircano (134-104 a.C.), com a conquista de Mádaba, na Transjordânia, a tomada e a destruição de Siquém e do templo samaritano, no Monte Garizim, e a conquista da Idumeia, que incluía Aduram/Adoraim (e as colinas do Hebron e do sul do Hebron) e Maresa. Os últimos dias de João Hircano viram a conquista da Samaria, com a possível extensão para o Vale de Jezrael.[39]

4. Carrossel dos inimigos

De volta aos adversários de Neemias, tendo em vista a história territorial de Yehud/Judeia, a realidade mais lógica para a tensão com os quatro vizinhos – Samaria, Amon, a leste da Pereia, os árabes e

---

[36] Por exemplo: Michael Avi-Yonah, *The Holy Land from the Persian to the Arab Conquests (536 B.C.to A.D.640): A Historical Geography* (Grand Rapids: Baker, 1977), 47, 55–57; Seth Schwartz, "Israel and the Nations Roundabout: I Maccabees and the Hasmonean Expansion", *JJS* 42 (1991) 16–38.

[37] Avi-Yonah, *The Holy Land*, 57.

[38] Avi-Yonah, *The Holy Land*, 58–59.

[39] A respeito da expansão territorial nos dias de João Hircano, cf., por exemplo: Joseph Klausner, "John Hyrcanus I", in Schalit, *The Hellenistic Age*, 211–21; Uriel Rappaport, "The Hasmonean State (160–37 B.C.E.)" [em hebraico], in Menahem Stern (ed.) *The History of Eretz Israel: The Hellenistic Period and the Hasmonean State (332–37 B.C.E.)* (Jerusalem: Yad Ben-Zvi, 1981), Vol. 3, 193–273; Tessa Rajak, "The Jews under Hasmonean Rule", *CAH* 9 (1994) 287–96.

Azoto/Asdode – situa-se nos dias de Jônatas e de Simão, ou melhor, nos dias iniciais de João Hircano depois da expansão para a Idumeia e antes da conquista da Samaria. Somente então os judaítas estavam preocupados com seus vizinhos por todos os lados; de fato, este foi o tempo de conflitos em todos os frontes.

Com efeito, a descrição dos inimigos em todos os quatro lados em Neemias[40] corresponde bem a 1 Macabeus, que provavelmente foi composto nos dias de João Hircano, aproximadamente no fim do século II.[41] Reiteradamente, o livro refere-se ao carrossel dos inimigos na Judeia (1Mc 1,11); na Samaria (3,10); na Idumeia (4,29.61; 5,3 [mencionando também filhos de Esaú]; 6,31; 13,20) e no Neguev (5,65); em Amon (5,6.9 [Galaad, mas vizinho a Amon].13]; e na terra da Filisteia (3,24.41; 4,22; 5,66-68), com ênfase especial no papel de Azoto/Asdode nos conflitos com os Macabeus (5,68; 10,78-84; 11,4; 14,34; 16,10 [também 4,15]). O "carrossel dos inimigos" em 1 Macabeus pode ser parcialmente conceitual, influenciado por referências bíblicas,[42] mas os conflitos eram reais. Casualmente, 2 Macabeus, que foi composto aproximadamente meio século antes,[43] não se refere a conflitos com os vizinhos da Judeia – pelo estilo e propósito, ou por verdadeiras razões históricas.

---

[40] Blenkinsopp, *Ezra/Nehemiah*, 225–26.

[41] Uriel Rappaport, *The First Book of Maccabees: Introduction, Hebrew Translation and Commentary* [em hebraico] (Jerusalem: Yad Ben-Zvi, 2004), 60–61, com referências à literatura anterior. A menção do Vale de Ono como o lugar onde Sanabalat e Gosem planejam ferir Neemias (Ne 6,2) também parece ajustar-se às realidades hasmoneias (por exemplo: 1Mc 12,38; 13,13).

[42] Schwartz, "Israel and the Nations Roundabout", e bibliografia.

[43] Daniel Schwartz, *The Second Book of Maccabees: Introduction, Hebrew Translation, and Commentary* [em hebraico] (Jerusalem: Yad Ben-Zvi, 2004), 16–19, e bibliografia.

Realidades hasmoneias subjacentes aos livros de Esdras, Neemias e Crônicas

Figura 4.1. Adversários de Neemias.

É desnecessário dizer que minha proposta não leva em consideração a data das Memórias de Neemias. A compilação original – o âmago textual do livro – lida com a vergonhosa situação em Jerusalém, com a necessidade de fortificá-la e com determinado esforço de construção levado adiante ali, sem detalhes de portões e de torres. Similarmente, as Memórias de Neemias mencionam oponentes anônimos oriundos do "carrossel das nações". As referências a inimigos específicos, nomeados em torno da Judeia, foram inseridas posteriormente,[44] no tempos hasmoneus, juntamente com a descrição detalhada da construção de uma longa muralha, com suas alusões a portões e torres específicos.

Isto não quer dizer que os três adversários nominados – Sanabalat, Tobias e Gosem – deveriam ser identificados com personalidades de meados do século II a.C. até seu final. O autor que inseriu os nomes deles tomou cada um deles como símbolo de suas pátrias:[45] Sanabalat – possivelmente a figura do século IV a.C. ainda lembrada, ou uma linha de indivíduos importantes que traziam este nome nos dias pré-hasmoneus – simboliza a Samaria, ao norte; os tobíadas – apoiadores da cultura helenista e adversários dos hasmoneus – simbolizam Amon, a leste;[46] Gosem – um nome comum entre os árabes – denota a população do deserto além da Idumeia, ao sul; e os azotitas representam a população da planície costeira, que faz fronteira com as hasmoneias Gazara/Gezer/Gazer e Acaron.

Datar a inserção das referências a adversários nominados (bem como a descrição detalhada da muralha da cidade em Ne 3) do período helenista não deveria causar surpresa. Os estudiosos observaram que as redações e adições mais recentes em Neemias podem datar o mais tardar do período hasmoneu.[47]

---

[44] A respeito da inserção do tema dos inimigos, cf. Wright, *Rebuilding Identity*, 118, 340 – não a camada mais recente, de acordo com ele.

[45] Igualmente: Grätz, "The Adversaries in Ezra/Nehemiah", 82, 85.

[46] De acordo com Edelman, "Seeing Double", as referências ao amonita Tobias tencionam criticar o Tobias dos papiros de Zenon.

[47] Williamson, *Ezra, Nehemiah*, xxxv; Wright, "A New Model for the Composition of Ezra-Nehemiah", 334, 347; David M. Car, *The Formation of the Hebrew Bible: A New Reconstruction* (Oxford: Oxford University Press, 2011) 169; Böhler

5. Resumo

Eu sugeriria, pois, que o tema dos inimigos (anônimos) deveras aparece nas Memórias de Neemias, o que pode datar do período persa. Contudo, as referências específicas aos três adversários nomeados e os azotitas são – juntamente com a detalhada descrição da construção da muralha de Jerusalém – inserções secundárias do período helenista, visando representar os verdadeiros rivais da Judeia em uma época em que os hasmoneus estavam expandindo-se em todas as direções e, portanto, em confronto com seus vizinhos.

---

explicitamente situa a história da reconstrução de Jerusalém em Neemias sobre um pano de fundo hasmoneu: Dieter Böhler, *Die heilige Stadt in Esdras α und Esra-Nehemia: Zwei Konzeptionen der Wiederherstellung Israels*, OBO 158 (Fribourg: Universitätsverlag, 1997), 382–97.

Capítulo 5

A REALIDADE HISTÓRICA POR TRÁS DAS LISTAS GENEALÓGICAS DE 1 CRÔNICAS

As listas genealógicas dos "filhos de Israel" em 1Cr 2–9 têm sido foco de intensa pesquisa desde o começo da moderna ciência bíblica.[1] Entre outros tópicos, a pesquisa tem-se concentrado na origem das listas, em seu intento, em seu relacionamento com outras partes de Crônicas e de sua data. A maioria dos estudiosos concorda que as listas genealógicas constituem um bloco independente, um tipo de introdução à história; no entanto, as opiniões divergem a respeito de se as listas pertencem à obra do Cronista[2] ou se foram acrescentadas depois que o conteúdo principal do livro já havia sido escrito.[3] No que

---

[1] Para as décadas recentes, cf., por exemplo, Marshall D. Johnson, *The Purpose of the Biblical Genealogies*, SNTSMS 8 (Cambridge: Cambridge University Press, 1969); Manfred Oeming, *Das wahre Israel: Die "genealogische Vorhalle" 1 Chronik 1–9*, BWANT 8 (Stuttgart: Kohlhammer, 1990); Gary N. Knoppers, *I Chronicles 1–9: A New Translation with Introduction and Commentary*, AB 12 (New York: Doubleday, 2004); James T. Sparks, *The Chronicler's Genealogies: Towards an Understanding of 1 Chronicles 1–9*, AcBib 28 (Atlanta: Society of Biblical Literature, 2008).

[2] Johnson, *The Purpose of the Biblical Genealogies*, 47–55; Hugh G. M. Williamson, *1 and 2 Chronicles* (Grand Rapids: Eerdmans, 1982), 39; Oeming, *Das wahre Israel;* Sara Japhet, *I and II Chronicles: A Commentary* (London: SCM Press, 1993), 8–9; Steven J. Schweitzer, *Reading Utopia in Chronicles*, LHBOTS 442 (New York: T&T Clark, 2007), 36–40; Sparks, *The Chronicler's Genealogies.*

[3] Por exemplo: Adam C. Welch, *The Work of the Chronicler: Its Purpose and Date* (London: Milford, 1939), 81–96; Martin Noth, *The Chronicler's History*, JSOTSup 50 (Sheffield: Sheffield Academic Press, 1987), 36–42; Wilhelm Rudolph, *Chronikbücher*, HAT 1 (Tübingen: Mohr, 1955), viii; Frank M. Cross, "A Reconstruction of the Judean Restoration", *JBL* 94 (1975) 4–18.

tange à cronologia absoluta, os estudiosos têm-se inclinado a datar as listas de acordo com as próprias opiniões sobre a data da compilação de Crônicas, uma vez que a maioria opta pelo século IV a.C. e, em seguida, busca uma realidade da Yehud do período persa por trás dela[4] – um típico argumento circular.

A arqueologia, que pode oferecer a realidade material por trás de determinado texto e, portanto, ajuda a datá-lo, não tem sido consultada. A arqueologia é especialmente forte quando se apresentam muitos topônimos (ou seja: locais) identificáveis. Neste artigo, gostaria de considerar a arqueologia e a dispersão geográfica dos locais mencionados nas listas e, deste modo, lançar luz sobre suas datas.

1. A arqueologia dos locais mencionados nas listas

A maior parte dos locais mencionados nas listas é identificada com segurança (Figura 5.1.), o que abre o caminho para verificar o registro arqueológico deles. Há razoáveis informações sobre a maioria desses locais, oriundas já de escavações, já de inspeções. Tenho recolhido a informação atinente ao final da Idade do Ferro II e dos períodos persa e helenista – o lapso de tempo que pode ser considerado para a datação das listas (cf. mais adiante). Em muitos casos, os locais inspecionados não permitem alcançar observações detalhadas dentro de determinado período. Isto é especialmente verdadeiro quanto à tentativa de distinguir nos locais inspecionados (em oposição aos escavados) entre as descobertas da Idade do FerroB e as da Idade do FerroC (séculos VIII e VII a.C., respectivamente), e entre as descobertas do começo e do fim do período helenista. No caso do período tardio, é sensato

---

[4] Por exemplo: Williamson, *1 and 2 Chronicles*, 39; Yigal Levin, "Who Was the Chronicler's Audience? A Hint from His Genealogies", *JBL* 122 (2003), 229–45; Knoppers, *I Chronicles 1–9*, 253; John W. Wright, "Remapping Yehud, The Borders of Yehud and the Genealogies of Chronicles", in Oded Lipschits and Manfred Oeming (eds.) *Judah and the Judeans in the Persian Period* (Winona Lake, IN: Eisenbrauns, 2006), 67–89; Sparks, *Chronicler's Genealogies*, 366.

admitir que os locais que não tinham sido habitados no período persa continuassem desertos no começo do período helenista e só foram povoados no século II a.C. Este é o caso em quase todo o local escavado na zona montanhosa – Betel,[5] a colina noroeste de Jerusalém,[6] Gabaon/Gibeon,[7] Mosa[8] e Betsur.[9] As Tabelas 5.1. e 5.2. resumem a informação disponível.

---

[5] Israel Finkelstein and Lily Singer-Avitz, "Reevaluating Bethel", *ZDPV* 125 (2009) 33–48.

[6] Por exemplo: Nahman Avigad, *Discovering Jerusalem* (Nashville: Nelson, 1983), 61–63; Hillel Geva, "Summary and Discussion of Findings from Areas A, W and X-2", in *Jewish Quarter Excavations in the Old City of Jerusalem II* (Jerusalem: Israel Exploration Society, 2003), 524–25.

[7] James B. Pritchard, "Gibeon", *NEAEHL* 2 (1993) 513; Israel Finkelstein, "Jerusalem in the Persian (and Early Hellenistic) Period and the Wall of Nehemiah", *JSOT* 32 (2008) 501–20 (capítulo 1 neste livro).

[8] Zvi Greenhut and Alon de Groot, *Salvage Excavations at Tel Moza: The Bronze and Iron Age Settlements and Later Occupations*, IAA Reports 39 (Jerusalem: Israel Antiquities Authority, 2009).

[9] Robert W. Funk, "Beth-zur", *NEAEHL* 1 (1993) 261; Paul W. Lapp and Nancy Lapp, "Iron II — Hellenistic Pottery Groups", in *The 1957 Excavation at Beth-Zur*, Ovid R. Sellers et al., AASOR 38 (Cambridge: American Schools of Oriental Research, 1968), 70; e Paul W. Lapp, "The Excavation of Field II", in Sellers et al., *The 1957 Excavation at Beth-Zur*, 29.

Tabela 5.1. A arqueologia dos locais
mencionados nas listas genealógicas em 1 Crônicas 2–9[1]

Tribo	Local	Ref. bíbl.	Identificação e referências a períodos de atividade	Ferro II	Período persa	Período helenista
Judá	Técua/ Técoa	2,24 4,5	Khirbet et-Tuqu'[2] A) B)	V V	V V	– V
	Zif	2,42 4,16	Tell Zif[3]	V	V	V forte
	Maresa	2,42 4,21	Tell Sandahannah[4]	V	V fraco	V forte
	Hebron	2,42	Tell el-Rumeideh[5]	V	–	V

---

[1] A tabela inclui apenas lugares identificáveis (cujo registro arqueológico pode ser investigado). As cidades de Simeão e Manassés, tiradas dos livros de Josué e Juízes (ver mais adiante) estão excluídas da tabela. A lista das cidades levitas (1Cr 6) também está excluída, na medida em que provavelmente foi tomada de Js 21 (independentemente da data deste último). Observe que, para a coluna 4, Identificação e Referências a Períodos de Atividade, quando há mais de uma inspeção com resultados diferentes, as variadas obras estão assinaladas com letras maiúsculas (A, B, C) tanto na tabela quanto nas referências nas notas de rodapé.

[2] (A) Moshe Kochavi, "The Land of Judah" [em hebraico], in *Judaea, Samaria and the Golan, Archaeological Survey 1967–1968* (Jerusalem: Carta, 1972), 47; (B) Avi Ofer, *The Highland of Judah during the Biblical Period* [em hebraico] (tese de doutorado; Tel Aviv: Tel Aviv University, 1993), IIA:28.

[3] Kochavi, "The Land of Judah", 68; Ofer, *The Highland of Judah*, IIA:44.

[4] Amos Kloner, *Maresha Excavations Final Report I: Subterranean Complexes 21, 44, 70*, IAA Reports 17 (Jerusalem: Israel Antiquities Authority, 2003), 9–30.

[5] Ofer, *The Highland of Judah*, IIA:30; Avi Ofer, "Hebron", *NEAEHL* 2 (1993) 609; Emanuel Eisenberg and Alla Nagorski, "Tel Hevron (er-Rumeidi)", *Hadashot Arkheologiyot/ESI* 114 (2002) 113; não há informação a respeito da situação sob a moderna cidade.

Tribo	Local	Ref. bíbl.	Identificação e referências a períodos de atividade		Ferro II	Período persa	Período helenista
Judá (cont.)	Tafua	2,43	Tafuh[1]		V forte	V	V
	Maon	2,45	Khirbet Ma'in[2]	A) B)	V V forte	– V	V V
	Betsur	2,45	Khirbet et-Tubeiqeh[3]		V	V fraco	V forte
	Cariat-Iarim	2,53	Deir el-'Azar[4]		V forte	V fraco	V
	Saraá	2,53	Sar'ah[5]	A) B) C)	V V V	– V –	– – V
	Estaol	2,53	Ishwa'[6]	A) B)	V V	V –	– –
	Belém	2,54	Beit Lahm[7]		V forte	V	V
	Etam	4,3	Khirbert el- Khawkh[8]		V	V	V

[1] Kochavi, "The Land of Judah", 59–60; Ofer, *The Highland of Judah*, IIA:30.

[2] (A) Kochavi, "The Land of Judah", 77–78; (B) Ofer, *The Highland of Judah*, IIA:43.

[3] Finkelstein, "Jerusalem in the Persian Period".

[4] Israel Finkelstein, "Archaeology of the List of Returnees in the Books of Ezra and Nehmiah", PEQ 140 (2008) 5 (capítulo 2 neste livro).

[5] (A) Yehuda Dagan, *The Shephelah during the Period of the Monarchy in Light of Archaeological Excavations and Survey* [em hebraico] (tese de mestrado; Tel Aviv: Tel Aviv University, 1992), 78; (B) Gunnar Lehmann, Michael H. Niemann, and Wolfgang Zwickel, "Zora und Eschtaol", *UF* 28 (1996), 362–73; (C) comunicação pessoal com Rami Raveh, Shlomo Bunimovitz e Zvi Lederman (sou grato a eles por partilharem esta informação comigo).

[6] (A) Dagan, *The Shephelah*, 77; (B) Lehmann, Niemann, and Zwickel, "Zora und Eschtaol", 353–55.

[7] Ofer, *The Highland of Judah*, IIA:13.

[8] Kochavi, "The Land of Judah", 42; Ofer, *The Highland of Judah*, IIA:13.

Tribo	Local	Ref. bíbl.	Identificação e referências a períodos de atividade	Ferro II	Período persa	Período helenista
Judá (cont.)	Gedor	4,4 4,18	Khirbet Judur[1]	V forte	V	V
	Ofra/Efron/Efraim	4,14	Khirbet et-Tayybe[2]	V	V	V
	Estemo	4,17 4,19	es-Samu'[3] A) B)	V forte –	– –	– V
	Socô/Socó	4,18	Khirbet Shuweike[4]	V forte	V fraco	V forte
	Zanoe/Zanoah	4,18	Khirbet Zanu'[5]	V	V forte	V
	Ceila	4,19	Khirbet Qila[6]	V	V	V
Benjamim	Anatot	7,8	'Anata[7]	V forte	–	V
	Almat	7,8 8,36 9,42	Khirbet 'Almit[8]	V	V	V

---

[1] Kochavi, "The Land of Judah", 46–47; Ofer, *The Highland of Judah*, IIA:15.

[2] Kochavi, "The Land of Judah", 57; Ofer, *The Highland of Judah*, IIA:29.

[3] (A) Ofer, *The Highland of Judah*, IIA:19; apenas um lado do local foi inspecionado; (B) John L. Peterson, *A Topographical Surface Survey of the Levitical 'Cities' of Joshua 21 and 1 Chronicles 6: Studies on the Levites in Israelite Life and Religion* (tese de doutorado; Chicago: Institute of Advanced Theological Studies; Evanston: Western Theological Seminary, 1977), 507 (um lote foi inspecionado).

[4] Kochavi, "The Land of Judah", 77; Ofer, *The Highland of Judah*, IIA:33 (mas o autor das genealogias poderia ter-se referido aqui à Socô/Socó da Sefelá).

[5] Dagan, *The Shephelah*, 92.

[6] Kochavi, "The Land of Judah", 48–49; Dagan, *Shephelah*, 161. Cerâmica helenista oriunda deste local está conservada nos depósitos da Autoridade de Antiguidades de Israel e do Oficial do Estado-Maior Arqueológico da Judeia e da Samaria. Sou grato a Yehuda Dagan e a Yoav Tzionit por alocarem esta cerâmica e mostrá-la a mim. (Observe-se que este material não estava disponível para mim quando escrevi meu artigo sobre Jerusalém no período persa e começo do período helenista – Finkelstein, "Jerusalem in the Persian Period".)

[7] Uri Dinur and Nurit Feig, "Eastern Part of the Map of Jerusalem" [em hebraico], in Israel Finkelstein and Yitzhak Magen (eds.), *Archaeological Survey of the Hill Country of Benjamin* (Jerusalem: Israel Antiquities Authority, 1993), 359–60.

[8] Dinur and Feig, "Eastern Part of the Map of Jerusalem", 380–81.

Tribo	Local	Ref. bíbl.	Identificação e referências a períodos de atividade	Ferro II	Período persa	Período helenista
Benjamim (*cont.*)	Gaba/ Gabaá	8,6	Jaba'[1]	V forte	–?	V forte
	Manaat	8,6 2,54	el-Malhah[2]	V	sem dados	sem dados
	Ono	8,12	Kafr Juna[3]	V	V	V
	Lod/ Lida	8,12	el-Ludd[4]	V	V	V
	Aialon	8,13	Yalu[5] A) B)	V V forte	V –	V –
	Gabaon/ Gibeon	8,29 9,35	el-Jib [6]	V	–	V
	Azmot	8,36 9,42	Hizma[7]	V	V	V
	Mosa	2,46 8,36 9,42	Qalunyah[8]	V	–	V

[1] Amir Feldstein et al., "Southern Part of the Maps of Ramallah and el-Bireh and Northern Part of the Map of 'Ein Kerem" [em hebraico], in Finkelstein and Magen, *Archaeological Survey of the Hill Country of Benjamin*, 177–79; cerâmica do período persa reportada somente in Zecharia Kallai, "The Land of Benjamin and Mt. Ephraim" [em hebraico], in Moshe Kochavi (ed.) *Judaea, Samaria and the Golan: Archaeological Survey 1967–1968* (Jerusalem: Carta, 1972), 183.

[2] *Hadashot Arkheologiyot* 10 (1964) 12.

[3] Ram Gophna, Itamar Taxel, and Amir Feldstein, "A New Identification of Ancient Ono", *BAIAS* 23 (2005) 167–76.

[4] Finkelstein, "Archaeology and the List of Returnees".

[5] (A) Ram Gophna and Yosef Porat, "The Land of Ephraim and Manasseh" [em hebraico], in Kochavi, *Judaea, Samaria and the Golan*, 236; (B) Alon Shavit, *The Ayalon Valley and Its Vicinity during the Bronze and Iron Ages* [em hebraico] (tese de mestrado Tel Aviv: Tel Aviv University, 1992), 100–101.

[6] Finkelstein, "Jerusalem in the Persian (and Early Hellenistic) Period", 513.

[7] Finkelstein, "Archaeology and the List of Returnees", 5.

[8] Greenhut and de Groot, *Salvage Excavations at Tel Moza*.

Tribo	Local	Ref. bíbl.	Identificação e referências a períodos de atividade	Ferro II	Período persa	Período helenista
Efraim	Bet-Horon de Cima	7,24	Beir 'Ur el-Fauqa[1]	V forte	V fraco	V
	Bet-Horon de Baixo	7,24	Beir 'Ur et-Tahta[2]	V forte	V fraco	V forte
	Betel	7,28	Beitin[3]	V	–?	V forte
	Norã	7,28	Ein Duk?	sem dados	sem dados	sem dados
	Gazara/ Gezer/Gazer	7,28	Tel Gezer[4]	V	V fraco	V
	Siquém	7,28	Tell Balata[5]	V	V fraco	V forte
	Aia	7,28	Khirbet Haiyan?[6]	–	–	V?
Aser	Barzait	7,31	Khirbet Bir Zeit[7]	V forte	–	V
Rúben	Aroer	5,8	'Ara'ir[8]	V	–	V
	Nebo	5,8	Khirbet el-Mukhayyat[9]	V	–	V
	Baal-Meon	5,8	Khirbet Main	sem dados	sem dados	sem dados

[1] Israel Finkelstein, Zvi Lederman, and Shlomo Bunimovitz, *Highlands of Many Cultures: The Southern Samaria Survey*, MSIA 14 (Tel Aviv: Tel Aviv University Institute of Archaeology, 1997), 303–5.
[2] Finkelstein, Lederman, and Bunimovitz, *Highlands of Many Cultures*, 161–64.
[3] Finkelstein and Singer-Avitz, "Reevaluating Bethel"; havia fraca ocupação no final da Idade do Ferro II.
[4] William G. Dever, "Gezer", *NEAEHL* 2 (1993) 506.
[5] Edward F. Campbell, "Shechem, Tell Balatah", NEAEHL 4 (1993) 1352–54.
[6] Finkelstein, "Archaeology and the List of Returnees", 7.
[7] Finkelstein, Lederman, and Bunimovitz, *Highlands of Many Cultures*, 417; Kallai, "The Land of Benjamin", 173–74; Khaled Nashef, "Khirbet Birzeit 1996, 1998–1999: Preliminary Report", *Journal of Palestinian Archaeology* 1 (2000) 25–27.
[8] Emilio Olavarri, "Aroer (in Moab)", *NEAEHL* 1 (1993) 92–93.
[9] Sylvester J. Saller and Bellarmino Bagatti, *The Town of Nebo (Khirbet el-Mekhayyat) with a Brief Survey of Other Ancient Christian Monuments in Transjordan*, Publications of the Studium Biblicum Franciscanum 7 (Jerusalem: Franciscan Press, 1949).

Tabela 5.2. Locais mencionados nas listas genealógicas em 1 Crônicas 2–9.
Resumo de atividade no final da Idade do Ferro II e nos períodos persa e helenista

	Forte	Fraco	Intensidade da atividade não definida	Sem evidências de atividade
Ferro II	13	1	21	1
Persa	1	8	16	11
Helenista	8	0	27	1

Se alguém considerar as listas genealógicas como representantes de um verdadeiro sistema de assentamento e, portanto, buscar por uma única realidade por trás delas,[10] parece claro que o período persa (e, como foi explicado anteriormente, o começo do período helenista, igualmente) não é uma opção. 11 locais não eram habitados e 8 eram escassamente habitados no período persa; juntos, eles representam quase metade do número total. É escusado dizer, no caso de um local que foi investigado em apenas uma única inspeção e que produziu limitado número de cacos de louça, que a informação pode ser menos do que completa. No entanto, a maioria dos locais mencionados anteriormente foi totalmente inspecionada, muitos deles mais de uma vez, e produziu significativa quantidade de achados. Conseguintemente, os dados parecem ser confiáveis, especialmente quando avaliados levando-se em consideração todo o sistema dos locais: um único resultado negativo pode ser arbitrário, mas grande número de locais com resultados negativos para o mesmo período tem grande peso.

Do ponto de vista estritamente arqueológico, restam o final do período da Idade do Ferro II e o final do período helenista. Somente um único local não era habitado na Idade do Ferro II tardia. Entretanto, a

---

[10] Mesmo que o autor seja nostálgico, de um lado, ou utópico, de outro (significando que os lugares não precisam estar todos habitados em um mesmo período – uma possibilidade sugerida acertadamente por mim e por Obed Lipschits) sua perspectiva provavelmente refletiria seu próprio tempo e condições. Pode-se, portanto, buscar um período histórico no qual os locais mencionados em tais listas teriam sido importantes para o autor.

identificação de Aia é menos segura do que a de outros locais. Alguns locais da Idade do Ferro II podem ter sido parcamente habitados na fase final do período; isto pode ser visto no caso de dois importantes locais que foram completamente escavados – Betel e Gazara/Gezer/Gazer.

Apenas um único local – Estaol – não tem registro de ocupação para o final do período helenista. Estaol está situado sob as ruínas do povoado árabe de Ishwaʻ. A inspeção realizada ali por Lehmann et al.[11] produziu apenas 15 cacos de louça, a maioria deles originária dos períodos pós-bizantinos.[12] Dagan afirma que "a inspeção rendeu apenas alguns resquícios, na margem do *moshav* (o assentamento israelita – Israel Finkelstein), sobretudo na encosta meridional".[13] Os dados para este local, portanto, são insuficientes.

---

[11] Lehmann, Niemann, and Zwickel, "Zora und Eschtaol", figura 2.
[12] Lehmann, Niemann, and Zwickel, "Zora und Eschtaol", figura 2.
[13] Dagan, *The Shephelah*, 77.

A realidade histórica por trás das listas genealógicas de 1 Crônicas

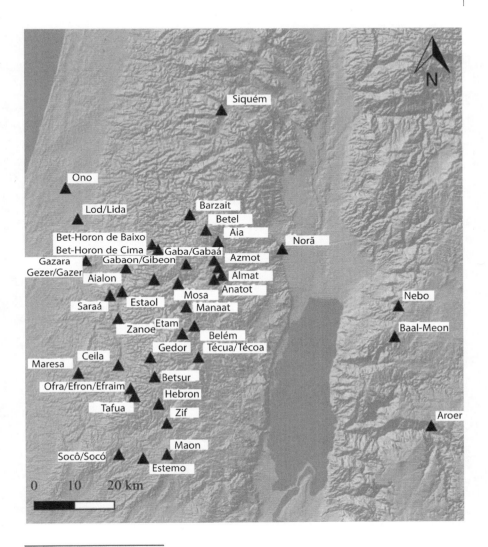

Figura 5.1. Locais mencionados nas listas genealógicas em 1Cr 2–9.

2. A realidade territorial por trás das listas

Ao escolher entre o final da Idade do Ferro II e o período helenista, sinto-me inclinado a optar pelo último. Se as listas preservassem a memória da situação do assentamento no final da Idade do Ferro II, esperar-se-ia encontrar muito mais locais na Sefelá, em primeiro lugar e acima de tudo, entre eles, Laquis,[14] bem como uma autêntica referência ao Vale de Bersabeia (em vez de uma repetição de uma lista de Js 19; cf. mais adiante), que era densamente habitada naquela época. Seja como for, a dispersão territorial dos locais mencionados nas listas prové prova adicional para datá-los.

Os estudiosos que se ocuparam com as listas genealógicas observaram que não há detalhes (pelo menos não topônimos) para as tribos do norte. As genealogias de Neftali e Issacar[15] são breves e oferecem quase nenhuma informação; é dada somente a genealogia da zona montanhosa central de Aser; e não há nenhuma genealogia para Zabulon. No caso de Manassés, o autor repetiu os dados dos filhos e filhas de Manassés que aparecem em Js 17, e incorporou a lista de locais famosos (Betsã, Tanac, Meguido e Dor – 1Cr 7,29), que ele provavelmente tomou da História Deuteronomista (Jz 1,27).

Em relação ao sul, a lista de Simão verossimilmente foi tirada do livro de Josué (19,1-7).[16] No caso de Judá, não há dados acerca do leste (o Deserto da Judeia e a área de Jericó-Mar Morto) e do sul (exceto pela repetição da lista de Simão originária de Js 19); a informação acerca da Sefelá é limitada.

Listas detalhadas, com nomes de cidades, são dadas, portanto, para Judá e Benjamim, para Efraim e para parte do território de Rúben (cf., também, 1Cr 9,3; Figura 5.1.). Também é digno de nota que a genealogia do retorno em 1Cr 9,2-34 menciona repatriados de Judá, Benjamim, Efraim e Manassés).[17] Em Judá, a lista inclui a zona montanhosa e parte da Sefelá (cinco locais – dois na Sefelá oriental,

---

[14] Laquis era o segundo mais importante local judaíta naquele tempo; cf. também: Ran Zadok, "On the Reliability of the Genealogical and Prosopographical Lists of the Israelites in the Old Testament", *TA* 25 (1998) 244.

[15] E Dã? (por exemplo: Knoppers, *I Chronicles 1–9*, 453).

[16] Rudolph, *Chronikbücher*, 38–39; Albrecht Alt, *Kleine Schriften zur Geschichte des Volkes Israel*, Vol. II (München, C. H. Beck, 1953), 285; Nadav Na'aman, "The Inheritance of the Sons of Simeon", *ZDPV* 96 (1980) 136–52.

[17] Knoppers, *I Chronicles 1–9*, 264

dois na Sefelá setentrional e Maresa). À exceção de Siquém, a lista de Efraim se concentra na parte meridional de sua herança. Para Rúben, a lista menciona três locais na área de Mádaba (o *Mishor*). O território coberto pela lista estende-se, portanto, de Estemo e Maon, ao sul, até Betel e Barzait, ao norte, e até à linha de Saraá-Ceila, a oeste (com o acréscimo de Maresa), mais a área de Mádaba, no leste. *Esse território* deveria ser verificado em contraste com as possíveis realidades históricas que possam estar por trás das listas genealógicas.

A premissa desta discussão é que, em vez de serem nostálgicas e/ ou utópicas,[18] as listas genealógicas representam determinada realidade de assentamento na história de Judá/Yehud/Judeia. Isto é verdade, ainda que o autor das genealogias tenha usado materiais diferentes (cronologicamente sobrepostos?), porque ele se referiu a assentamentos que ainda existiam em seu próprio tempo.[19] Em outras palavras: a distribuição dos locais mencionados na área-núcleo coberta pelas listas deveria representar a extensão da entidade territorial Jerusalém em determinado período de tempo.

Quatro possibilidades deveriam ser verificadas: que as listas representam memória passada – do final da Idade do Ferro II; que elas refletem as realidades do período persa;[20] que elas descrevem a situação do início do período helenista; que elas correspondem à realidade do final do período helenista (hasmoneu).

---

[18] Schweitzer, *Reading Utopia*, 31–75, e cf. nota 47 retrocitada. Se a lista tivesse sido utópica, esperar-se-ia que o autor tivesse preenchido toda a extensão do sistema tribal com informação tirada da História Deuteronomista.

[19] Cf. a discussão in Roddy L. Braun, "1 Chronicles 1–9 and the Reconstruction of the History of Israel", in M. Patrick Graham, Kenneth G. Hoglund, and Steven L. McKenzie (eds.), *The Chronicler as Historian,* JSOTSup 238 (Sheffield, Sheffield Academic Press, 1997), 92–105; cf. também: Hugh G. M. Williamson, "Sources and Redaction in the Chronicler's Genealogy of Judah", *JBL* 98 (1979) 351–59; Nadav Na'aman, "Sources and Redaction in the Chronicler's Genealogies of Asher and Ephraim", *JSOT* 49 (1991) 99–111.

[20] Esta é a teoria convencional; cf., por exemplo, recentemente: Levin, "Who Was the Chronicler's Audience"; Knoppers, *I Chronicles 1–9*, 253; Wright, "Remapping Yehud".

2.1. Realidade do final da Idade do Ferro II para necessidades pós-exílicas?

Um breve rastreamento é suficiente para mostrar que a lista não representa a realidade territorial da Judá do final da Idade do Ferro II: (1) O Vale de Bersabeia (à parte a repetição da lista simeonita de Js 19) e o Deserto da Judeia estão ausentes ao sul e a leste. (2) Esperar-se-ia encontrar muito mais locais na Sefelá. (3) Os locais centrais na Sefelá, principalmente Laquis, o segundo local mais importante em Judá no final dos tempos monárquicos, não aparecem.[21] (4) A noroeste, a lista inclui a área de Gazara/Gezer/Gazer, Lod/Lida e Ono, que jamais estiveram sob a dominação judaíta.[22]

Poder-se-ia argumentar que a lista ajusta-se aos dias de Josias devido à inclusão de Benjamim e de Efraim meridional ao redor de Betel. Contudo, mesmo a Judá do final do século VII não controlava a área Gazara/Gezer/Gazer-Lod/Lida, sem contar que nos dias de Josias ela se estendia mais para o oeste na Sefelá.[23] Não se pode eliminar a possiblidade de que a memória da realidade da Idade do Ferro II tenha sido adotada por necessidades pós-exílicas. E esta é precisamente minha premissa se fosse este o caso: qual seria a realidade por trás de uma situação na qual apenas parte do território do reino judaíta está listada?

2.2. Realidade da Yehud do período persa?

Esta tem sido a visão convencional.[24] Os estudiosos reconstruíram as fronteiras da província de Yehud de acordo com dois pontos

---

[21] Cf. também: Zadok, "On the Reliability", 244.
[22] Israel Finkelstein and Nadav Na'aman, "Shechem of the Amarna Period and the Rise of the Northern Kingdom of Israel", *IEJ* 55 (2005) 182–83.
[23] Cf., por exemplo: Nadav Na'aman, "The Kingdom of Judah under Josiah", *TA* 18 (1991) 3–71.
[24] Cf., por exemplo, recentemente: Levin, "Who Was the Chronicler's Audience"; Knoppers, *I Chronicles* 1–9, 253; Wright, "Remapping Yehud".

de informação: as listas geográficas do livro de Esdras e Neemias, em primeiro lugar e acima de tudo, entre elas, a lista dos construtores da muralha da cidade de Jerusalém em Ne 3; e a distribuição das impressões de selos da Yehud do período persa.[25] Na realidade, a principal consideração tem sido sempre o texto bíblico; a distribuição das impressões de selos de Yehud cobre apenas parte da área descrita em Ne 3, mas isto não tem sido inteiramente considerado, principalmente porque a maioria dos estudiosos não tem questionado o fato de o material geográfico em Neemias ser datado do período persa.

Ne 3 fala acerca da divisão do território governado a partir de Jerusalém em diversos distritos (*pelekh*) e meios-distritos (meios-*pelekh*). Cinco locais são listados como sedes neste sistema administrativo: Jerusalém, Bet-Carem, Masfa, Betsur e Ceila (Figura 3.1.). Diversos estudiosos têm sugerido acrescentar distritos a leste (Jericó) e a noroeste (Gazara/Gezer/Gazer).[26] Concordo com Lipschits[27] que a província descrita na lista estava dividida em cinco unidades – aquelas especificamente reportadas no texto. Consequentemente, o território descrito em Ne 3 estendia-se de Betsur, ao sul, até a área de Masfa, ao norte (incluindo as áreas ao redor destes dois locais), e do Deserto da Judeia, a leste, até Ceila, no oeste. A última é a única extensão para dentro da Sefelá.

Entretanto, a lista de Ne 3 não pode servir de base para a reconstrução das fronteiras da Yehud do *período persa*.

---

[25] Tipos 1-12 in David Vanderhooft and Oded Lipschits, "A New Typology of the Yehud Stamp Impressions", *TA* 34 (2007) 12–37; para um resumo das diversas opiniões, cf. Charles E. Carter, *The Emergence of Yehud in the Persian Period: A Social and Demographic Study*, JSOTSup 294 (Sheffield: Sheffield Academic Press, 1999), 75–90; Oded Lipschits, *The Fall and Rise of Jerusalem: Judah under Babylonian Rule* (Winona Lake, IN: Eisenbrauns, 2005), 154–84.

[26] Para resumos das diversas opiniões, cf. Ephraim Stern, *Material Culture of the Land of the Bible in the Persian Period, 538–332 B.C.* (Warminster: Aris & Phillips, 1982), 247–49; Carter, *The Emergence of Yehud*, 79–80; Lipschits, *The Fall and Rise of Jerusalem*, 168–74.

[27] Lipschits, *The Fall and Rise of Jerusalem*, 168–74.

(1) Alhures, argumentei que a descrição da construção da muralha da cidade em Ne 3 não se harmoniza com o que sabemos acerca da arqueologia de Jerusalém no período persa.[28] Enquanto Ne 3 se refere a uma grande cidade, que provavelmente incluía a colina sudoeste e que estava fortificada por uma muralha importante, com muitas torres e portões, a Jerusalém do período persa era um povoado não fortificado, que se estendia por uma área muito limitada na parte central da aresta da "Cidade de Davi". Parece que a descrição em Ne 3 – que não pertence às Memórias de Neemias[29] e que verossimilmente foi inserida no texto de Neemias[30] –, se não for utópica, pode representar a realidade da construção da Primeira Muralha pelos hasmoneus no século II a.C.[31]

(2) A arqueologia de Betsur, mencionada como sede da metade do distrito (Ne 3,16), apresenta outro problema. Baseando-se em um único local(!), Stern aderiu à ideia de atividade significativa no local durante o período persa.[32] Reich[33] argumentou na mesma linha, em conformidade

---

[28] Finkelstein, "Jerusalem in the Persian (and Early Hellenistic) Period".

[29] Cf., por exemplo: Charles C. Torrey, *Ezra Studies* (Chicago: University of Chicago Press, 1910), 225; Hugh G. M. Williamson, *Ezra, Nehemiah*, WBC 16 (Waco, TX: Word Books, 1985), 200; Joseph Blenkinsopp, *Ezra/Nehemia: A Commentary* (Philadelphia: Westminster, 1988), 231.

[30] Cf., por exemplo: Charles C. Torrey, *The Composition and Historical Value of Ezra-Nehemiah* (Giessen: Ricker, 1896), 37–38; Torrey, *Ezra Studies*, 249; Sigmund Mowinckel, *Studien zu dem Buche Ezra-Nehemia* (Oslo: Universitetsforlaget, 1964), 109–16.

[31] Finkelstein, "Jerusalem in the Persian (and Early Hellenistic) Period"; Dieter Böhler situa explicitamente a reconstrução da história de Jerusalém em Neemias sobre um pano de fundo hasmoneu — *Die heilige Stadt in Esdras α und Esra-Nehemia: Zwei Konzeptionen der Wiederherstellung Israels*, OBO 158 (Fribourg: Universitätsverlag, 1997), 382–97.

[32] Ephraim Stern, *The Assyrian, Babylonian, and Persian Periods (732–332 B.C.E.)*, Vol. 2 of *Archaeology of the Land of the Bible* (New York: Doubleday, 2001), 437–38; cf. também: Stern, *Material Culture of the Land of the Bible*, 36.

[33] Ronny Reich, "The Beth-Zur Citadel II — A Persian Residency?", *TA* 19 (1992) 113–23.

com uma análise arquitetônica. Mas Funk, Paul e Nancy Lapp, e Carter, defendem que o local foi habitado mui escassamente, na verdade, de modo insignificante no período persa e começo do período helenista.[34] Funk observou que a "interpretação dos restos persa-helenistas em Betsur depende em ampla medida das referências literárias existentes",[35] dando a entender que foi escrita de acordo com a compreensão do texto em vez de consoante os dados arqueológicos. Efetivamente, o material publicado a partir das escavações inclui apenas número limitado de descobertas – cacos de louça, vasilhames e moedas – que podem ser datadas com segurança do período persa, ao passo que falta completamente a maioria das formas típicas do repertório do período persa. Por conseguinte, embora a arqueologia possa ter revelado vestígios de alguma atividade do período persa no local, está claro que era um local importante somente no final da Idade do Ferro II e, ainda mais, no final do período helenista (cf. mais adiante para o período posterior).

(3) Gabaon/Gibeon, a que também se menciona neste capítulo (Ne 3,7), tampouco produziu descobertas inequívocas do período persa. Sem entrar no debate sobre a datação do lagar e das inscrições de Gabaon/Gibeon (da monarquia tardia ou do século VI[36]) as impressões de selos *mwsh* e os cacos de louça em forma de cunha e com impressos de junco, encontrados no local, atestam certa atividade no período babilônico ou final do período babilônico e começos do período persa.[37]

---

[34] Funk, "Beth-Zur", 261; Paul and Nancy Lapp, "Iron II", 70; P. W. Lapp, "The Excavation of Field II", 29; Carter, *The Emergence of Yehud*, 157.

[35] Robert W. Funk, "The History of Beth-Zur with Reference to Its Defenses", in Sellers et al., *The 1957 Excavation at Beth-Zur*, 4-17.

[36] Cf. resumos in Stern, *Material Culture of the Land of the Bible*, 32–33; Stern, *The Assyrian, Babylonian, and Persian Periods*, 433; Oded Lipschits, "The History of the Benjaminite Region under Babylonian Rule" [em hebraico], *Zion* 64 (1999) 287–91.

[37] Stern, *Material Culture of the Land of the Bible*, 32–33; Stern, *Assyrian, Babylonian, and Persian Periods*, 433; Lipschits, *The Fall and Rise of Jerusalem*, 243–45; James B. Pritchard, *Winery, Defenses and Soundings at Gibeon* (Philadelphia: University Museum, University of Pennsylvania, 1964), figuras 32:7, 48:17.

De acordo com Pritchard, existe "apenas escassa evidência de ocupação do fim do século VI até o começo do século I a.C." em Gabaon/Gibeon[38]. Contudo, cerâmica típica do período persa e impressões de selos de Yehud não foram encontradas.[39] Cerâmica e moedas do final do período helenista são atestadas.

(4) Por fim, mas não menos importante, a distribuição das impressões de selos[40] de Yehud do período persa não se encaixa no território descrito em Ne 3 (Figura 3.1.). Na zona montanhosa, tais impressões de selos estão concentradas em Jerusalém e em seus arredores, até mesmo Ramat Rahel. Apenas seis unidades foram encontradas na zona montanhosa ao norte de Jerusalém (na área de Masfa). Nenhuma impressão de selos deste tipo foi encontrada ao sul de Ramat Rahel (na área de Betsur). A leste, impressões de selos deste tipo foram encontradas em Jericó e em Engadi (seis unidades) – uma razão plausível para a inclusão desta área dentro dos limites de Yehud. A oeste, foram encontradas em Gazara/Gezer/Gazer e em Tel Harasim, na Sefelá ocidental (quatro unidades ao todo), locais claramente fora dos limites de Yehud até a expansão do estado hasmoneu nos dias de Jônatas e Simão (ver mais adiante); nenhuma foi encontrada nos diversos locais da Sefelá superior.

Levando-se em consideração o problema da datação da realidade por trás de Ne 3, e a ausência de elementos textuais extrabíblicos para o período persa, poder-se-ia (dever-se-ia?) tentar reconstruir as fronteiras de Yehud *apenas* de acordo com a distribuição das impressões de selos e dos elementos textuais dos séculos III e II a.C. (cf. mais à frente). Consequentemente, Yehud parece ter incluído principalmente a área de Jerusalém, entre Ramat Rahel e a Cidade de Davi. Poderia ter-se estendido um pouco mais ao sul, mas Betsur parece ter ficado fora de Yehud. Ao norte, a carência de impressões de selos da área de Masfa e

---

[38] Pritchard, "Gibeon", 513.
[39] Para as últimas, cf. Lipschits, *The Fall and Rise of Jerusalem*, 180.
[40] Grupos 1–12 in Vanderhooft and Lipschits, "A New Typology of the Yehud Stamp Impressions".

Nebi Samuel/Nabi Sanwil[41] levanta a questão de se esta área era uma parte importante da Yehud dos séculos V e IV a.C.[42] A leste, havia a possível extensão para Jericó e Engadi. Quanto ao sudoeste, no tempo do papiro de Zenon, de meados do século III a.C., Maresa e Aduram/ Adoraim pertenciam à Idumeia. A área de Lod/Lida e Gazara/Gezer/ Gazer (que eram antes cidades israelitas em vez de judaítas na Idade do Ferro II), e Acaron, na Sefelá ocidental, estavam anexadas à Judeia apenas nos dias de Jônatas e de Simão, nos anos da década de 140 a.C. Por conseguinte, inclino-me a concordar com Carter que a Yehud do período persa não se estendia até a Sefelá.[43]

Está claro, portanto, que a distribuição dos locais mencionados no núcleo das listas genealógicas em 1Cr 2–9 (Figura 5.1.) não se ajusta à extensão territorial da Yehud do período persa (Figura 3.1.). Por outro lado, as listas incluem locais em quatro áreas que estão fora das fronteiras de Yehud: as colinas de Hebron e do sul de Hebron, ao sul; a área de Betel-Barzait, ao norte; a Sefelá, a oeste; e a área de Gazara/Gezer/Gazer-Lod/Lida-Ono, a noroeste. Por outro lado, as listas genealógicas não incluem a área de Engadi, que provavelmente estava incluída em Yehud. Além disso, elas não mencionam Bet-Carem, o suposto nome de Ramat Rahel,[44] o sítio arqueológico mais importante na província de Yehud, que produziu o maior número de impressões de selos da Yehud do período persa.[45] Em resumo: as fronteiras de Yehud

---

[41] Existem apenas seis unidades, o que perfaz 5,5% do total dos tipos do período persa, comparadas às 32 unidades, o que perfaz 11% dos Tipos 13-14 posteriores na obra de Vanderhooft and Lipschits, "A New Typology of the Yehud Stamp Impressions".

[42] A lista dos repatriados em Esd 2,1-67; Ne 7,6-68, que menciona lugares nesta área, provavelmente deveria ser datada do período helenista – Finkelstein, "Archaeology and the List of Returnees", 7–16 (capítulo 2 neste livro).

[43] Carter, *The Emergence of Yehud*, 91–98.

[44] Yohanan Aharoni, "Beth Haccherem", in Winston D. Thomas (ed.), *Archaeology and Old Testament Study* (Oxford: Clarendon, 1967), 171–85.

[45] Vanderhooft and Lipschits, "A New Typology of the Yehud Stamp Impressions".

e a distribuição de locais no centro das listas arqueológicas têm pouco em comum. As listas arqueológicas não refletem realidades da Yehud do período persa.

2.3. Situação helenista inicial?

As informações textuais diretas para o período ptolemaico são escassas, os papiros de Zenon revelam que Maresa, a Sefelá, e Adoarim/Aduram, a sudeste de Hebron, pertenciam à Idumeia.

Voltando para a arqueologia, as concentrações principais das impressões de selos de Yehud dos Tipos 13-15, que parecem pertencer ao final dos séculos IV e III a.C.,[46] estão em Jerusalém e em Ramat Rahel, Jericó e Engadi, Masfa e Nebi Samuel/Nabi Sanwil. Sua distribuição ao norte de Jerusalém é particularmente notável; nesta área, impressões do Tipo 13-14 aumentam de cerca de 5,5% do total no grupo primitivo (Tipos 1-12, do período persa) para 11% no período em discussão. Isto pode indicar a crescente importância desta área (expansão da população judaica?) naquele tempo.[47]

As fronteiras da Judeia na primeira metade do século II a.C. podem ser traçadas de acordo com diversas fontes literárias: a localização das batalhas entre Judas Macabeu e os selêucidas, a localização das fortalezas construídas por Báquides depois da morte de Judas, e outros indícios em Macabeus (Figura 3.2.).

A importância da área ao norte e a noroeste de Jerusalém, na medida em que dominava o acesso principal à cidade e, possivelmente,

---

[46] Vanderhooft and Lipschits, "A New Typology of the Yehud Stamp Impressions".

[47] Para a teoria de que isto aconteceu subsequentemente à revolta samaritana contra Alexandre Magno, cf. Menahem Stern, *The Documents on the History of the Hasmonaean Revolt* [em hebraico] (Tel Aviv: Hakibbutz Hameuchad, 1965), 110; Aryeh Kasher, "Some Suggestions and Comments Concerning Alexander Macedon's Campaign in Palestine" [em hebraico], *Beit Miqra* 20 (1975) 187–208. Contra esta ideia, cf., por exemplo: Albrecht Alt , "Zur Geschichte der Grenze zwischen Judäa und Samaria", *PJ* (1935) 94–97.

como a fronteira da expansão da Judeia, é indicada pelo fato de cinco das oito batalhas de Judas Macabeu terem acontecido aqui, três delas (Bet-Horon, Hadasa e Cafarsalama) ao longo da estrada Bet-Horon--Gabaon/Gibeon (Figura 3.2.). É razoável presumir que Judas Macabeu deparou-se com as tropas selêucidas nas fronteiras da Judeia ou próximo a elas. As duas batalhas ao sul – em Betsur e Bet-Zacarias (ligeiramente ao norte de Betsur) provavelmente deveriam indicar a fronteira sudoeste da província. 1 Macabeus parece indicar que Betsur trocou de mãos mais de uma vez durante as guerras,[48] o que significa que estava situada ao sul das fronteiras da Judeia.

Situar os locais fortificados por Báquides "na Judeia" (1Mc 9,50-52) é essencial para traçar os limites da província na década de 160 a.C. (Figura 3.2.). Os locais mencionados na lista são: Jericó, Emaús, Bet-Horon, Betel, Tamnata, Faraton, Tefon, Betsur, Gazara/Gezer/Gazer e Acra [Cidadela], em Jerusalém. A localização da maioria desses locais é autoevidente. Os locais de difícil identificação são Tamnata, Faraton e Tefon.

Tamnata e Faraton foram identificadas por Abel[49] com a Timnath-heres (Khirbet Tibna, a sudoeste da Samaria) e com a Faraton bíblica ([=] o povoado de Far'ata, a oeste de Siquém). Esta proposta é difícil de aceitar, visto que ela situa ambos os locais fora da Judeia.[50]

---

[48] Betsur tinha sido fortificada por Judas Macabeu (1Mc 4,61), conservada por Lísias (1Mc 6,7), fortificada por Báquides (1Mc 9,52), sitiada pelo hasmoneu Simão (1Mc 11,65) e por ele fortificada (1Mc 14,33).

[49] Félix-Marie Abel, *Les livres des Maccabées* (Paris: Librairie Lecoffre, 1949), 172.

[50] Michael Avi-Yonah, *The Holy Land from the Persian to the Arab Conquests (536 B.C. to A.D. 640): A Historical Geography* (Grand Rapids: Baker, 1977), 53. Pela mesma razão – conservando os locais "na Judeia" – eu argumentaria contra Israel Roll, "Bacchides' Fortifications and the Arteries of Traffic to Jerusalem in the Hellenistic Period" [em hebraico], *ErIsr* 25 (1996) 509–14, e aceito a identificação de Gazara/Gezer com Gazer. Acho difícil concordar com a ideia de que a expressão *na Judeia* seja anacrônica: Félix-Marie Abel, "Topographie des campagnes machabéennes", *RB* 34 (1925) 202–8; Jonathan A. Goldstein, *1 Maccabees: A New Translation with Introduction and Commentary* (Garden City: Doubleday, 1976), 386.

Conseguintemente, concordo com Avi-Yonah e Roll, que identificam Tamnata com outra Tamna – provavelmente Khirbet Tibna, a sudeste de Jerusalém, em uma aresta que desce para o Vale de Elá.[51] O problema com tal identificação é que uma inspeção inicial do local não revelou cacos de louça helenistas.[52]

Safrai e Na'aman situaram Faraton no povoado de Farkha, perto de Nahal Shiloh, longe das fronteiras da Judeia.[53] Avi-Yonah buscou Faraton em Wadi Fara, a noroeste de Jerusalém,[54] mas não há nenhum local real que possa ser proposto para esta identificação. Recentemente, sugeri situá-la em Tell el-Ful.[55]

Tefon foi identificada com Tafua, ao sul de Siquém,[56] com a Tafua meridional a oeste de Hebron,[57] Beit Nattif, perto do Vale de Elá,[58] Técua/Técoa,[59] e Khirbet Bad-Falu, ao norte de Técua/Técoa.[60] A primeira identificação deveria ser descartada, visto que situa a fortaleza distante da Judeia.

---

[51] Avi-Yonah, *The Holy Land*, 53; Roll, "Bacchides' Fortifications and the Arteries", 512.

[52] Amihai Mazar, "The Excavations of Khirbet Abu et-Twein and the System of Iron Age Fortresses in Judah" [em hebraico], *ErIsr* 15 (1981) 246.

[53] Ze'ev Safrai, *Borders and Government in the Land of Israel in the Period of the Mishna and the Talmud* [em hebraico] (Tel Aviv: Hakibbutz Hameuchad, 1980), 61–62; Nadav Na'aman, "Pirathon and Ophrah", *BN* 50 (1989) 11–16.

[54] Avi-Yonah, *The Holy Land*, 53–54.

[55] Israel Finkelstein, "Tell el-Ful Revisited, The Assyrian and Hellenistic Periods (With a New Identification)", *PEQ* 143 (2011) 106–18.

[56] Abel, *Les livres des Maccabées*, 173.

[57] Avraham Kahana, *Hasfarim Hahitzoniim II* [em hebraico] (Tel Aviv: Massada, 1960), 142, nota 50.

[58] Christa Möller and Gotz Schmitt, *Siedlungen Palästinas nach Flavius Josephus* (Wiesbaden: Reichert, 1976), 36–37; Gershon Galil, "Pirathon, Parathon and Timnatha", *ZDPV* 109 (1993) 49-53.

[59] Avi Yonah, *The Holy Land*, 54 — o nome aparece como tal em um dos manuscritos de Josefo.

[60] Roll, "Bacchides' Fortifications and the Arteries", 513.

Marcando esses locais (pelo menos aqueles identificados com segurança) em um mapa (Figura 3.2.), obtém-se um sistema que rodeia a área central da Judeia: Jericó, Betel e Bet-Horon, ao norte, Gazara/Gezer/Gazer e Emaús a noroeste, Timna perto do Vale de Elá, a oeste, e Betsur e Tefon/Técua/Técoa ao sul. Somente Acra [Cidadela] está claramente situada dentro do território da Judeia.

2 Macabeus (12,38) também nos narra que, a oeste, Odolam estava provavelmente no território da Judeia, enquanto Gazara/Gezer/Gazer pertencia a Azoto/Asdode até ser conquistada por Simão. Acaron e a área de Lod/Lida estavam anexadas à Judeia apenas no tempo de Jônatas (ver mais adiante).

Voltando novamente à arqueologia, achamos que os Tipos 16-17 das impressões de selos de Yehud[61] e as impressões de selos do Tipo *yrslm* datam do século II a.C., primeiramente e acima de tudo, por causa de sua distribuição na colina sudoeste de Jerusalém, que não era habitada entre o começo do século VI e o século II a.C.[62] É difícil estabelecer uma data mais precisa; os argumentos seguintes deveriam ser levados em consideração.

(1) O número relativamente modesto delas ali, comparado ao número delas na Cidade de Davi,[63] parece indicar que elas caíram em desuso nos primeiros dias do quarteirão sudoeste; do contrário, esperar-se-ia que o número delas ali fosse bem mais elevado.

(2) Não foi encontrada nenhuma impressão de selos desses tipos em Betel, ao norte, nem em Betsur, ao sul. O mesmo mantém-se verdadeiro para Lod/Lida e para toda a área das três toparquias anexadas

---

[61] As impressões da Yehud hebraica primitiva, in Vanderhooft and Lipschits, "A New Typology of the Yehud Stamp Impressions", 29–30.

[62] Ronny Reich, "Local Seal Impressions of the Hellenistic Period", in Geva, *Jewish Quarter Excavations in the Old City of Jerusalem*, Vol. 2, 256–62.

[63] Há 27 na colina sudoeste, comparadas a 59 na Cidade de Davi para os Tipos 16-17 (Vanderhooft and Lipschits, "A New Typology of the Yehud Stamp Impressions"; dez comparadas a 22, respectivamente, para as impressões de selo Tipo *yrslm* – Reich, "Local Seal Impressions", 259).

à Judeia nos dias de Jônatas, e para Jope. Somente uma impressão de selos do Tipo *yrslm* é conhecida da Sefelá (encontrada em Azeca).

Parece, portanto, que os Tipos 16-17 e as impressões de selos do Tipo *yrslm* datam da primeira metade do século II a.C., antes da grande expansão da Judeia. O aparecimento relativamente forte delas em Gazara/Gezer/Gazer (cinco unidades de Yehud e duas impressões de *yrslm*), que estava anexada à Judeia nos dias de Simão, pode ser explicado como evidência de seus robustos laços comerciais com a Judeia.

De acordo com tais fontes – textuais e arqueológicas –, a Judeia da primeira metade do século II a.C. estende-se da área de Betsur, ou apenas ao norte dela, até Masfa, e do Deserto da Judeia até à Sefelá oriental. Isto significa que, relativamente à Yehud do período persa, a Judeia do início do período helenista expandia-se em duas direções: para o oeste, até a Sefelá superior, e, possivelmente, para o norte. Este território ainda não corresponde à distribuição de locais no núcleo das listas arqueológicas, principalmente porque estas últimas incluem locais nas colinas de Hebron e do sul de Hebron e na área de Gazara/Gezer/Gazer-Lod/Lida-Ono.

2.4. Realidade hasmoneia?

Na década de 140 a.C., o estado hasmoneu começou a expandir-se rumo ao norte, a oeste e a leste. As três toparquias ao norte da Judeia – Lod/Lida, Efraim (Aferema) e Ramataim (1Mc 11,34) – e a área de Acaron (1Mc 10,89) foram entregues à Judeia nos dias de Jônatas,[64] que, além do mais, parece ter anexado a Pereia judaica na Transjordânia.[65] Gazara/Gezer/Gazer e Jope foram tomadas por Simão

---

[64] Cf., por exemplo: Zecharia Kallai, The Northern Boundaries of Judah [em hebraico] (Jerusalem, Magnes, 1960) 99–106; Avi-Yonah, *The Holy Land*, 47, 55–57; Joshua J. Schwartz, *Lod (Lydda) Israel: From Its Origins through the Byzantine Period, 5600 B.C.E.–640 C.E.*, BARIS 571 (Oxford: BAR, 1991), 50–51.

[65] Avi-Yonah, *The Holy Land*, 57.

(1Mc 13,43.48; 14,5)⁶⁶. A Judeia, agora, estendia-se de Betsur, ao sul, até Nahal Shiloh, ao norte; e do Deserto da Judeia e da Pereia, a leste, até além de Acaron e Gazara/Gezer/Gazer, a oeste, e até Jope, a noroeste.

O próximo passo na expansão da Judeia veio nos dias de João Hircano (134-104 a.C.), com a conquista de Mádaba, na Transjordânia, a conquista e a destruição de Siquém e do templo samaritano no Monte Garizim e a conquista da Idumeia, que incluía Aduram/Adoriam (e Hebron e as colinas do sul de Hebron) e Maresa. Os últimos dias de João Hircano (aproximadamente duas décadas mais tarde) viram a conquista da Samaria, com uma possível extensão para o Vale de Jezrael.⁶⁷

A expansão hasmoneia foi vista como reconquista legítima do território do Israel bíblico, uma ideologia representada da melhor maneira nas palavras colocadas na boca de Simão pelo autor de 1 Macabeus (provavelmente composto nos dias de João Hircano ou imediatamente depois): "Não tomamos terra de ninguém, nem nos apoderamos do que não era nosso. Somente recuperamos a herança dos nossos antepassados, a qual foi injustamente ocupada por nossos inimigos durante algum tempo" (1Mc 15,33).

A distribuição de locais na área central das listas genealógicas ajusta-se perfeitamente aos dias de João Hircano. Ela descreve o núcleo do estado hasmoneu (de Betsur a Masfa), mais a expansão nos dias

---

[66] Avi-Yonah, *The Holy Land*, 58–59.

[67] A respeito da expansão territorial nos dias de João Hircano, cf., por exemplo, Joseph Klausner,, "John Hyrcanus I", in Abraham Shalit (ed.) *The Hellenistic Age*, Vol. 6 of *The World History of the Jewish People* (New Brunswick: Rutgers University, 1972), 211–21 Uriel Rappaport, "The Hasmonean State (160–37 B.C.E.)" [em hebraico], in Menahem Stern (ed.) *The History of Eretz Israel: The Hellenistic Period and the Hasmonean State (332–37 B.C.E.)* (Jerusalem: Yad Ben-Zvi, 1981), Vol. 3, 193–273; Aryeh Kasher, "The Hasmonean Kingdom" [em hebraico], in Uriel Rappaport and Israel Ronen (eds.) *The Hasmonean State: The History of the Hasmoneans during the Hellenistic Period* (Jerusalem, Yad Ben-Zvi,1993), 243; Tessa Rajak, "The Jews under Hasmonean Rule", *CAH* 9 (1999) 287–96.

de Jônatas para as três toparquias ao norte e a noroeste (Birzait, Lod/ Lida, Ono nas listas); a expansão nos dias de Simão até Gazara/Gezer/ Gazer,[68] e a expansão nos dias de João Hircano até Maresa,[69] a outras áreas da Idumeia (as colinas do Hebron),[70] para a área de Siquém e para a área de Mádaba (Baal-Meon, Nebo e Aroer na lista – 1Cr 5,8). Naquele momento histórico, o estado hasmoneu governava toda a área descrita no núcleo das listas (surgimento de cidades): do sul das colinas de Hebron, ao sul, até Siquém, ao norte; até Marisa, Gazara/ Gezer/Gazer, Lod/Lida e Ono, a oeste; e possivelmente até a área de Mádaba, no leste.

3. Discussão

As listas genealógicas provavelmente pretendem legitimar o governo judaico sobre esta área, parte da qual era habitada por ampla população gentia, concedendo-lhe linhagem tribal israelita antiga. Isto parece estar em consonância com diversas composições pseudepigráficas hasmoneias – o livro dos Jubileus, que foi escrito nos dias de João Hircano e, possivelmente, o Testamento dos Doze Patriarcas – que evocava a Bíblia a fim de explicar e legitimar a expansão territorial gradativa da Judeia no século II a.C.[71] Tais livros legitimavam as

---

[68] As referências a um lugar chamado Gad em 1Cr 7,21; 1Cr 8,13, situado nas baixadas, também parece relacionar-se a esta expansão da Judeia em direção ao oeste.

[69] A respeito desta última a indicar a data pós-exílica das listas, cf. Zadok, "On the Reliability", 244; para evidência numismática a indicar a importância da cidade nos dias de João Hircano, cf. Kloner, *Maresha Excavations*, 5.

[70] O autor triou as cidades de Simeão de Js 19, uma vez que ele não tinha nenhum conhecimento da área mais adiante, ao sul, ou seja: o Vale de Bersabeia.

[71] Cf., por exemplo: Doron Mendels, *The Land of Israel as a Political Concept in Hasmonean Literature: Recourse to History in Second Century B.C.Claims to the Holy Land*, TSAJ 15 (Tübingen: Mohr, 1987). Para uma visão geral das opiniões a respeito da data do livro dos Jubileus, cf. James C. VanderKam, *The Book of Jubilees* (Sheffield: Sheffield Academic Press, 2001), 17–21.

conquistas hasmoneias e tratavam de problemas ligados ao relacionamento com não judeus que viviam nos novos territórios.[72] O livro dos Jubileus usou material bíblico a fim de legitimar a inclusão de grupos estrangeiros no Judaísmo,[73] e as genealogias em Crônicas, também, não rejeitam a inclusão de grupos estrangeiros[74] e de indivíduos estrangeiros mediante matrimônios mistos.[75] De acordo com este esquema, as listas geográficas foram compostas no final do século II a.C., em meados do reinado de João Hircano I.

A inclusão – em linhas gerais, sem mencionar as cidades – de Issacar, Neftali e das tribos do norte da Transjordânia (1) pode ser vista como reflexo da ideologia dos hasmoneus e de suas futuras aspirações de concluir a conquista dos territórios das doze tribos de Israel (ou grande Monarquia Unida), conforme entendida no começo dos dias de João Hircano; (2) pode refletir os dias finais de seu governo, quando a Samaria e o Vale de Jezrael (Citópolis) foram anexados ao estado hasmoneu (observe-se que o livro dos Jubileus coloca Jacó na área de Citópolis/Bete-Seã, Dotain/Dotã [(=) Dotan e Acrabim); ou (3) pode representar o tempo de Judá Aristóbulo (104-103 a.C.), quando a anexação de grande parte desta área ao estado hasmoneu tinha sido completada (e, portanto, a menção de cidades manassitas no Vale de Jezrael?). É difícil dizer se a ausência de genealogias para Zabulon e Dã pode ser julgada contra este pano de fundo.

---

[72] VanderKam, *The Book of Jubilees*, 17–21; Doron Mendels, *The Rise and Fall of Jewish Nationalism* (New York: Doubleday, 1992), 81–99.

[73] Mendels, *The Land of Israel*, 60, 67.

[74] Gary N. Knoppers, "Intermarriage, Social Complexity, and Ethnic Diversity in the Genealogy of Judah", *JBL* 120 (2001) 15–30.

[75] Williamson, *1 and 2 Chronicles*, 38; Knoppers, "Intermarriage". Para a incorporação de "judeus novos" na elite hasmoneia, cf., por exemplo, Seth Schwartz, "Israel and the Nations Roundabout: 1 Maccabees and the Hasmonean Expansion", *JJS* 42 (1991) 16–38.

Crônicas descreve a expansão constante, gradual de Judá, com o objetivo da restauração das fronteiras davídicas.[76] É tentador argumentar que tal esquema, também, foi influenciado pela expansão constante, gradual do estado hasmoneu. No entanto, tal alegação forçaria a datação de Crônicas do século II a.C., o que a maioria dos estudiosos vê como data um tanto demasiado tardia.

4. Resumo

Supondo que a distribuição dos locais mencionados nas listas de genealogias em 1Cr 2–9 reflita um momento histórico determinado, autêntico, a data deles pode variar de acordo com a arqueologia destes locais e de sua distribuição, comparada com o que sabemos a respeito das fronteiras de Judá/Yehud/Judeia no final da Idade do Ferro e nos períodos persa e helenista. O único período que atende a ambos os critérios é o do governo hasmoneu na segunda metade do século II a.C.

Adendo

Novos dados a respeito dos locais

Escavações recentes em Hebron (Tell er-Rumeideh) revelaram evidência de atividade na Idade do Ferro IIB-C e do final do período helenista (hasmoneu), mas nenhuma descoberta do período persa.[77]

A primeira estação de escavações no sítio arqueológico de Cariat-Iarim (2017) confirmou os resultados de explorações passadas no local: forte ocupação na Idade do Ferro IIB-C, atividade fraca no período persa e começo do período helenista, e atividade significativa no final do período

---

[76] Sara Japhet, The Ideology of the Book of Chronicles and Its Place in Biblical Thought, BEATAJ 9 (Frankfurt am Main: Lang, 1997), 355–56.

[77] Emanuel Eisenberg and David Ben-Shlomo, *The Tel Hevron 2014 Excavations: Final Report*, Ariel University Institute of Archaeology Monograph Series 1 (Ariel: Ariel University Press, 2017), 13–14, 441–42.

helenista.[78] Não há mudança quanto à identificação dos locais mencionados nas genealogias: agora eu identificaria Faraton com Ofra ([=] Efron [=] et-Taiyibeh), que significa uma metátese פרע עפר.[79] Observe-se que em 2Cr 13,19 (aparentemente vizinho em data a 1 Macabeus), Ofra aparece como Efron/Efraim – provavelmente mais perto de Faraton.[80]

Crônicas e as genealogias

Quando escrevi o artigo original sobre as genealogias, talvez estivesse um pouco demasiado cauteloso em relação ao material hasmoneu em Crônicas (o final da subseção de discussão acima). Alguns anos mais tarde, escrevi um ensaio mais amplo sobre Crônicas, no qual propus que as descrições da expansão de Judá em 2 Crônicas foram compostas a fim de legitimar a expansão do estado hasmoneu.[81] Os três artigos – sobre as genealogias, as fortalezas de Roboão e Crônicas – deveriam ser lidos juntos (capítulos 5–7). Em um artigo recente, Oeming desafiou minha datação das genealogias do século II a.C. baseado principalmente em três pontos:[82]

- Oeming objeta que minha (ostensiva – cf. mais adiante) datação da lista seja por volta de 120 a.C., e argumenta que, "mediante ferramentas arqueológicas, é impossível estabelecer uma data precisa tal como 120 a.C.".[83]

---

[78] Israel Finkelstein et al., "Excavations at Kiriath-Jearim Near Jerusalem, 2017: Preliminary Report", *Semitica* 60 (2018) 31–83.

[79] Gostaria de agradecer a Benjamin Sass e a Ran Zadok pela ajuda neste assunto.

[80] Israel Finkelstein, "Major Saviors, Minor Judges: The Historical Background of the Northern Accounts in the Book of Judges", *JSOT* 41 (2017) 440–41.

[81] Israel Finkelstein, "The Expansion of Judah in II Chronicles: Territorial Legitimation for the Hasmoneans?", *ZAW* 127 (2015) 669–95.

[82] Manfred Oeming, "Rethinking the Origins of Israel, 1 Chronicles 1–9 in the Light of Archaeology", in Oded Lipschits, Yuval Gadot and Matthew J. Adams (eds.) *Rethinking Israel: Studies in the History and Archaeology of Ancient Israel in Honor of Israel Finkelstein*, (Winona Lake, IN: Eisenbrauns, 2017), 303–18.

[83] Oeming, "Rethinking the Origins of Israel", 308, também 307, 309.

- Ele duvida da capacidade de supervisões arqueológicas para oferecer informação confiável acerca da história do assentamento dos locais.

- Oeming argumenta que as listas genealógicas em 1 Crônicas têm mais de uma camada e que a "suposição de que elas refletem a realidade histórica de um único momento no tempo não é convincente".[84]

Tais argumentos não resistem a um exame minucioso.

(1) Em nenhuma parte no artigo original (ou no aqui publicado) eu fixo uma data exata para as genealogias em 120 a.C. Isto é um moinho de vento criado por Oeming, que, em seguida, passa a combatê-lo.

(2) Uma inspeção de determinado local pode, sem dúvida, oferecer menos do que os desejáveis resultados acurados quando comparados com escavações posteriores no mesmo local. Contudo, quando os resultados em um grande grupo de locais são consistentes, é difícil argumentar que se errou o mesmo período em todos eles. A este respeito, observe-se que a cerâmica do período persa (por exemplo: fundos e bordas de tigelas mortuárias e alças de cestos de jarras de armazenagem) é facilmente distinguível em inspeções.

(3) A observação mais importante em minha análise das descobertas arqueológicas nos locais mencionados nas genealogias diz respeito àqueles locais que não foram habitados ou que foram escassamente habitados no período persa (e provavelmente no começo do período helenista). Aqui, Oeming não conseguiu chegar ao âmago do problema. Em primeiro lugar, entre os onze locais que ofereceram evidência negativa, sete foram completamente escavados (mais do que inspecionados: Hebron,

---

[84] Oeming, "Rethinking the Origins of Israel", 315.

Gabaon/Gibeon, Mosa, Betel, Aia, Aroer e Nebo). Dos quatro outros locais, três produziram grande número de cacos de louça recolhidos nas inspeções, o que diminui a possibilidade de erro. Dos sete locais que produziram resultados débeis para o período persa, cinco foram inteiramente escavados (Maresa, Betsur, Cariat-Iarim, Gazara/Gezer/Gazer e Siquém). Os resultados são, portanto, vigorosos, independentemente da questão da exatidão do trabalho de inspeção.

(4) A suposição de que as listas arqueológicas representam diversos estratos de diferentes períodos é tão incerta quanto a que foi citada por Oeming, e isto é exatamente o objetivo desta obra: posicionar a arqueologia como um jeito de escapar ao raciocínio circular na análise textual.

Capítulo 6

AS CIDADES FORTIFICADAS DE ROBOÃO (2CR 11,5-12)

1. Introdução

A lista de cidades claramente fortificadas por Roboão aparece em 2Cr 11,5-12,[1] sem paralelo em Reis. Muitos estudiosos têm-se ocupado com este breve relato, esforçando-se por estabelecer sua data, localização geográfica e o local na descrição que faz o Cronista do reino de Roboão.[2] No que tange à cronologia, as pesquisas têm sugerido datar a lista do tempo de Roboão, conforme reportado pelo texto,[3] ou em

---

[1] Não pretendo tratar da questão de se os versículos 5a e 10b-12 pertencem à lista original; cf. mais adiante, por exemplo, Volkmar Fritz, "The 'List of Rehoboam's Fortresses' in 2 Chr 11,5–12 — A Document from the Time of Josiah", *ErIsr* 15 (1981) 46*–53*.

[2] Por exemplo: Gustav Beyer, "Beiträge zur Territorialgeschichte von Südwestpalästina im Altertum: Festungssystem Rehabeams", *ZDPV* 54 (1931) 113–34; Mordechai Gichon, "The System of Fortications in the Kingdom of Judah" [em hebraico], in Jacob Liver (ed.) *The Military History of the Land of Israel in Biblical Times* [em hebraico] (Tel Aviv: Maarachot, 1964), 410–25; Zecharia Kallai, "The Kingdom of Rehoboam" [em hebraico], *ErIsr* 10 (1971) 245–54; Fritz, "The List of Rehoboam's Fortresses"; Nadav Na'aman, "Hezekiah's Fortified Cities and the *LMLK* Stamps", *BASOR* 261(1986) 5–21.

[3] Beyer, "Beiträge zur Territorialgeschichte"; Wilhelm Rudolph, *Chronikbücher*, HAT 1 (Tübingen: Mohr Siebeck, 1955), 227–30; Gichon, "The System of Fortifications"; Peter Welten, *Die Königs-Stempel: Ein Beitrag zur Militarpolitik Judas unter Hiskia und Josia*, Abhandlungen des Deutschen Palästina-Vereins (Wiesbaden: Harrassowitz, 1969), 167–71; Kallai, "The Kingdom of Rehoboam"; Yohanan Aharoni, *The Land of the Bible: A Historical Geography* (Philadelphia: Westminster, 1979), 330–33; Maxwell J. Miller, "Rehoboam's Cities of Defense and the Levitical City List", in Leo G. Perdue, Lawrence E. Toombs, and Gary

data posterior na história de Judá, nos dias de Ezequias[4] ou de Josias.[5] Com respeito ao contexto geográfico, os estudiosos têm procurado compreender a função das cidades mencionadas na lista em relação às principais estradas que conduziam à área central de Judá[6] e têm-se esforçado para explicar por que a fronteira setentrional do reino foi deixada desprotegida.

Sem entrar na tentadora questão da confiabilidade histórica do material em Crônicas que não é mencionado em Reis,[7] parece-me que

---

Lance Johnson (eds.) *Archaeology and Biblical Interpretation: Essays in Memory of D. Glenn Rose* (Atlanta: John Knox, 1987), 273–86; Sara Japhet, *I and II Chronicles: A Commentary* (London: SCM, 1993), 666; T. R. Hobbs, "The 'Fortresses of Rehoboam': Another Look", in Lewis M. Hopfe (ed.) *Uncovering Ancient Stones: Essays in Memory of H. Neil Richardson* (Winona Lake, IN: Eisenbrauns, 1994), 41–64. Estudiosos discutiram se as fortalezas foram construídas com a participação da – ou em consequência da – campanha de Sesac – cf. o sumário in Hobbs, "The Fortresses of Rehoboam", 42–43.

[4] Na'aman, "Hezekiah's Fortified Cities".

[5] Ehrhard Junge, *Der Wiederaufbau des Heerwesens des Reiches Juda unter Josia*, BWANT 23 (Stuttgart: Kohlhammer 1937), 75–80; Albrecht Alt, "Festungen und Levitenorte im Lande Juda", in *Kleine Schriften zur Geschichte des Volkes Israel* (München: Beck, 1953), Vol. 2, 306–15; Fritz, "The List of Rehoboam's Fortresses". Hermann propôs que o sistema de fortalezas de Roboão "jamais existiu como uma entidade abrangente" e que "o Cronista pode ter adotado o sistema e atribuído seu 'padrão básico' como um sistema defensivo judaíta a Roboão (Siegfried Hermann, "The So-called 'Fortress System of Rehoboam', 2 Chron.11,5–12: Theoretical Considerations", *ErIsr* 20 [1989], 76* e 75*, respectivamente).

[6] Por exemplo: Beyer, "Beiträge zur Territorialgeschichte"; Gichon, "The System of Fortifications". Hobbs ("The Fortresses of Rehoboam") sugeriu que a meta de Roboão não era proteger as estradas que levavam a Judá, mas permitir um controle eficiente de Judá após a separação do Norte.

[7] Para uma postura positiva, cf. Martin Noth, *The Chronicler's History*, JSOTSup 50 (Sheffield: Sheffield Academic Press, 1987), 59–60; Baruch Halpern, "Sacred History and Ideology: Chronicles' Thematic Structure — Identification of an Earlier Source", in Richard E. Friedman (ed.) *The Creation of Sacred Literature: Composition and Redaction of the Biblical Text*, Near Eastern Studies 22 (Berkeley: University of California, 1981), 35–54; Sara Japhet, "The Historical Reliability

a lista das fortalezas de Roboão não se ajusta a nenhuma realidade da Idade do Ferro II, e que deveria ser compreendida contra o pano de fundo da época do Cronista ou de um redator posterior de Crônicas.

2. A identificação de Socô/Socó e Gat

A maior parte dos locais mencionados na lista é bem conhecida (Figura 6.1.), e não há necessidade de repetir os detalhes de sua identificação aqui.[8] Apenas dois são um tanto ambíguos.

(1) *Socô/Socó*. Poderia ser um dos dois locais em Judá/Judeia que trazem este nome – o primeiro nas colinas do sul de Hebron (Khirbet Shuweike entre es-Samu' e edh-Dhahiriya) ou o segundo na Sefelá (Khirbet 'Abbad no Vale de Elá). O primeiro está situado mais ao sul de todos os outros locais na lista e não está estabelecido em nenhuma estrada importante; o último, portanto, é preferível: juntamente com

---

of Chronicles: The History of the Problem and Its Place in Biblical Research", *JSOT* 33 (1985) 83–107; Anson F. Rainey, "The Chronicles of the Kings of Judah: A Source Used by the Chronicler", in M. Patrick Graham, Kenneth G. Hoglund and Steven L. McKenzie (eds.) *The Chronicler as Historian* , JSNTSup 238 (Sheffield: Sheffield Academic Press, 1997), 30–72; Andrew G. Vaughn, *Theology, History, and Archaeology in the Chronicler's Account of Hezekiah*, ABS 4 (Atlanta: Scholars Press, 1999). Para uma abordagem negativa, que me inclino a aceitar, cf., por exemplo, Peter Welten, *Geschichte und Geschichtsdarstellung in den Chronikbüchern*, WMANT 42 (Neukirchen-Vluyn: Neukirchener Verlag, 1973), 195–96; Robert S. North, "Does Archaeology Prove Chronicle's Sources?", in Howard N. Bream, Ralph Daniel Heim, and Carey A. Moore (eds.) *A Light unto My Path: Studies in Honor of J. M. Meyers*, Gettysburg Theological Studies 4 (Philadelphia: Temple University Press, 1974), 375–401; M. Patrick Graham, *The Utilization of 1 and 2 Chronicles in the Reconstruction of Israelite History in the Nineteenth Century*, SBLDS 116 (Atlanta: Scholars Press, 1990), 93–249; Ehud Ben Zvi, "The Chronicler as a Historian: Building Texts", in Graham, Hoglund, and McKenzie, *The Chronicler as Historian*, 132–49.

[8] Cf., por exemplo: Aharoni, *The Land of the Bible*, 330–33; Na'aman, "Hezekiah's Fortified Cities"; Miller, "Rehoboam's Cities"; Hermann, "The So-Called 'Fortress System...'[...]".

Azeca e Odolam, está situado em uma artéria importante que conduz à zona montanhosa de Judá.

(2) *Gat.* Fritz,[9] Hermann[10] e Na'aman[11] identificaram a Gat de 2Cr 11,8 com a Gat dos filisteus, identificada com Tell es-Safi.[12] Contudo, o local está situado um pouco a oeste da linha que se estende de Laquis a Azeca e Saraá, em uma localidade que dificilmente se encaixa na realidade do reino de Judá. Isto é certamente verdadeiro até à destruição de Gat no final do século IX a.C.[13] Sargão II/Sargon menciona a conquista de Gat no curso de sua campanha contra Azoto/Asdode, e, mesmo que a cidade tivesse sido anexada por Ezequias (cf. Mq 1,10),[14] a anexação teve breve duração, às vésperas da campanha de Senaquerib. No século VII, Gat não está incluída na lista das cidades judaítas em Js 15.[15]

---

[9] Fritz "The List of Rehoboam's Fortresses", 47.

[10] Hermann, "The So-Called 'Fortress System...'[...]", 72.

[11] Na'aman, "Hezekiah's Fortified Cities".

[12] Anson F. Rainey, "The Identification of Philistine Gath: A Problem in Source Analysis for Historical Geography", *ErIsr* 12 (1975) 63*–76*.

[13] Aren M. Maeir, "The Historical Background and Dating of Amos VI 2: An Archaeological Perspective from Tell Es-Safi/Gath", *VT* 54 (2004) 319–34.

[14] Eu apoiaria Siegfried Mittmann ("Hiskia und die Philister", *JNSL* 16 [1990], 98–99) e Nadav Na'aman ("Hezekiah and the Kings of Assyria", *TA* 21 [1994], 235–54) ao identificar a "cidade real dos filisteus" na Inscrição de Azeca, de Senaquerib, com Acaron, de preferência a Gat (para esta última possibilidade, cf., recentemente, Alexander Zukerman and Itzhak Shai, "The Royal City of the Philistines in the 'Azekah Inscription' and the History of Gath in the Eighth Century B.C.E.", *UF* 38 [2006], 1–50).

[15] As opiniões divergem a respeito de como ver a cultura material do Tell es-Safi do final do século VIII a.C. — Raz Kletter, "Pots and Polities: Material Remains of Late Iron Age Judah in Relation to Its Political Borders", *BASOR* 314 (1999) 19–54; Zukerman and Shai, "The Royal City".

As cidades fortificadas de Roboão (2Cr 11,5-12)

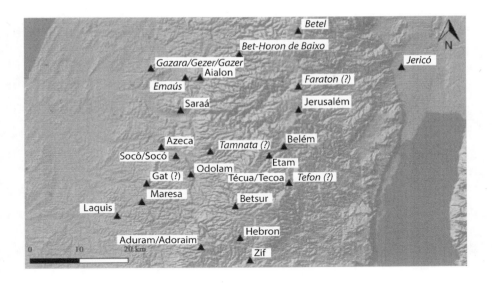

Figura 6.1. Locais mencionados na lista das fortalezas de Roboão (em negrito), com o acréscimo das localidades fortificadas por Báquides, de acordo com 1Mc 9 (em itálico). Os pontos de interrogação indicam locais cuja identificação não é segura.

Aharoni sugeriu ler Moresheth-gath em 2Cr 11,8, "o texto original pode ter sido 'Odolam, Moreshet-gath, Maresa, etc.', do qual 'Moresheth' caiu acidentalmente devido à semelhança com o vizinho 'Mareshah' [Maresa]".[16] Na'aman[17] observou, com um paralelo entre uma carta de Amarna (EA 335:17) e a Bíblia Hebraica (Jr 26,18; Mq 1,1), que o nome Moresheth-gath teria sido abreviado para Moresheth em vez de para Gat. Sopesando as duas possibilidades, sinto-me inclinado a ficar ao lado dos que equiparam Gat de 2Cr 11,8 com Moresheth-gath e possivelmente identificando-o com Tell Judeideh, ao norte de Maresa.

---

[16] Aharoni, *The Land of the Bible*, 380, nota 28; also Kallai, "The Kingdom of Rehoboam", 248–49; Miller, "Rehoboam's Cities", 276.

[17] Na'aman, "Hezekiah's Fortified Cities", 5–6.

3. 2Cr 11,5-12 descreve uma realidade da Idade do Ferro?

Aqueles que defendem que o Cronista poderia ter usado fontes antigas que não aparecem em Reis e tentam encontrar uma realidade da Idade do Ferro II por trás da lista das fortalezas de Roboão enfrentam numerosos problemas geográficos e arqueológicos.

3.1. Nenhuma fortificação do século X a.C. em Judá

Datar a lista do tempo de Roboão suscita um problema cronológico. As determinações do radiocarbono de grande número de amostras de vários locais e estratos em Israel têm demonstrado que o reino de Roboão na segunda metade do século X cai perto da transição do final da Idade do Ferro I à Idade do Ferro IIA.[18] As primeiras fortificações que podem ser agregadas ao reino de Judá tanto na Sefelá quanto no Vale de Bersabeia foram construídas no *final* da Idade do Ferro IIA, agora datada com segurança do século IX a.C.[19] Particularmente

---

[18] Ilan Sharon, Ayelet Gilboa, Timothy A. J. Jull, and Elisabetta Boaretto, "Report on the First Stage of the Iron Age Dating Project in Israel: Supporting a Low Chronology", *Radiocarbon* 49 (2007) 1–46; Israel Finkelstein and Eli Piasetzky, "Radiocarbon-Dated Destruction Layers: A Skeleton for Iron Age Chronology in the Levant", *OJA* 28 (2009) 255–274; Israel Finkelstein and Eli Piasetzky, "The Iron I/IIA Transition in the Levant: A New Perspective", *Radiocarbon* 52 (2010) 1667–80, contra Amihai Mazar and Christopher Bronk Ramsey, "14C Dates and the Iron Age Chronology of Israel A Response", *Radiocarbon* 50 (2008) 159–80.

[19] Provavelmente não no começo daquele século — Israel Finkelstein, "The Rise of Jerusalem and Judah: The Missing Link", *Levant* 33 (2001) 105–15; Alexander Fantalkin and Israel Finkelstein, "The Sheshonq I Campaign and the Eighth Century B.C.E. Earthquake — More on the Archaeology and History of the South in the Iron I–IIA", *TA* 33 (2006) 18–42; para a data absoluta, cf. Israel Finkelstein and Eli Piasetzky, "Radiocarbon Dating the Iron Age in the Levant: A Bayesian Model for Six Ceramic Phases and Six Transitions", *Antiquity* 84 (2010) 374–85. Yosef Garfinkel and Saar Ganor (Excavation Report 2007–2008, Vol. 1 of *Khirbet Qeiyafa* [Jerusalem: Israel Exploration

eloquente é a situação de Laquis, que é mencionada na lista:[20] o local foi fortificado pela primeira vez no final da Idade do Ferro IIA,[21] de meados ao final do século IX a.C.[22] É igualmente digno de nota que alguns dos locais mencionados na lista, os quais foram escavados, não produziram descobertas do final da Idade do Ferro I e/ou do início da Idade do Ferro IIA, ou produziram descobertas negligenciáveis oriundas deste mesmo intervalo de tempo.[23]

3.2. Nenhum local ao norte

O traço saliente da lista é que não se menciona nenhuma fortificação ao longo da fronteira norte do reino. A explicação de Aharoni[24] de que isto se deveu ao "constante desejo de Roboão de expandir-se nesta direção" resulta de sua admissão da historicidade de uma Monarquia Unida vasta e poderosa. No entanto, de qualquer forma, Judá era menos poderoso do que Israel e, portanto, era vulnerável a ataques

---

Society, 2009]) agora dataram do século X a.C. um sistema de fortificação que foi descoberto em Khirbet Qeiyafa no Vale ocidental de Elá. Contudo, a data deste sistema de fortificação é discutível (por exemplo: Yehuda Dagan, "Khirbet Qeiyafa in the Judean Shephelah, Some Considerations", *TA* 36 [2009], 68–81) e, em todo o caso, no século X a.C. o local deve ter-se situado no território das proximidades de Gat.

[20] Na'aman, "Hezekiah's Fortified Cities", 6; David Ussishkin, "A Synopsis of the Stratigraphical, Chronological and Historical Issues", in *The Renewed Archaeological Excavations at Lachish (1973–1994)* by David Ussishkin, Monograph Series of the Institute of Archaeology Tel Aviv University 22 (Tel Aviv: Tel Aviv University Institute of Archaeology, 2004), 77–78.

[21] Ussishkin, "A Synopsis", 76, 78–83.

[22] Finkelstein and Piasetzky, "Radiocarbon Dating the Iron Age in the Levant".

[23] Para Betsur, cf. Ovid R. Sellers et al., *The 1957 Excavation at Beth-Zur*, AASOR 38 (Cambridge: American Schools of Oriental Research, 1968) 8; para Maresa, cf. Amos Kloner, *Maresha Excavations Final Report I: Subterranean Complexes 21, 44, 70*, IAA Reports 17 (Jerusalem: Israel Antiquities Authority, 2003), 5; para Azeca, Oded Lipschits, comunicação pessoal; cf. tabela 1.

[24] Aharoni, *The Land of the Bible*, 330.

do norte. Na'aman[25] propôs que o Cronista omitiu qualquer referência a fortificações no norte a fim de aderir à sua ideologia de anexação gradual dos territórios ao norte de Jerusalém pelos reis judaítas.[26] Entretanto, se este tivesse sido o caso, por que ele realmente repetiu a história de 1 Reis acerca da construção de Masfa e Gaba/Gabáá por Asa (2Cr 16,6)?

Deixar a fronteira norte não fortificada não era uma opção para o reino de Judá.[27] Vários estudiosos têm discutido que o reino por trás da lista integrava em seu sistema de defesa locais que tinham sido fortificados no passado: Roboão poderia ter incluído cidades levíticas construídas durante o tempo da Monarquia Unida,[28] e Josias poderia ter incorporado cidades fortificadas por Manassés depois da expedição de Senaquerib.[29] Todavia, (1) a lista das cidades levíticas – qualquer que seja sua função e seu esquema original – data do final dos tempos monárquicos,[30] se não mais tarde;[31] (2) o reinado de Asa cai no começo da Idade do Ferro IIA – um período sem nenhum traço de fortificação em Judá; (3) a administração assíria na Samaria

---

[25] Na'aman, "Hezekiah's Fortified Cities", 10.

[26] Sara Japhet, *The Ideology of the Book of Chronicles and Its Place in Biblical Thought*, BEATAJ 9 (Frankfurt am Main: Lang, 1997), 355–56.

[27] A explicação de Hugh G. M. Williamson (*1 and 2 Chronicles* [Grand Rapids: Eerdmans, 1982], 241) de que não havia lugar apropriado ao norte de Jerusalém é inaceitável tendo em vista locais de comando como Nebi Samuel e Tell el-Ful.

[28] Kallai, "The Kingdom of Rehoboam"; para linha de pensamento semelhante, cf. Karl Elliger, "Studien aus dem Deutschen Evang.Institut für Altertumswissenschaft des Heiligen Landes. 44. Die Heimat des Propheten Micha", *ZDPV* 57 (1934) 108–9, 149–50 para Asa.

[29] Junge, *Der Wiederaufbau*, 76–78.

[30] Por exemplo: Alt, "Festungen und Levitenorte"; Nadav Na'aman, *Borders and Districts in Biblical Historiography* (Jerusalem: Simor, 1986), 203–36.

[31] Ehud Ben Zvi, "The List of the Levitical Cities", *JSOT* 54 (1992) 77–106; para aqueles que ainda aceitam a historicidade de uma grande Monarquia Unida, deveria ser óbvio que não havia nenhuma razão para seus reis fortificarem cidades tão perto de Jerusalém, ao norte.

não permitiria que Manassés fortificasse cidades (de um reino vassalo) fronteiriças do território deles.

Durante o império de Josias, Judá expandiu-se ao norte, pelo menos até Betel. Isto é confirmado pela lista de cidades de Judá em Js 15, a qual data do final do século VII a.C.,[32] e pela distribuição de itens típicos da cultura material judaíta do final da Idade do Ferro II.[33] Se a lista descrevesse a realidade dos dias de Josias, seria de esperar que cidades nos territórios recém-ocupados ao norte estivessem incluídas nela.

3.3. Nenhum local no Vale de Bersabeia

Além das dificuldades causadas pela área norte de Jerusalém, aqueles que dataram a lista do final da Idade do Ferro II (do reino de Ezequias ou de Josias) enfrentaram um problema atinente aos locais mencionados nela situados no extremo sul. O Vale de Bersabeia era uma região importante no reino de Judá. A arqueologia mostra que assim era, a começar pela construção do Estrato V, do final da Idade do Ferro IIA, em Bersabeia, e do forte do Estrato XI, em Arad, na segunda metade do século XI.[34] A importância do Vale de Bersabeia aumentou quando Judá teve papel importante na economia assíria como reino vassalo, controlando a estação final setentrional da mais importante rota comercial arábica que passava pelo Vale em direção aos portos mediterrâneos. No tempo de Josias, o Vale de Bersabeia era densamente populoso, conforme

---

[32] Albrecht Alt, "Judas Gaue unter Josia", *PJ* 21 (1925) 100–16; Nadav Na'aman, "The Kingdom of Judah under Josiah", *TA* 18 (1991) 3–71.

[33] Kletter, "Pots and Polities".

[34] Para cronologia relativa, cf. Ze'ev Herzog and Lily Singer-Avitz, "Redefining the Centre: The Emergence of State in Judah", *TA* 31 (2004) 209–44; para cronologia absoluta, cf. Finkelstein and Piasetzky, "Radiocarbon Dating the Iron Age in the Levant"; para a anexação territorial, cf. Fantalkin and Finkelstein, "The Sheshonq I Campaign".

se retrata na lista das cidades do Neguev em Js 15. No entanto, nenhuma cidade fortificada no Vale de Bersabeia[35] aparece na lista das fortalezas de Roboão. A explicação de Na'aman de que isto se deveu ao fato de que "elas ficavam fora da esperada linha de acesso assíria"[36] reduz a sofisticação do aparato militar assírio e, em todo o caso, é contradita pelo fato de que a Assíria desferiu um grande golpe contra o Vale de Bersabeia no final do século VIII a.C., com a destruição de Bersabeia II e de Arad VIII.

3.4. Problema com locais específicos

A cidade de Masfa, ao norte de Jerusalém, era uma importante fortaleza judaíta. 1 Reis (15,22) relata que Masfa foi fortificada pelo rei Asa, mas há boas razões para crer que a história reflita a realidade de uma fase algo posterior na história do reino.[37] Seja como for, uma fortificação impressionante existiu no local não muito depois do final do século VIII a.C. Masfa produziu grande número de impressões de selos *LMLK*,[38] o que é outra indicação de sua importância naquele tempo. Conseguintemente, sua ausência em 2Cr 11 causa espécie.

Bet-Sames era uma importante cidade judaíta na Sefelá no final do século VIII a.C; produziu muitas impressões de selos *LMLK*, bem como evidências de uma próspera indústria de azeite de oliva.[39] Se a lista representasse o tempo de Ezequias, seria de esperar que ela a

---

[35] Por exemplo: Bersabeia, Arad, Ramat Negueb ([=] Tel Ira — Andre Lemaire, *Les ostraca hébreux de l'époque royale israélite* [tese de doutorado; Paris: Université de Paris, 1973], 361), Cina ([=] Khirbet Uza — Itzhaq Beit-Arieh, *Horvat 'Uza and Horvat Radum, Two Fortresses in the Biblical Negev*, MSIA 25 [Tel Aviv: Tel Aviv University Institute of Archaeology], 2007, 1, 4).

[36] Na'aman, "Hezekiah's Fortified Cities", 13.

[37] Por exemplo: Haya Katz, "A Note on the Date of the 'Great Wall' of Tell en--Nasbeh", *TA* 25 (1998) 131–33.

[38] Vaughn, *Theology*, 166.

[39] Shlomo Bunimovitz and Zvi Lederman, "The Archaeology of Border Communities: Renewed Excavations at Tel Beth-Shemesh, Part 1: The Iron Age", *NEA* 72

contivesse.⁴⁰ Na'aman⁴¹ argumentou que a distribuição das impressões de selos *LMLK* do final do século VIII a.C. corresponde à lista de 2Cr 11,5-12, incluindo o fato de que apenas poucas impressões foram encontradas no Vale de Bersabeia. Isto não se deve ao fato de seis dos nove locais que produziram o maior número de impressões de selos *LMLK* ⁴² não estarem incluídos na lista;⁴³ de fato, daqueles locais que produziram grande número de impressões de selos *LMLK*, somente um terço aparece na lista.⁴⁴

Por fim, Aialon (2Cr 11,10) provavelmente estava situada no território do Reino do Norte, em vez de em Judá.

Para resumir esta seção, parece claro que a lista de cidades fortificadas em 2Cr 11,5-12 não representa uma realidade da Idade do Ferro, nem dos dias de Roboão, nem dos dias de Ezequias ou de Josias.

4. 2Cr 11,5-12 e o Estado hasmoneu

Supondo que a lista em 2Cr 11,5-12 descreva determinada realidade histórica de Judá/Judeia,⁴⁵ vários indícios parecem apontar para o período hasmoneu (helenista tardio).

(2009) 136–39; Israel Finkelstein and Nadav Na'aman, "The Judahite Shephelah in the Late Eighth and Early Seventh Centuries B.C.E.", *TA* 31 (2004) 60–79.

⁴⁰ Lebna foi sitiada por Senaquerib (2Rs 19,8) e, portanto, sua ausência da lista também contradiz sua datação do tempo de Ezequias (Na'aman, "Hezekiah's Fortified Cities", 11).

⁴¹ Na'aman, "Hezekiah's Fortified Cities".

⁴² Ramat Rahel, Gabaon/Gibeon, Masfa, Bet-Sames, Gazara/Gezer/Gazer e Khirbet el-Burj ([=] Berot — Shemuel Yeivin, "The Benjaminite Settlement in the Western Part of their Territory", *IEJ* 21 [1971], 141–54).

⁴³ Vaugn, *Theology*, 166.

⁴⁴ Yosef Garfinkel, "2 Chr 11,5–10 Fortified Cities List and the *LMLK* Stamps — Reply to Nadav Na'aman", *BASOR* 271 (1988) 69–73.

⁴⁵ Poder-se-ia argumentar que a lista representa uma combinação de memórias passadas, realidades do tempo do autor, e esperanças futuras. No entanto, se

4.1. Aduram/Adoraim, Maresa e Betsur

Duas das cidades na lista – Aduram/Adoraim e Maresa (Marisa) – são mencionadas nos papiros de Zenon de meados do século III a.C. como centros administrativos na Idumeia. A proeminência de Maresa no século III e começos do século II a.C. é revelada por descobertas arqueológicas,[46] até mesmo pela Inscrição de Heliodoro, publicada recentemente.[47] Com efeito, embora inabitada anteriormente, Maresa tornou-se uma cidade importante do período helenista. Um século mais tarde, as duas cidades – Aduram/Adoraim e Maresa – são mencionadas de um só fôlego como tendo sido conquistadas por João Hircano I (Josefo, *A.J.* 13.257). A menção de Aduram/Adoraim na lista de 1Cr 11 é especialmente significativa, visto que ela não aparece alhures na Bíblia Hebraica – nem mesmo na lista detalhada das cidades judaítas em Js 15. Esta lista representa o padrão de assentamento do final do século VII a.C.,[48] e inclui muitos assentamentos na vizinhança de Aduram/Adoraim. Mais um local que aparece na lista de 2Cr 11 – Etam – aparece na Bíblia Hebraica apenas em Crônicas.

Betsur era uma fortaleza altamente importante na fronteira meridional da Judeia durante a revolta hasmoneia; uma batalha importante foi travada ali, e 1 Macabeus parece indicar que ela mudou de mãos mais de uma vez durante as guerras.[49] Escavações arqueológicas

---

assim fosse, seria de esperar uma disposição diferente, com fortes um pouco mais ao sul (o que incluiria o Vale de Bersabeia) possivelmente uma linha mais para o oeste, e talvez uma linha ao norte.

[46] Kloner, *Maresha Excavations*.

[47] Hannah Cotton and Michael Wörrle, "Seleukos IV to Heliodoros, A New Dossier of Royal Correspondence from Israel", *ZPE* 159 (2007) 191–205; Yuval Goren, "Scientific Examination of a Seleucid Limestone Stele", *ZPE* 159 (2007) 206–16.

[48] Alt, "Judas Gaue unter Josia"; Na'aman, "The Kingdom of Judah".

[49] Betsur havia sido fortificada por Judas Macabeu (1Mc 4,61), conservada por Lísias (1Mc 6,7), fortificada por Báquides (1Mc 9,52), sitiada pelo hasmoneu Simão (1Mc 11,65) e fortificada por ele (1Mc 14,33).

realizadas no sítio indicam sua importância no período helenista tardio.[50] Embora fosse habitada no final da Idade do Ferro II, Betsur não é mencionada como uma cidade relevante em nenhum texto bíblico da monarquia tardia.

4.2. A linha no sul

A linha meridional de fortificações listadas em 2Cr 11 passa entre Zif e Aduram/Adoraim. Esta linha (que, como já indiquei anteriormente, não se ajusta a nenhuma realidade da Idade do Ferro II) encaixa-se na extremidade meridional do estado hasmoneu depois da tomada da Idumeia por João Hircano (Josefo, *A.J.* 13.257-258). Sem dúvida, nenhum dos mais importantes locais situados nesta linha – Estemo, Jota, Jatir e Maon – é mencionado nos textos que descrevem o período hasmoneu.

4.3. O norte

O período hasmoneu oferece uma resposta a por que a área norte de Jerusalém não é mencionada na lista de 2Cr 11. No final da revolta hasmoneia, o general selêucida Báquides fortificou um grupo de locais ao redor da área central da Judeia. Dos oito locais mencionados (1Mc 9,50-52, excluindo-se Acra [Cidadela], em Jerusalém), seis estão situados ao norte de Jerusalém: Jericó, Betel, Bet-Horon, Emaús, Gazara/Gezer ([=] Gazer)[51] e Faraton.[52] Com muita probabilidade, essas fortificações foram empreendidas pelos hasmoneus nos dias de Jônatas. Posto que, com a anexação das três

---

[50] Sellers et al., *The 1957 Excavation at Beth-Zur*, 8–17.

[51] Contra Moshe Fischer, Israel Roll, and Oren Tal, "Persian and Hellenistic Remains at Tel Yaoz", *TA* 35 (2008) 123–63.

[52] Provavelmente na área de Wadi Fara — Michael Avi-Yonah, *The Holy Land from the Persian to the Arab Conquests (536 B.C.to A.D.640): A Historical Geography* (Grand Rapids: Baker, 1977), 53–54.

toparquias em seus dias, a fronteira do estado hasmoneu tenha-se deslocado um pouco ao norte, o único meio eficaz para projetar o acesso setentrional a Jerusalém estava na linha de fortificações de Báquides, as quais bloqueavam as estradas do oeste (Gazara/Gezer/ Gazer, Emaús e Bet-Horon), do norte (Betel) e do leste (Jericó e possivelmente Faraton). As fortalezas de Báquides poderiam ter sido incorporadas ao sistema hasmoneu, e isto pode ter sido a razão para a falta de uma linha norte na lista de 2Cr 11.

4.4. Relação com outras obras literárias pós-exílicas

Com respeito à evidência textual, dois pontos são notáveis:

1. A maioria dos locais listados em 2Cr 11,5-12 (afora Aduram/ Adoraim, Socô/Socó e Gat) é mencionada nos livros de Esdras e Neemias e em outros locais em Crônicas;

2. Sete ou oito dos locais aparecem em fontes que descrevem a época hasmoneia (Tabela 6.1.).

As cidades fortificadas de Roboão (2Cr 11,5-12)

Tabela 6.1. Os locais listados em 2Cr 11,5-12, referência a eles em outras fontes textuais e bibliografia para seus resquícios helenistas		
Local e ref. à ocupação helenista	*Em fontes que descrevem a época hasmoneia*	*Nas listas de Esdras e Neemias; nas genealogias em Crônicas*
Belém[1]	–	+
Etam[2]	Rolo de cobre V, 1–9; Josefo, *A.J.* 8.186?	+
Técua/Técoa[3]	1Mc 9,33 [Tefon?] 50; Josefo, *A.J.* 13.15	+
Betsur[4]	Cf., por exemplo, a nota 49 neste capítulo	+
Socô/Socó[5]	–	+
Odolam[6]	2Mc 12,38	+
Gat[7]	–	? (depende da identificação)
Maresa[8]	Cf. o texto do artigo	+
Zif[9]	– Mas observe Aristobulias nas proximidades[10]	+
Aduram/Adoraim[11]	Cf. o texto do artigo	–
Laquis[12]	–	+
Azeca[13]	–	+
Saraá[14]	–	+
Aialon[15]	–	+
Hebron[16]	1Mc 5,65; Josefo, *A.J.* 12.353	+

---

[1] Avi Ofer, *The Highland of Judah during the Biblical Period* [em hebraico] (tese de doutorado, Tel Aviv: Tel Aviv University, 1993), IIA:13.

[2] Moshe Kochavi, "The Land of Judah" [em hebraico], in Moshe Kochavi (ed.) *Judaea, Samaria and the Golan, Archaeological Survey 1967–1968* (Jerusalem: Carta, 1972), 42; Ofer, *The Highland of Judah*, IIA:13.

[3] Ofer, *The Highland of Judah*, IIA:28.

[4] Israel Finkelstein, "Archaeology and the List of Returnees in the Books of Ezra and Nehemiah", *PEQ* 140 (2008) 7–16.

⁵ Em caixa de louça armazenada na Autoridade de Antiguidades de Israel. Agradeço a Yehuda Dagan por mostrar-me o material oriundo de Khirbet ʿAbbad (Socô/Socó) e Khirbert esh-Sheik Madkur(Odolam).

⁶ Possivelmente uma única caixa de louça nos armazéns da Autoridade de Antiguidades de Israel.

⁷ Magen Broshi, "Judeideh, Tell", *NEAEHL* 3 (1993) 837–38.

⁸ Kloner, *Maresha Excavations*, 9–30.

⁹ Kochavi, "The Land of Judah", 68; Ofer, *The Highland of Judah*, IIA:44.

¹⁰ Avi-Yonah, *The Holy Land*, 74.

¹¹ Kochavi, "The Land of Judah", 62–63.

¹² Ussishkin, "A Synopsis", 95–97.

¹³ Yehuda Dagan, "Tel Azekah: A New Look at the Site and Its 'Judean' Fortress", in Israel Finkelstein e Nadav Na'aman (eds.) *The Fire Signals of Lachish: Studies in the Archaeology and History of Israel in the Late Bronze Age, Iron Age and Persian Period in Honor of David Ussishkin* (Winona Lake, IN: Eisenbrauns, 2009), 71–86.

¹⁴ Comunicação pessoal com Rami Raveh, Shlomo Bunimovitz e Zvi Lederman., a quem agradeço por partilharem comigo esta informação.

¹⁵ Ram Gophna and Yosef Porat, "The Land of Ephraim and Manasseh" [em hebraico], in Kochavi, *Judaea, Samaria and the Golan*, 236.

¹⁶ Avi Ofer, "Hebron", NEAEHL 2 (1993) 609; Ofer, *The Highland of Judah*, IIA:30; Emanuel Eisenberg and Alla Nagorski, "Tel Hevron (er-Rumeidi)", Hadashot Arkheologiyot/ESI 114 (2002) 91–92; sem dados sob a cidade moderna.

4.5. Fortificações helenistas nos locais escavados

Todos os locais mencionados na lista foram habitados no período helenista (Tabela 6.1). Os cinco que foram escavados (supondo-se que Gat seja identificado dom Tell Judeideh)[53] produziram resultados interessantes para o período helenista.

Betsur não era fortificada na Idade do Ferro II.[54] A sugestão de Reich,[55] de que a Cidadela II data do período persa, não pode ser

---

[53] Tell Rumeideh, o sítio do Hebron das idades do Bronze e do Ferro, também foi escavado, mas o assentamento helenista principal provavelmente se localizava no vale, sob a cidade moderna.

[54] Sellers et al., *The 1957 Excavation at Beth-Zur*, 8; Robert W. Funk, "Beth-Zur", *NEAEHL* 1 (1993) 261.

[55] Ronny Reich, "The Beth-Zur Citadel II — A Persian Residency?", *TA* 19 (1992) 113–23.

aceita tendo em vista os minguados achados do período persa no local.[56] Uma grande fortaleza, com diversas fases de construção e uma fortificação externa, data do período helenista, até mesmo dos tempos hasmoneus.[57] As tentativas de atribuir as diversas fases a figuras hasmoneias não são convincentes.

Gat, um sistema de fortificação impressionante, com torres e portões, foi descoberto em Tell Judeideh.[58] Verossimilmente, foi construído no período helenista.[59] O esboço de uma muralha sólida e apoios internos assemelham-se ao da muralha hasmoneia em Jerusalém.[60] Uma torre fortificada foi construída no centro do outeiro no período helenista (possivelmente helenista tardio).[61]

Maresa[62] havia alcançando seu auge de prosperidade nos séculos III e II a.C., quando era a cidade mais importante da Idumeia,[63] e

---

[56] Israel Finkelstein, "Jerusalem in the Persian (and Early Hellenistic) Period and the Wall of Nehemiah", *JSOT* 32 (2008) 501–20. Charles E. Carter, *The Emergence of Yehud in the Persian Period: A Social and Demographic Study*, JSOTSup 294 (Sheffield: Sheffield Academic Press, 1999), 154–57.

[57] Sellers et al., *The 1957 Excavation at Beth-Zur*, 17; Oren Tal, *The Archaeology of Hellenistic Palestine: Between Tradition and Renewal* [em hebraico] (Jerusalem: Bialik Institute, 2006), 150–52.

[58] Frederick J. Bliss and R. A. Stewart Macalister, *Excavations in Palestine during the Years 1898–1900* (London: Palestine Exploration Fund, 1902), 45–47.

[59] Bliss and Macalister, *Excavations in Palestine*, 50; Shimon Gibson, "The Tell ej-Judeideh (Tel Goded) Excavations, A Re-appraisal Based on Archival Records in the Palestine Exploration Funds", *TA* 21 (1994) 213; 230–31. Tell Judeideh era habitado na Idade do Ferro II, mas não produziu evidência de um sistema de fortificação que datasse deste período.

[60] Gibson, "The Tell ej-Judeideh", 213.

[61] Gibson, "The Tell ej-Judeideh", 231. Apenas alguns achados helenistas foram recuperados em Tell es-Safi (Gat dos filisteus, outro candidato à localização da Gat da lista) indicando um assentamento escasso (comunicação pessoal com Aren Maeir).

[62] Kloner, *Maresha Excavations*, 5–16.

[63] A respeito de sua história, cf. Kloner, *Maresha Excavations*, 5–7.

provavelmente foi destruída no final do século II a.C. Ânforas gregas estampadas, encontradas no local, datam dos séculos III e II a.C. Das 61 moedas encontradas nas escavações de Bliss e Macalister, em 1900, 25 pertenciam a João Hircano I. Somente algumas descobertas podem ser datadas com segurança do século I a.C. Escavações recentes na torre noroeste indicam que as fortificações robustas helenistas da cidade superior apresentam dois estágios. O primeiro data do começo do período helenista, ao passo que o segundo foi datado da primeira metade do século II por Kloner,[64] e do tempo dos hasmoneus por Tal.[65] O grande número de moedas de João Hircano I pode corroborar esta última suposição. Kloner[66] sugeriu que uma guarnição militar hasmoneia foi estabelecida em Maresa. Ele datou a destruição da cidade de 112/111 a.C. (nos últimos dias de João Hircano), ao passo que Tal datou-a do ano 40 a.C.[67]

Laquis foi fortificada durante a Idade do Ferro II (Níveis IV–II). O Nível I revelou três fases que cobrem os períodos persa e helenista. Seus principais elementos são a Residência, o Santuário Solar e uma muralha de cidade. Ussishkin[68] argumentou que eles tinham sido construídos juntos na segunda fase, ainda dentro do período persa, e continuaram em uso até o século II a.C. Fantalkin e Tal[69] propuseram que o Santuário Solar tenha sido construído no período helenista, quando a Residência tinha sido abandonada. Grande número de moedas ptolomaicas e selêucidas, mas somente uma moeda hasmoneia

---

[64] Kloner, *Maresha Excavations*, 13.
[65] Tal, *The Archaeology of Hellenistic Palestine*, 28.
[66] Kloner, *Maresha Excavations*, 5.
[67] Tal, *The Archaeology of Hellenistic Palestine*, 28.
[68] Ussishkin, "A Synopsis", 95–97.
[69] Alexander Fantalkin and Oren Tal, "The Persian and Hellenistic Pottery of Level I", in The Renewed Archaeological Excavations at Lachish (1973–1994) by David Ussishkin, MSIA 22 (Tel Aviv: Tel Aviv University Institute of Archaeology, 2004), 2174–94.

(de Alexandre Janeu), foram encontradas em Laquis.[70] É difícil, pois, datar acuradamente a construção da muralha da cidade do Nível I (persa tardio ou helenista), mas parece ter servido até certo tempo no século II a.C.

Azeca, uma robusta fortaleza retangular, com seis torres, foi descoberta no setor mais elevado do sítio.[71] Os escavadores identificaram dois estágios de construção, os quais dataram dos dias de Roboão e do período helenista, respectivamente.[72] Dagan[73] agora mostrou de maneira convincente que a fortaleza deveria ser atribuída ao período helenista.

Para resumir esta seção, todos os cinco locais mencionados na lista das fortalezas de Roboão que foram escavados foram fortificados no período helenista. Embora seja difícil estabelecer a data exata da construção de algumas destas fortificações, em todos os cinco locais a fortificação parece ter estado em uso no século II a.C.

5. Discussão

Conforme já afirmado, suponho que a lista em 2Cr 11,5-12 não é utópica; ou seja: ela descreve uma situação histórica real. Na tentativa de identificar um período específico na história do estado hasmoneu que pode estar por trás da lista, é preciso considerar os pontos seguintes: (1) conforme já sugerido, o sistema de fortalezas provavelmente deveria representar uma realidade pós-Báquides; (2) a lista inclui Aduram/Adoraim e Maresa, que foram conquistadas por João Hircano I; (3) as conquistas da Samaria, nos dias finais de João Hircano, e a contínua expansão dos hasmoneus nos dias de Alexandre Janeu tornaram

---

[70] Olga Tufnell, *Lachish III: The Iron Age*, The Wellcome Archaeological Research Expedition to the Near East Publications 1 (London: Oxford University Press, 1953), 412–13.

[71] Bliss and Macalister, *Excavations in Palestine*, 12–27, Pls. 2–3.

[72] Bliss and Macalister, *Excavations in Palestine*, 23.

[73] Dagan, "Tel Azekah".

obsoletas as linhas descritas na lista. É razoável supor, portanto, que a lista represente os dias de João Hircano, depois da conquista da Idumeia.

Um acontecimento nos primeiros dias do reinado de João Hircano deve ter demonstrado a urgente necessidade de proteger as fronteiras de Judá e as estradas que conduziam a Jerusalém. Refiro-me à campanha militar relâmpago de Antíoco VII Sideta, em 134 a.C. (no ano em que João Hircano chegou ao poder). Sem nenhum obstáculo em seu caminho, Antíoco VII invadiu a Judeia, conquistou-a, de fato, sitiou Jerusalém e impôs uma taxa aos hasmoneus. Somente em consequência da morte de Antíoco, no ano 129 a.C., os hasmoneus rompem o jugo selêucida e começam uma nova fase de expansão territorial. Por conseguinte, faz sentido que, depois de 129 a.C., os hasmoneus estivessem preocupados com a fortificação da Judeia, principalmente com seus acessos ocidentais.

É escusado dizer que isto não significa que todos os locais mencionados em 2Cr 11,5-12 foram fortificados por João Hircano. A necessidade de fortificar a Judeia – conforme lembrando neste texto – reflete as realidades de seu tempo. Alguns dos locais citados na lista poderiam ter sido fortificados por ele; em outros, os hasmoneus poderiam ter herdado locais fortificados antes de seu governo; e em alguns dos locais o passo rápido da expansão do estado hasmoneu poderia ter tornado ultrapassado um plano de fortificação.

Em outra parte, recentemente, sugeri identificar uma realidade hasmoneia por trás das listas de genealogia em 1Cr 2–9.[74] Minhas observações – lá e aqui – não demandam datar toda a obra do Cronista do final do século II a.C. As genealogias poderiam ter sido acrescentadas a uma obra existente,[75] e parece possível que 2Cr 11,5-12 seja também

---

[74] Israel Finkelstein, "The Historical Reality behind the Genealogical Lists in 1 Chronicles", *JBL* 131 (2012) 65–83.

[75] Por exemplo: Adam C. Welch, *The Work of the Chronicler: Its Purpose and Date* (London: Milford, 1939), 81–96; Rudolph, *Chronikbücher*, viii; Noth, *The Chronicler's History*, 36–42.

um acréscimo tardio ao texto principal de Crônicas. Se forem removidos os sete versículos, o texto flui tranquilamente, tanto do ponto de vista temático quanto estrutural, conforme segue:[76]

> ²Mas a palavra de Deus veio a Semeías, um homem de Deus, nestes termos: ³"Vai dizer a Roboão, filho de Salomão, rei de Judá, e a todos os israelitas de Judá e de Benjamim:⁴Assim fala o Senhor: Não deveis ir para a guerra contra vossos irmãos. Cada qual volte para casa, pois é por minha vontade que isso aconteceu". Eles obedeceram à palavra do Senhor e desistiram de marchar contra Jeroboão. ¹³Entretanto os sacerdotes e levitas, espalhados por todo o Israel e vindo de todos os territórios, apresentaram-se a Roboão. ¹⁴Os levitas abandonaram seus terrenos comunitários e propriedades rurais e foram para Judá e Jerusalém, visto que Jeroboão lhes tirara o direito de servir ao Senhor como sacerdotes e ¹⁵havia nomeado seus próprios sacerdotes nos lugares altos, para o culto dos bodes e bezerros que mandara fabricar. ¹⁶No rastro desses sacerdotes e levitas vieram de todas as tribos de Israel pessoas com intenção de procurar o Senhor, Deus de Israel. Iam a Jerusalém e aí ofereciam sacrifícios ao Senhor, o Deus de seus pais.

A questão permanece: por que um redator do final do século II a.C. escolheria associar uma realidade hasmoneia a Roboão, dentre todos os monarcas judaítas? Se o redator estivesse à procura da campanha estrangeira de uma potência setentrional de Judá e de sua capital, com salvação, mas pesada taxação paga por um governador de Jerusalém (comparar com a campanha de Antíoco VII Sideta), a escolha mais óbvia teria sido a campanha de Senaquerib contra Ezequias. Seria isto uma advertência que visava ao futuro, mas baseada no passado, declarando que mesmo uma série de poderosas fortalezas não oferece proteção contra devastação pelo inimigo (Sesac) se o governante não seguir os caminhos do Deus de Israel?

---

[76] Observe-se que 2Cr 11,1-4 é compatível com uma passagem paralela em 1Rs 12,21-24.

Adendo

Khirbet Qeiyafa

Agora foi comprovado que a fortificação da casamata de Khirbet Qeiyafa (mencionada na nota 19) data do século X a.C[77], muito provavelmente de meados daquele século.[78] A anexação territorial do local é discutida, os escavadores veem Khirbet Qeiyafa como pertencente a Judá,[79] enquanto outros associam-na a uma entidade territorial do começo da Idade do Ferro que sobreviveu na Sefelá[80] ou a uma primitiva formação israelita meridional, que estava centrada no norte de Jerusalém.[81] A última afirmação está baseada, entre outras considerações, no fato de que, até aqui, fortificações desta data precoce na Idade do Ferro são conhecidas apenas no planalto de Gabaon/Gibeon e da Transjordânia meridional.

A arqueologia dos locais mencionados na lista de Roboão

Dois locais mencionados na lista de Roboão oferecem evidência robusta sobre o período helenista. Em Azeca, as renovadas escavações

---

[77] Yosef Garfinkel et al., "King David's City at Khirbet Qeiyafa: Results of the Second Radiocarbon Dating Project", *Radiocarbon* 57 (2015) 881–90.

[78] Israel Finkelstein and Eli Piasetzky, "Radiocarbon Dating Khirbet Qeiyafa and the Iron I–IIA Phases in the Shephelah: Methodological Comments and a Bayesian Model", *Radiocarbon* 57 (2015) 891–907; Alexander Fantalkin and Israel Finkelstein, "The Date of Abandonment and Territorial Affiliation of Khirbet Qeiyafa: An Update", *TA* 44 (2017) 53–60.

[79] Garfinkel et al., "King David's City", com referência a publicações anteriores.

[80] Nadav Na'aman, "Khirbet Qeiyafa in Context", *UF* 42 (2010) 497–526; Na'aman, "Was Khirbet Qeiyafa a Judahite City? The Case Against It", *JHS* 17 (2017) art. 7; Ido Koch, "The Geopolitical Organization of the Judean Shephelah during the Iron Age I–IIA (1150–800 B.C.E.)" [em hebraico], *Cathedra* 143 (2012) 45–64.

[81] Israel Finkelstein and Alexander Fantalkin, "Khirbet Qeiyafa: An Unsensational Archaeological and Historical Interpretation", *TA* 39 (2012) 38–63; Fantalkin and Finkelstein, "The Date of Abandonment".

revelaram resquícios helenistas além da área da fortaleza.[82] Escavações em Hebron (Tell er-Rumeideh) forneceram evidências de atividade helenista tardia (hasmoneia).[83] Uma inspeção recente de Khirbet 'Abbad, o local da Socô/Socó bíblica, revelou evidências de forte atividade na Idade do Ferro IIB-C, fraca presença no período persa e nova fase de forte atividade no período helenista.[84]

Outros assuntos

- Para a nota 31: Itzhak Lee-Sak agora data a lista das cidades levíticas do período helenista.[85]
- As incertezas quanto à cronologia de Judá na Idade do Ferro têm diminuído graças a um crescente número de resultados radiocarbônicos dos locais na Sefelá.[86]
- Levando-se em consideração meu estudo sobre Crônicas (capítulo 8), realizado alguns anos depois que foi publicado o artigo sobre as fortalezas de Roboão, não é obrigatório datar a lista de fortificações separadamente, posterior ao resto do relato de Roboão em 2 Crônicas.

---

[82] Oded Lipschits, Yuval Gadot, and Manfred Oeming, "Tel Azekah 113 Years After: Preliminary Evaluation of the Renewed Excavations at the Site", *NEA* 75 (2012) 196–206.

[83] Emanuel Eisenberg and David Ben-Shlomo, *The Tel Hevron 2014 Excavations: Final Report* (Ariel University Institute of Archaeology Monograph Series 1; Ariel: Ariel University Press, 2017), 13–14, 441–42.

[84] Yoav Tzur, *The History of the Settlement at Tel Socho in Light of Archaeological Survey* [em hebraico] (tese de mestrado; Tel Aviv: Tel Aviv University, 2015).

[85] Itzhak Lee-Sak, "The Lists of Levitical Cities (Joshua 21, 1 Chronicles 6) and the Propagandistic Map for the Hasmonean Territorial Expansion", *JBL* 136 (2017) 783–800.

[86] Finkelstein and Piasetzky, "Radiocarbon Dating Khirbet Qeiyafa".

Capítulo 7

A EXPANSÃO DE JUDÁ EM 2 CRÔNICAS

1. Introdução

A terra de Israel e ganhos e perdas territoriais são temas importantes em Crônicas. O período de Davi e Salomão é concebido como o governo ideal de Jerusalém sobre toda a área habitada pelos hebreus. Depois da "divisão" da monarquia, 2 Crônicas presta muita atenção ao crescimento territorial gradativo de Judá, visando restaurar o governo de Jerusalém sobre todo o país de Israel.[1] Tal expansão – empreendida durante o reino de alguns monarcas – é descrita em diversas seções que não aparecem em Reis.

Os estudiosos têm divergido entre si quanto à confiabilidade histórica desses textos "inigualáveis". Alguns têm argumentado que o autor teve acesso a fontes antigas que não tinham estado disponíveis ao(s) historiador(es) deuteronomista(s), ou foram omitidas por ele(s),[2]

---

[1] Por exemplo: Hugh G. M. Williamson, *Israel in the Books of Chronicles* (Cambridge: Cambridge University, 1977), 100; Sara Japhet, *The Ideology of the Book of Chronicles and Its Place in Biblical Thought*, BEATAJ 9 (Frankfurt am Main: Lang, 1997), 298–99, 355–56.

[2] Por exemplo: Baruch Halpern, "Sacred History and Ideology: Chronicles' Thematic Structure — Identification of an Earlier Source", in Richard E. Friedman (ed.) *The Creation of Sacred Literature: Composition and Redaction of the Biblical Text*, Near Eastern Studies 22 (Berkeley: University of California, 1981), 35–54; Hugh G. M. Williamson, *1 and 2 Chronicles* (Grand Rapids: Eerdmans, 1982), 20, 250–54; Sara Japhet, "The Historical Reliability of Chronicles: The History of the Problem and Its Place in Biblical Research", *JSOT* 33 (1985) 83–107; Japhet, *I and II Chronicles: A Commentary* (London: SCM, 1993), 18, 666, 688; Robb A. Young, *Hezekiah in History and Tradition*, VTSup 155 (Leiden: Brill, 2012), 231–33, 254–55.

enquanto outros têm descartado a validade histórica das excepcionais descrições.[3] Três fatores parecem apoiar a ideia de que os relatos sem paralelo foram realmente escritos sem nenhum acesso a materiais antigos.

(1) Tanto a expansão gradual das fronteiras de Judá durante seus primeiros dias quanto a expansão territorial completa nos dias de Ezequias, depois do colapso do Reino do Norte, não se ajustam ao território descrito em Reis e à realidade que emerge de textos extrabíblicos e da pesquisa arqueológica.

(2) Não há nenhuma evidência para a atividade de escribas em Israel e em Judá antes do final do século IX e nenhum indício de textos complexos antes do começo do século VIII (e, naquele tempo, principalmente em Israel[4]); portanto, contra, por exemplo, Williamson[5] e Japhet,[6] provavelmente não havia relatos originais originários dos dias dos reis primitivos de Judá.

(3) A tendência de hoje de datar Crônicas do final do período persa ou do começo do período helenista (ver mais adiante) lança dúvida sobre a probabilidade de acesso a materiais seculares que não aparecem em Reis.

---

[3] Por exemplo: Charles C. Torrey, "The Chronicler as Editor and as Independent Narrator", *AJSL* 25 (1908) 157–73; Peter Welten, *Geschichte und Geschichtsdarstellung in den Chronikbüchern*, WMANT 42 (Neukirchen-Vluyn: Neukirchener Verlag, 1973), 195–96; Ehud Ben Zvi, "The Chronicler as a Historian: Building Texts", in M. Patrick Graham, Kenneth G. Hoglund, and Steven L. McKenzie (eds.) *The Chronicler as Historian*, JSNTSup 238 (Sheffield: Sheffield Academic Press, 1997), 132–49; Steven L. McKenzie, *1–2 Chronicles* (Nashville: Abingdon, 2004), 42–43; quanto ao material omitido ou acrescentado, cf. Steven L. McKenzie, *The Chronicler's Use of the Deuteronomistic History*, HSM 33 (Atlanta: Scholars Press, 1984).

[4] Israel Finkelstein and Benjamin Sass, "The West Semitic Alphabetic Inscriptions, Late Bronze II to Iron IIA, Archeological Context, Distribution and Chronology", *HeBAI* 2 (2013) 149–220.

[5] Williamson, *1 and 2 Chronicles*, 20.

[6] Japhet, *I and II Chronicles*, 18–19.

Evidentemente, se esses relatos foram escritos sem nenhum acesso a materiais primitivos originais, o autor deve ter agido assim a fim de promover sua própria ideologia territorial. Há duas possibilidades: ou suas descrições são utópicas,[7] ou ele escreveu contra o pano de fundo de realidades de seu próprio tempo. Eu apoiaria a última opinião, que foi formulada há muito tempo por Robert H. Kennett: "[...] é de suma importância que devêssemos perguntar se o relato do Cronista sobre um acontecimento particular foi mera imaginação ou estava baseado em algo que ele próprio havia visto ou ouvido ser descrito por testemunhas oculares".[8] Sem dúvida, os relatos inigualáveis oferecem detalhes geográficos que incluem topônimos que não têm uma função importante nos registros bíblicos anteriores, mas são significativos nos textos helenistas. Nesses relatos – especialmente na avaliação do comportamento religioso dos monarcas dados (um tema ligado aos ganhos e perdas territoriais) – o autor desafia a autoridade de Reis; dever-se-ia supor que somente severas condições geográficas, religiosas e cultuais, tais como a pressão do helenismo sobre a vida judaica, permitiriam tal jogada.

Se for assim, as possibilidades para o contexto histórico da abordagem que o autor faz da expansão de Judá são limitadas. A extensão geográfica das conquistas de Judá conforme descritas nos relatos sem paralelo não se encaixam no período persa ou começo do período helenista. Naqueles dias Yehud/Judeia estava limitada à área central de Jerusalém e à zona montanhosa ao redor dela; tinha uma população insignificante; e não tinha preocupações práticas com a planície

---

[7] Steven J. Schweitzer, *Reading Utopia in Chronicles*, LHBOTS 442 (New York: T&T Clark, 2007); Mark J. Boda, "Gazing through the Cloud of Incense: Davidic Dynasty and Temple Community in the Chronicler's Perspective", in Paul S. Evans and Tyler F. Williams (eds.) *Chronicling the Chronicler: The Book of Chronicles and Early Second Temple Historiography* (Winona Lake, IN: Eisenbrauns, 2013), 242.

[8] Robert H. Kennett, *Old Testament Essays* (Cambridge: Cambridge University Press, 1928), 129.

costeira, Samaria, Idumeia e Transjordânia.[9] Yehud e a Judeia primitiva não tinham poder para realizar campanhas militares e, até onde sabemos, não havia nenhuma ameaça contra seus habitantes da parte de seus vizinhos.[10]

Esta é a razão por que, ao discutir a data de Crônicas, diversos estudiosos concentram-se no período hasmoneu.[11] A maioria desses pesquisadores indica os primeiros dias dos Macabeus. No entanto, uma vez que a luz do refletor é jogada sobre o século II a.C., vêm à mente a segunda metade e especialmente os dias de João Hircano, até mesmo pontos de semelhança entre Crônicas e 1 Macabeus (escrito nos dias de Hircano[12] ou um pouco mais tarde[13]). A questão decisiva é se o

---

[9] Para a demografia e a expansão de Yehud/Judeia, cf. Israel Finkelstein, "The Territorial Extent and Demography of Yehud/Judea in the Persian and Early Hellenistic Periods", *RB* 117 (2010) 39–54 (capítulo 3 neste livro).

[10] A lista específica dos adversários de Yehud no livro de Neemias deveria ser lida levando-se em conta um contexto helenista — Israel Finkelstein, "Nehemiah's Adversaries: A Hasmonaean Reality?", *Transeu* 47 (2015) 47–55 (capítulo 4 neste livro).

[11] Kennett, *Old Testament Essays*, 130–31; Adolphe Lods, *Israel: From Its Beginning to the Middle of the Eight* Century (New York: Knopf, 1932), 14; Peter R. Ackroyd, "Criteria for the Maccabean Dating of Old Testament Literature", *VT* 3 (1953) 113–32; Kurt Galling, *Die Bücher der Chronik, Esra, Nehemia*, ATD 12 (Göttingen: Vandenhoeck & Ruprecht, 1954); Martin Noth, *The Chronicler's History*, JSOTSup 50 (Sheffield: Sheffield Academic Press, 1987), 73; Georg Steins, *Die Chronik als kanonisches Abschlussphänomen: Studien zur Entstehung und Theologie von 1/2 Chronik*, BBB 93 (Weinheim: Beltz Athenaum, 1995), 491–99; Steins, "Zur Datierung der Chronik: Ein neuer methodischer Ansatz", *ZAW* 109 (1997) 84–92; Reinhard G. Kratz, *The Composition of the Narrative Books of the Old Testament* (London: T&T Clark, 2005), 44, 91.

[12] Uriel Rappaport, *The First Book of Maccabees: Introduction, Hebrew Translation, and Commentary* [em hebraico] (Jerusalem: Yad Ben Zvi, 2004), 60–61 e bibliografia. Observe-se que as semelhanças entre Crônicas e 1 Macabeus são significativas do ponto de vista da ideologia, sem levar em consideração a questão da historicidade dos relatos neste último.

[13] Por exemplo: Jonathan A. Goldstein, *1 Maccabees: A New Translation with Introduction and Commentary*, AB 41 (Garden City: Doubleday, 1976), 63–64.

material oriundo do século II deveria ser considerado como acréscimos ou redações posteriores,[14] ou se o livro foi escrito nos tempos hasmoneus.

No que segue, pretendo sugerir que as descrições em 2 Crônicas acerca do crescimento gradativo de Judá desde os dias de Roboão até o reino de Ezequias foram escritos contra o pano de fundo da expansão dos hasmoneus, com a real compilação nos dias de João Hircano.[15] Tentarei mostrar como cada uma das conquistas realizadas por Judá encontra expressão na história dos hasmoneus conforme descrita em 1 Macabeus e nas *Antiguidades* de Josefo.

Mas, em primeiro lugar, preciso perguntar: é possível uma data tão tarde quanto a segunda metade do século II a.C. para textos em Crônicas?

Excurso 1: A data mais baixa possível para Crônicas

A data de Crônicas é discutida com uma série de teorias que se estende do século VI ao século II a.C.[16] A maioria dos estudiosos hoje defende uma data no século IV ou no século III a.C.[17] Ao mesmo

---

[14] Por exemplo: Wilhelm Boussett, *Die Religion des Judentums im späthellenistischen Zeitalter*, HNT 21 (Tübingen: Mohr, 1926), 10; Lods, *Israel*, 14; Noth, *The Chronicler's History*, 73; Kratz, *The Composition of the Narrative Books*, 91–92.

[15] Tanto quanto consigo avaliar, o único estudioso moderno que optou (de passagem) por esta data tardia foi Kennett, *Old Testament Essays*, 130–31; e cf. Spinoza, que afirmou que 1 e 2 Crônicas foram compostos "muito tempo depois de Esdras, talvez até mesmo depois que Judas Macabeu havia restaurado o Templo" (Baruch Spinoza, *Theological-Political Treaties* [Cambridge: Cambridge University Press, 2007], 144).

[16] Resumos recentes in Gary N. Knoppers, *I Chronicles 1–9: A New Translation with Introduction and Commentary* (New York: Doubleday, 2003), 101–17; McKenzie, *1–2 Chronicles*, 29–33; Isaac Kalimi, *An Ancient Israelite Historian: Studies in the Chronicler, His Time, Place and Writing*, SSN 46 (Assen: Royal Van Gorcum, 2005).

[17] Por exemplo: Thomas Willi, *Chronik* (Göttingen: Vandenhoeck & Ruprecht, 1972), 190; Welten, *Geschichte*; Peter R. Ackroyd, *I and II Chronicles, Ezra,*

tempo, diversos estudiosos (de Spinoza a Noth e Kratz) apontaram a proximidade entre a ideologia e as necessidades de Crônicas e o período hasmoneu. Estas duas direções criaram uma "tensão" em relação à compreensão de Crônicas e criaram "soluções" forçadas, como, por exemplo, a de Kellermann,[18] que percebeu ideologia hasmoneia em Crônicas, mas continuou a abraçar uma data mais anterior, argumentando que o autor previu os acontecimentos vindouros.

Então, até que ponto podemos recuar no tempo? Os argumentos essenciais para a datação mais recente possível de Crônicas[19] são os seguintes.

(1) O historiador Eupólemo, que aparentemente viveu em meados do século II, compôs um livro provavelmente intitulado *Sobre os reis da Judeia*. Ele se apoiou em material sem paralelo em Crônicas; ademais, há casos nos quais Eupólemo parece preferir 2 Crônicas a 1 Reis.[20] Observe-se, por exemplo, que, Eupólemo vê a razão para Davi não construir o templo da mesma maneira que 1Cr 22,8; semelhantemente a Crônicas, ele omite a revolta de Adonias; e como Crônicas, ele diz que os construtores do templo eram *gerim* ["estrangeiros"]. A respeito do objetivo mais amplo, há as questões da data da tradução de Crônicas para o grego[21] e se um texto de Crônicas foi encontrado em Qumrã.

Nehemiah (London: SCM, 1973), 25–27; Williamson, *1 and 2 Chronicles*, 16; Noth, *The Chronicler's History*, 73; Manfred Oeming, *Das wahre Israel: Die "genealogische Vorhalle" 1 Chronik 1–9*, BWANT 8 (Stuttgart: Kohlhammer, 1990), 44–45; Japhet, *I and II Chronicles*, 27–28; Kratz, *The Composition of the Narrative Books*, 91.

[18] Ulrich Kellermann, "Anmerkungen zum Verständnis der Tora in den chronistischen Schriften", *BN* 42 (1988) 49–92.

[19] Por exemplo: Williamson, *1 and 2 Chronicles*, 15; Knoppers, *I Chronicles*, 105–11; Kalimi, *An Ancient Israelite Historian*, 49–51; Ralph W. Klein, *1 Chronicles: A Commentary* (Minneapolis: Fortress, 2006), 13.

[20] Isaac Kalimi, "History of Interpretation. The Book of Chronicles in Jewish Tradition from Daniel to Spinoza", *RB* 105 (1998) 15–17; Ehud Ben Zvi, *History, Literature and Theology in the Book of Chronicles* (London: Equinox, 2006), 255.

[21] Resumo in Japhet, *I and II Chronicles*, 30; Knoppers, *I Chronicles*, 55–65.

(2) Para sua descrição do rei Davi, Ben Sira 47,8-10, que trabalhou no começo do século II a.C., dependia de 1Cr 15,16-21; 16,4-42 e 25,1-31.

(3) Dn 1,2, a respeito do exílio de Joaquim na Babilônia, é uma citação de 2Cr 36,7 (não mencionada em Reis). Daniel foi composto, o mais tardar, na década de 160 a.C.

(4) Crônicas não expressa influência helenista.

Essas observações parecem significar que Crônicas já devia existir no começo do século II ou cerca do ano 200 a.C.

Ampliando tais pistas aparentes, descobre-se que nenhuma delas é convincente.

1. Uma série de problemas persegue o caso de Eupólemo[22]

1.1. O argumento depende de identificar Eupólemo, o autor, com Eupólemo, filho de João, filho de Acos, que foi enviado por Judas Macabeu como emissário a Roma em 161-160 a.C. (1Mc 8,17; 2Mc 4,11; Josefo, *A.J.* 12.415);[23] mas isto está longe de ter sido provado.

1.2. Nos escritos de Eupólemo, podem ser identificados dois autores, Eupólemo e Pseudo-Eupólemo; as referências que se encontram nos escritos de Eusébio e Clemente de Alexandria podem ser atribuídas a este último. Dissociar Eupólemo do Eupólemo de Judas Macabeu não deixa motivo algum para datar este último antes de cerca de 100 a.C.

1.3. Não temos nenhuma ideia do conteúdo original de Eupólemo e do modo como sua obra havia sido transmitida; seis passagens de seus escritos sobreviveram nas obras de Eusébio e Clemente

---

[22] Frank Clancy, "Eupolemus the Chronographer and 141 B.C.E.", *SJOT* 23 (2009) 274–81.

[23] Ben Zion Wacholder, *Eupolemus: A Study of Judaeo-Greek Literature*, Monographs of the Hebrew Union College 3 (Cincinnati: Hebrew Union College, 1974), 4.

de Alexandria, que aparentemente as encontraram nos escritos de Alexandre Polímata (85-35 a.C.). Em outras palavras: se os dois indivíduos chamados Eupólemo tivessem sido a mesma pessoa e tivesse havido uma dependência de Eupólemo em relação a Crônicas, ela poderia ter sido inserida muitos anos depois de sua época.

1.4. Não há nenhuma conexão marcante entre Eupólemo e Crônicas, e não é fácil decidir qual texto serviu como seu modelo[24] e quem depende em quê. O tema dos reis de Judá e o método de reescrever o passado à luz de realidades contemporâneas eram populares em textos judaicos do segundo século;[25] por exemplo: Eupólemo descreve as conquistas de Davi com uma noção dos adversários da Judeia em seus próprios dias;[26] ou seja: ambos atendem às próprias necessidades de acordo com o grande reino do passado.

2. As ideias de Ben Sira 47,8-10 poderiam ter sido tomadas de Esdras (3,10) e de Neemias (12,24) preferencialmente a Crônicas. Ou: o surgimento do mesmo tema pode mostrar que era popular na literatura do Segundo Templo, que é especialmente verdadeiro para o rei Davi. Tanto Ben Sira quanto Crônicas poderiam ter sido baseados em uma difusa tradição a respeito do papel de Davi na organização do culto do templo.[27] Por conseguinte, não há nenhuma relação inequívoca entre Ben Sira e Crônicas, nem há indicação de que Ben Sira conhecia Crônicas.[28] Além disso, Ben Sira provavelmente foi composto

---

[24] Steins, *Die Chronik*, 491–92.

[25] Doron Mendels, *The Land of Israel as a Political Concept in Hasmonean Literature: Recourse to History in Second Century B.C. Claims to the Holy Land*, TSAJ 15 (Tübingen: Mohr, 1987).

[26] Mendels, *The Land of Israel*, 35–36.

[27] Steins, *Die Chronik*, 492–93.

[28] Noth, *The Chronicler's History*, 166; Ben Zvi, *History, Literature and Theology*, 253.

em vários estágios, e a obra que possuímos não é a original; contrariamente, ela contém acréscimos que datam do século I a.C.;[29] além do mais, Corley[30] vê o Elogio dos Antepassados/Pais, que inclui 47,8-10, como "o último suplemento da edição final do livro".[31]

3. O relacionamento entre Dn 1,2 e 2Cr 36,7 está longe de ser claro, e ambos poderiam ter sido tomados da mesma tradição do século II a.C.

4. A falta de influência helenista não é argumento. A ideologia do(s) autor(es) de Crônicas poderia tê-lo(s) levado a apagar intencionalmente cada um desses vestígios.[32] Afinal de contas, os hasmoneus eram grandes promotores do hebraico.[33]

---

[29] Giuseppe Bellia, "An Historico-Anthropological Reading of the Work of Ben Sira", in Angelo Passaro and Giuseppe Bellia, *The Wisdom of Ben Sira: Studies on Tradition, Redaction, and Theology*, DCLS 1 (Berlin: de Gruyter, 2008), 52.

[30] Jeremy Corley, "Searching for Structure and Redaction in Ben Sira: An Investigation of Beginnings and Endings", in Passaro and Bellia, *The Wisdom of Ben Sira*, 45.

[31] Para datas absolutas, cf. Angelo Passaro and Giuseppe Bellia, "Sirach, or Metamorphosis of the Sage", in Passaro and Bellia, *The Wisdom of Ben Sira*, 356; para um resumo da estrutura e das redações em Ben Sira, cf. Johannes Marböck, "Structure and Redaction History in the Book of Ben Sira Review and Proposals", in Pancratius Cornelis Beentjes (ed.) *The Book of Ben Sira in Modern Research*, BZAW 255 (Berlin: de Gruyter, 1997), 61–79.

[32] Kay Peltonen, "A Jigsaw Without a Model? The Date of Chronicles", in Lester L. Grabbe, *Did Moses Speak Attic? Jewish Historiography and Scripture in the Hellenistic Period*, JSOTSup 317 (Sheffield: Sheffield Academic Press, 2001) 238; observe-se que Rainer Albertz, *A History of Israelite Religion in the Old Testament* (Louisville: Westminster, 1994), 555, e Steins, *Die Chronik*, 498, descrevem Crônicas como "deliberadamente anti-helenista". Doron Mendels chamou minha atenção para o fato de que outras obras judaicas do período, tal como os Jubileus e até mesmo 1 Macabeus, não retratam um pano de fundo explicitamente helenista.

[33] Para outros argumentos, cf. Knoppers, *I Chronicles*, 102–3.

Ora, à parte a ideologia territorial e as semelhanças com 1 Macabeus (ver mais adiante), outras considerações parecem apontar para a data tardia de Crônicas (ou grandes partes deles).

1. Crônicas pertencem ao gênero de "Bíblia Reescrita (ou Reelaborada), que era popular no século II a.C. (por exemplo: Jubileus, Pentateuco Reelaborado de Qumrã).[34]

2. O conceito de Davi e Salomão como a representarem a união ideal de Israel que não existe no "presente" e precisa ser realizada no futuro (cf. mais adiante) é típica da literatura judaica do começo do segundo século.[35]

3. Alguns estudiosos afirmaram que Crônicas inclui uma polêmica contra os samaritanos,[36] enquanto outros rejeitaram tal ideia.[37] Basta dizer que a ideologia por trás do discurso de

---

[34] Por exemplo: George J. Brooke, "The Books of Chronicles and the Scrolls from Qumran", in Robert Rezetko, Timothy H. Lim, and W. Brian Aucker (eds.) *Reflection and Refraction: Studies in Biblical Historiography in Honour of A. Graeme Auld*, VTSup 113 (Leiden: Brill, 2007), 35–48; para este gênero, cf. também, por exemplo, Michael Segal, *The Book of Jubilees: Rewritten Bible, Redaction, Ideology and Theology* (JSJSup 117; Leiden: Brill, 2007); Sidnie W. Crawford, *Rewriting Scripture in Second Temple Times* (Grand Rapids: Eerdmans, 2008); Reinhard G. Kratz, "Rewriting Torah in the Hebrew Bible and the Dead Sea Scrolls", in Bernd U. Schipper and D. Andrew Teeter (eds.) *Wisdom and Torah: The Reception of "Torah" in the Wisdom Literature of the Second Temple Period*, JSJSup 163 (Leiden: Brill, 2013), 273–92; vários artigos in József Zsengellér (ed.) *Rewritten Bible after Fifty Years: Texts, Terms, or Techniques? A Last Dialogue with Geza Vermes*, JSJSup 166 (Leiden: Brill, 2014); para Crônicas como uma Bíblia Reescrita, cf. Ralph W. Klein, *2 Chronicles: A Commentary* (Minneapolis: Fortress, 2012), 4–5. Sou grato a Konrad Schmid por ter-me chamado a atenção para esta ideia.

[35] Sou grato a Doron Mendels por haver-me mencionado isso.

[36] Por exemplo: Charles C. Torrey, *Ezra Studies* (Chicago: University of Chicago Press, 1910), 154–55; Galling, *Die Bücher der Chronik*, 14–15; Wilhelm Rudolph, *Chronikbücher*, HAT 1 (Tübingen: Mohr Siebeck, 1955), viii–ix; recentemente: Albertz, *A History of Israelite Religion*, 554.

[37] Willi, *Chronik*, 190–93; Roddy L. Braun, "A Reconsideration of the Chronicler's Attitude toward the North", *JBL* 96 (1977) 59–62; Williamson, *Israel in the Books*

Abias/Abiam (2Cr 13), que deixa a porta aberta para que o povo da Samaria retorne à nação – e a subsequente derrota do norte –, deveria ser lida contra o pano de fundo do relacionamento com os samaritanos. O mesmo é verdadeiro para o apelo de Ezequias ao povo de Efraim e Manassés para que participe da celebração da Páscoa em Jerusalém (2Cr 30), e o escárnio pespegado a seus emissários (v. 10). Esta é a situação no século II a.C., o período da ruptura entre Judaísmo e samaritanos,[38] quando o templo do Monte Garizim ameaçava ofuscar Jerusalém,[39] e houve o confronto posterior com os hasmoneus. Propaganda contra os samaritanos pode ser encontrada em outras obras literárias do segundo século.[40] Entretanto, com a conquista da área de Siquém e da Samaria, os hasmoneus precisavam encontrar um jeito de incorporar os samaritanos em seu estado em vias de expansão.

4. A meticulosa organização dos sacerdotes e de outros grupos em Crônicas[41] combina com um sistema de culto bem organizado e uma população expressiva. Se não é utópico, isto ajusta-se do melhor modo ao estado hasmoneu. A população da Yehud do período persa era limitada (cerca de 12 mil pessoas), enquanto

---

of Chronicles, 84; Japhet, *The Ideology of the Book of Chronicles*, 325–34; a respeito do caso samaritano, cf. o resumo in Peltonen, "A Jigsaw without a Model".

[38] Stefan Schorch, "The Construction of Samaritan Identity from the Inside and from the Outside", in Rainer Albertz and Jakob Wöhrle (eds.) *Between Cooperation and Hostility: Multiple Identities in Ancient Judaism and the Interaction with Foreign Powers*, JAJSup 11 (Göttingen: Vandenhoeck & Ruprecht, 2013) 136–38.

[39] A propósito das escavações e da comparação entre os templos, cf. Yitzhak Magen, Haggai Misgav, and Levana Tsfania, *The Aramaic, Hebrew and Samaritan Inscriptions*, Vol. 1 of *Mount Gerizim Excavations* (Jerusalem: Israel Antiquities Authority, 2004), 1–13; Yitzhak Magen, *A Temple City*, Vol. 2 of *Mount Gerizim Excavations* (Jerusalem: Israel Antiquities Authority, 2008), 141–64.

[40] Mendels, *The Land of Israel*, 110.

[41] Sara Japhet, "The Supposed Common Authorship of Chronicles and Ezra-Nehemiah Investigated Anew", *VT* 18 (1968) 332–72; Japhet, *I and II Chronicles*, 26.

depois da expansão territorial dos hasmoneus os habitantes da Judeia podem ser estimados em até 100 mil.[42] A esgotada população de Jerusalém nos períodos persa e ptolemaico e o dramático crescimento da cidade no final do período helenista também deveriam ser levados em consideração.[43]

5. Matatias, o hasmoneu, era um sacerdote da família de Joiarib (Jeoiarib) que é colocado na abertura da lista das famílias sacerdotais em 1Cr 24,7; em outras referência bíblicas, esta família é listada em segundo lugar ou mais abaixo.[44]

6. É possível que Crônicas não esteja representado em Qumrã. De acordo com alguns estudiosos,[45] há um fragmento ali, formado por algumas palavras, que, se for restaurado corretamente, pode ser identificado com 2Cr 29,1-3. Outros duvidam de tal identificação.[46]

---

[42] Finkelstein, "The Territorial Extent and Demography of Yehud".

[43] Israel Finkelstein, "Jerusalem in the Persian (and Early Hellenistic) Period and the Wall of Nehemiah", *JSOT* 32 (2008) 501–20 (capítulo 1 neste livro); Hillel Geva, "Jerusalem's Population in Antiquity: A Minimalist View", *TA* 41 (2014) 131–60.

[44] Ackroyd, "Criteria for the Maccabean Dating", 126; Steins, *Die Chronik*, 498; Knoppers, *I Chronicles*, 107.

[45] Por exemplo: Kalimi, *History of Interpretation*, 19–21; Julio T. Barrera, "118.4Qchr", in Eugene Ulrich et al. (eds.) *Qumran Cave 4.XI: Psalms to Chronicles*, DJD 16 (Oxford: Clarendon, 2000), 295–97; Eugene Ulrich (ed.) *The Biblical Qumran Scrolls: Transcriptions and Textual Variants*, VTSup 134 (Leiden: Brill, 2010), 778.

[46] Jens B. Kofoed, *Text and History: Historiography and the Study of the Biblical Text* (Winona Lake, IN: Eisenbrauns, 2005), 35; Ben Zvi, *History, Literature and Theology*, 252; Brooke, "The Books of Chronicles", 38–40; Hanne von Weissenberg, "'Canon' and Identity at Qumran: An Overview and Challenges for Future Research", in Anssi Voitila and Jutta Jokiranta (eds.) *Scripture in Transition: Essays on Septuagint, Hebrew Bible, and Dead Sea Scrolls in Honour of Raija Sollamo*, JSJSup 126 (Leiden: Brill, 2008), 635. A discussão de Welten em torno de 2Cr 26,15 (*Geschichte und Geschichtsdarstellung*, 111–14) é irrelevante para a questão ponderada aqui; mesmo que a referência seja a catapultas, elas

Para resumir a questão da datação, parece-me que não há nenhum argumento decisivo que pudesse evitar datar pelo menos partes de Crônicas do final do século II a.C. Por conseguinte, eu apoiaria Japhet quando diz que "a data e a proveniência de Crônicas, portanto, devem ser determinadas principalmente com base em considerações gerais".[47] Crônicas retrata tais "considerações gerais", entre elas a postura teocrática do texto, a atitude em relação ao norte, o papel cultual de Davi e Salomão e a ideologia territorial do(s) autor(es). A questão é: qual delas ajuda a identificar o tempo da composição? Eu optaria pela última; evidentemente, referências a território vêm com um mapa – real ou imaginário – que pode ser decisivo para revelar os contextos históricos por trás do(s) autor(es).

2. A expansão de Judá de acordo com Crônicas em relação à história dos hasmoneus

O holofote deveria focalizar a conta de seis reis a respeito dos quais 2 Crônicas acrescenta material que não aparece em Reis. São eles: Roboão, Abias/Abiam, Asa, Josafá, Ozias e Ezequias.

2.1. Nota preliminar: Davi e Salomão

As figuras fundadoras da dinastia, descritas em Samuel e Reis como governantes em uma Monarquia Unida que cobria territórios posteriores de todo o Israel – todas as tribos e reinos de Israel e de Judá combinados –, foram da máxima importância para o(s) autor(es) de Crônicas.[48] Alcançar essas fronteiras ideais – de Dã até Bersabeia

---

eram conhecidas como tendo começado no século IV (por exemplo: Klein, *1 Chronicles*, 15; cf. a discussão pormenorizada in Francesco Bianchi and Gabriele Rossoni, "L'armée d'Ozias [2 Ch 26, 11–15] entre fiction et réalité: Une esquisse philologique et historique", *Transeu* 13 [1997], 21–37).

[47] Japhet, *I and II Chronicles*, 25.

[48] A respeito do conceito de "todo o Israel" em Crônicas, cf. Japhet, *The Ideology of the Book of Chronicles*, 264–70, 285–90; cf. também: Jacob L. Wright, "David,

– era uma meta final. O autor confirma "adaptar" o conceito às realidades de seu tempo: de um lado, ele apaga a memória de Davi como governador apenas de Judá no começo de sua carreira.[49] De outro, ele elimina as referências detalhadas de Samuel-Reis à extensão territorial da Monarquia Unida – o censo de Joab e a terra do caso de Cabul.

Davi é importante como símbolo de um guerreiro piedoso e fundador da dinastia, o rei que estabeleceu o governo sobre toda a terra.[50] Tanto Davi quanto Salomão, os fundadores do culto do templo, são despidos de pecados e de malfeitos. É notável que o autor de Crônicas critique até mesmo Ezequias, seu herói (ver mais adiante), e Josias, o rei mais justo de Judá de acordo com Reis; ele torna isso possível a fim de diminuir um pouco a estatura deles em comparação com Davi (e Salomão), a quem ele adora.

2.2. Roboão

O relato de Roboão é uma história serpejante – uma das mais complicadas em Crônicas.[51] Em Reis, Roboão é descrito negativamente. 2 Crônicas avalia positivamente seus primeiros três anos. Nestes anos, ele governou sobre Judá e Benjamim (2Cr 11,12.23), onde construiu quinze cidades fortificadas. Sacerdotes e levitas de "todo o Israel" deixaram suas casas e vieram para Judá e Jerusalém, significando que a população piedosa de todo o Israel reuniu-se ali. Mais tarde, porém,

---

King of Judah (Not Israel)", The Bible and Interpretation, 2014, disponível em: <tinyurl.com/SBL2637a> [disponível também em: <https://bibleinterp.arizona.edu/articles/2014/07/wri388001> (N. E.)].

[49] Wright, "David, King of Judah".

[50] Entretanto, pelo menos uma das guerras de Davi é usada por razões práticas: 1 Crônicas acrescenta Mádaba como a localização da guerra contra os amonitas e seus apoiadores (compare 1Cr 19,7 com 2Sm 10); Amon e Mádaba exerceram função importante na expansão dos hasmoneus (1Mc 9,35-42; Josefo, *A.J.* 13.255, e, para Alexandre Janeu, *A.J.*13.397).

[51] Cf., por exemplo: Williamson, *1 and 2 Chronicles*, 238–50; Gary N. Knoppers, "Rehoboam in Chronicles: Villain or Victim?", *JBL* 109 (1990) 423–40; Japhet, *I and II Chronicles*, 682–84.

Roboão "abandonou a lei do Senhor" (2Cr 12,1) e foi punido pela campanha militar do faraó Sesac. Então ele "humilhou a si mesmo" e, ao fazer isso, salvou Judá da destruição (v. 12).

As quinze cidades que foram fortificadas cobriam a área de Aduram/Adoraim e Zif, ao sul, até Aialon, ao norte, e da linha de Laquis-Azeca, na Sefelá, a oeste, até Técua/Técoa, a leste. Já tratei desta lista alhures[52] e mostrei que:

1. Ela não se ajusta a nenhuma realidade geográfica ou histórica da Idade do Ferro II; observe-se especialmente que o projeto de fortificação exclui tanto o norte quanto o sul da Judá da Idade do Ferro.
2. Três locais mencionados na lista – Aduram/Adoraim, Maresa e Betsur – eram localidades importantes no período helenista.
3. A linha no sul se encaixa na orla do estado hasmoneu depois da tomada da Idumeia por João Hircano (Josefo, *A.J.* 13.257-258).
4. Sete ou oito dos quinze locais aparecem em fontes que descrevem a época hasmoneia.
5. Todos os locais na lista eram habitados no período helenista. Os cinco que foram escavados produziram evidência de fortificações do período helenista; embora seja difícil estabelecer a data exata da construção de algumas dessas defesas, em todos os cinco locais a fortificação parece ter estado em uso no século II a.C.

Concluí que o texto acerca das cidades fortificadas por Roboão deveria ser compreendido contra o pano de fundo dos tempos hasmoneus. Um acontecimento nos primeiros dias do reinado de João Hircano deve ter demonstrado a urgente necessidade de proteger as fronteiras de Judá e as estradas que conduziam a Jerusalém. Refiro-me à campanha

---

[52] Israel Finkelstein, "Rehoboam's Fortresses Cities (II Chr 11, 5–12): A Hasmonean Reality?", *ZAW* 123 (2011) 92–107 (capítulo 6 neste livro).

militar relâmpago de Antíoco VII Sideta, em 134 a.C. (no ano em que João Hircano chegou ao poder). Sem nenhum obstáculo em seu caminho, Antíoco VII invadiu a Judeia, conquistou-a, de fato, sitiou Jerusalém e impôs uma taxa aos hasmoneus (Josefo, *A.J.* 13.236-248; outras informações mais adiante).

A descrição em Crônicas do território central de Judá (as áreas tribais de Judá e Benjamim) durante o reinado de seu primeiro rei após a secessão do norte é o ponto de partida para a expansão gradual do reino, ou seja: para a história de como os reis de Judá tentaram "reconstruir" territorialmente a idade de ouro da Monarquia Unida. Tal território é um tanto semelhante à área central dos hasmoneus antes do começo de sua expansão territorial. Contudo, naquele tempo, a fronteira meridional da Judeia encontrava-se em Betsur,[53] e a oeste ainda não se havia expandido pela Sefelá; assim, por que acrescer as áreas da Idumeia e Maresa? Parece-me que o autor, que conhecia bem a história geográfica de Judá/Judeia, incluiu-as a fim de evitar passar a impressão de que a área central da Judá do Primeiro Templo omitia a área de Hebron e a Sefelá superior.

Esse território central é onde a história começa – já para a Judeia hasmoneia, já para o autor da descrição de Judá contida em 2 Crônicas.

2.3. Abias/Abiam

Ao segundo rei de Judá são dedicados oito versículos em 1Rs 15 e 23 versículos em 2Cr 13. É descrito negativamente em 1 Reis, e favoravelmente em 2 Crônicas; o Abiam de 1 Reis recebe um nome javista – Abias – em 2 Crônicas. Por que o autor subverte a avaliação de 1 Reis e torna Abias/Abiam bom? E de onde ele tirou a história (com contexto geográfico muito específico) acerca da guerra contra o norte? Sugiro que o autor precisava demonstrar que a expansão de

---

[53] Betsur tinha sido fortificada por Judas Macabeu (1Mc 4,61), conservada por Lísias (1Mc 6,7), fortificada por Báquides (1Mc 9,52), sitiada pelo hasmoneu Simão (1Mc 11,65) e fortificada novamente por ele (1Mc 14,7.33).

Judá, especialmente o começo das conquistas no território de Israel, começou imediatamente com o governo de seu segundo rei. Uma vez que ganhos territoriais só podem ser concedidos a reis piedosos, o autor foi forçado a descrever Abias/Abiam positivamente.[54]

O relato em 2 Crônicas concentra-se na guerra entre Abias/Abiam e Jeroboão, e no discurso proferido pelo rei de Judá no Monte Semaraim/Semeron. A Israel parece ser dada a oportunidade de arrepender-se e juntar-se à nação; quando Jeroboão (não o povo de Israel) se recusa, Israel é esmagado. Isso acontece apesar do fato de as forças de Jeroboão serem duas vezes mais numerosas do que as de Abias/Abiam, porque os judaítas "confiaram no Senhor, Deus de seus pais" (2Cr 13,15-18). Como consequência dessa vitória, Abias/Abiam tomou de Jeroboão "Betel e as aldeias, Jesana e as aldeias, Efron [ou Ofra/Efraim] e as aldeias" (v. 19).

A geografia deste confronto (Abias/Abiam parece proferir o discurso aos israelitas a partir de um mirante na fronteira setentrional de Judá) e o nome do local (de *tzameret* [=] topo da árvore) indicam que Semaraim/Semeron deveria ser identificado com um ponto elevado com uma visão panorâmica de grandes distâncias ao norte. No livro de Josué (18,22), Semaraim/Semeron aparece no distrito oriental de Benjamim. O melhor (e único) local que se encaixa nessas descrições é a localidade de Ras et-Tahune em el-Bireh,[55] situado em uma colina

---

[54] A respeito dos vários aspectos do retrato de Abias em Crônicas, cf. Ralph W. Klein, "Abijah's Campaign against the North (II Chr 13) — What Were the Chronicler's Sources?", *ZAW* 95 (1983) 210–17; David G. Deboys, "History and Theology in the Chronicler's Portrayal of Abijah", *Bib* 71 (1990) 48–62; Gwilym H. Jones, "From Abijam to Abijah", *ZAW* 106 (1994) 420–34. O autor enfrentou, pois, um problema teológico que ele próprio havia criado: se Abias era bom, como é que governou durante apenas três anos? Esta pode ser a razão para o resumo enigmático (2Cr 13,22) possivelmente insinuando que há mais o que contar a respeito dele, e para o fato de que Abias não recebe uma avaliação sumária.

[55] Zecharia Kallai, "The Land of Benjamin and Mt. Ephraim" [em hebraico], in Moshe Kochavi (ed.) *Judaea, Samaria and the Golan: Archaeological Survey 1967–1968* (Jerusalem: Carta, 1972), 178.

dominante, com uma visão abrangente dos territórios efraimitas do Reino do Norte.[56] Quanto às conquistas de Abias/Abiam, Betel é bem conhecida. Jesana verossimilmente deveria ser identificada em Burj el-Lisaneh, a cerca de cinco quilômetros a noroeste de Betel[57] e Efron ([=] Ofra/Efraim), também situada no distrito oriental de Benjamim (Js 18,23), deve ser situada em et-Taiyibeh, a cerca de seis quilômetros a noroeste de Betel.

1 Macabeus (11,34) diz que nos dias de Jônatas, na década de 140 a.C., três toparquias foram tomadas da Samaria e entregues à Judeia – Lod/Lida, Efraim (Aferema) e Ramataim. Lod/Lida e Ramataim (esta última provavelmente deva ser identificada com o povoado de Rantis, a 22 km a noroeste da moderna Ramallah) estão situadas a noroeste da área discutida aqui, mas Efraim é o mesmo local (Efron [=] Ofra [=] et-Taiyibeh) que é mencionado em 2Cr 13,19.

Então, de acordo com o autor de 2 Crônicas, Abias/Abiam começou a expansão de Judá tomando de Jeroboão território ao redor e ao norte de Betel. A mesma área foi dada por Demétrio a Jônatas – o primeiro governador hasmoneu depois de Judas.

2.4. Asa

2 Crônicas descreve os primeiros 35 anos do governo de Asa (2Cr 15,19) – até a guerra com Baasa de Israel – favoravelmente. Asa é abençoado com a construção de cidades fortificadas em Judá (2Cr 14,6), conquistou cidades na região colinosa de Efraim/Ofra/Efron e

---

[56] Israel Finkelstein, Zvi Lederman, and Shlomo Bunimovitz, *Highlands of Many Cultures: The Southern Samaria Survey*, MSIA 14 (Tel Aviv: Tel Aviv University Institute of Archaeology, 1997), 512–13. A falta de cacos de louça helenista nas duas inspeções realizadas ali pode ser resultado de erosão severa e de urbanização moderna.

[57] William F. Albright, "New Identifications of Ancient Towns", *BASOR* 9 (1923) 7–8; Finkelstein, Lederman, and Bunimovitz, *Highlands of Many Cultures*, 573–77.

reuniu Judá e Benjamim, como também os imigrantes de Efraim, de Manassés e Simeão que moravam entre eles, e que se afastaram de Israel em grande número para aderir a Asa, ao perceber que o Senhor Deus estava com ele. Reuniram-se em Jerusalém, no terceiro mês do ano quinze do reinado de Asa (2Cr 15,9-10).

Os últimos poucos anos do reinado de Asa são descritos negativamente. A fim de explicar o fato de que um rei bom tenha enfrentado a invasão de um inimigo (Baasa), o Cronista culpa-o por ter apelado a Ben-Adad de Damasco, solicitando ajuda, em vez de confiar em YHWH. E para explicar como um rei bom cai doente, ele culpa Asa por punir o profeta que criticou seu apelo a Ben-Adad (2Cr 16,7-12).[58]

O acontecimento mais importante, sem paralelo, durante os anos de bom comportamento é a invasão de Judá por Zara, o cuchita, com um exército de um milhão de homens – neste caso, também, uma força mais do que o dobro daquela de Judá. Asa encontrou-o em Maresa e a batalha aconteceu "no Vale de Sefata, em Maresa", normalmente lido na *LXX* como "no Vale ao norte (hebraico [=] zaphona) de Maresa". Asa invocou YHWH pedindo ajuda e Deus derrotou o exército de Zara: "Asa e o exército os perseguiram até Gerara" (2Cr 14,9-13). O que temos aqui, pois, é uma invasão de Judá, vinda do oeste até Maresa, na Sefelá superior, uma grande vitória e uma perseguição a partir de Maresa até o sudeste, chegando a Gerara.

Quem era Zara, o cuchita, por que Maresa é o ponto focal e não a vizinha Laquis – a cidade judaíta mais importante na Sefelá na Idade do Ferro, e qual é o papel de Gerara nesta história? Aqui, igualmente, dever-se-ia prestar atenção a 1 Macabeus. A área referida em 2 Crônicas foi o cenário de diversos confrontos hasmoneus. 1 Macabeus (10,77-86) descreve um conflito e uma caça aos invasores do oeste nos dias de Jônatas. 1 Macabeus (15,40-41; 16,1-10) descreve

---

[58] A respeito de Asa em Crônicas, cf. Williamson, *1 and 2 Chronicles*, 255–77; Japhet, *I and II Chronicles*, 701–41.

a invasão de Cendebeu até Jâmnia/Jabne nos dias de Simão. Uma batalha aconteceu e o exército invasor foi derrotado e perseguido até Azoto/Asdode. Observe-se que Maresa era a cidade mais importante na Idumeia e foi conquistada por João Hircano (Josefo, *A.J.* 13.257), e que Gerara é mencionada em 2Mc 13,25 como um ponto fronteiriço da administração meridional na planície costeira.

Por conseguinte, Asa continua a expansão de Abias/Abiam no norte, desta vez em cidades na região colinosa de Efraim/Ofra/Efron (cf. 2Cr 17,2). Ele também defende a fronteira ocidental de Judá e persegue seu inimigo a sudoeste, acontecimentos que se parecem com os conflitos que ocorreram na mesma área nos dias dos primeiros hasmoneus.

2.5. Josafá

Ao descrever os dias de Josafá, o autor de 2 Crônicas defronta-se com um problema – Josafá cooperou com o desprezado Acab. Ele não ignora o assunto; antes, enfatiza a grande piedade do rei de Judá (2Cr 19,2-3). Como rei bom, Josafá é abençoado com a atividade de construção quer de fortalezas, quer de cidades-armazéns em Judá, além de ganhos territoriais.[59]

O autor lida com o relacionamento de Judá com todos os seus vizinhos (2Cr 17,10). Ao norte, Josafá instala guarnições militares nas

---

[59] A respeito de Josafá em Crônicas, cf., por exemplo, Gary N. Knoppers, "Reform and Regression: The Chronicler's Presentation of Jehoshaphat", *Bib* 72 (1991) 500–524; Kim Strübind, *Tradition als Interpretation in der Chronik: König Josaphat als Paradigma chronistischer Hermeneutik und Theologie*, BZAW 201 (Berlin: de Gruyter, 1991); Ralph W. Klein, "Reflections on Historiography in the Account of Jehoshaphat", in David P. Wright, David Noel Freedman, and Avi Hurvitz (eds.), *Pomegranates and Golden Bells: Studies in Biblical, Jewish, and Near Eastern Ritual, Law, and Literature in Honor of Jacob Milgrom* (Winona Lake, IN: Eisenbrauns, 1995), 643–57; Steven L. McKenzie, "The Trouble with King Jehoshaphat", in Robert Rezetko, Timothy H. Lim, and W. Brian Aucker (eds.) *Reflection and Refraction: Studies in Biblical Historiography in Honour of A.Graeme Auld*, VTSup 113 (Leiden: Brill, 2007), 299–314; a atenção especial dada por 2 Crônicas a este rei está além do objetivo da discussão aqui.

cidades da zona colinosa de Efraim/Ofra/Efron que seu pai Asa havia tomado de Israel (2Cr 17,2; 19,4). Ao sul, seu poder alcança Bersabeia (19,4; não se faz nenhuma referência à história, em 1Rs 22,49, de que Josafá esteve em atividade em Asiongaber – o Cronista não está preocupado com o extremo sul, muito além da Judeia de seu tempo). Os árabes no deserto e os filisteus no oeste trazem presentes para Josafá. A leste, o Senhor/YHWH derrota os moabitas e os amonitas que invadiram Judá (2Cr 20). Josafá, então, consolida o domínio de Judá sobre o território que ele herdou de seu pai. Somente no sul é que ele governa sobre uma área que não é especificamente mencionada em 2 Crônicas como pertencente a Judá antes dele.

O país dos filisteus aparece diversas vezes em 1 Macabeus em relação ao território além de Maresa e Azoto/Asdode (por exemplo: 5,66.68). Guerras em Amon e em Moab são um assunto importante para os hasmoneus (para Jazer, em Amon, por exemplo: 1Mc 5,8). O deserto de Técua/Técoa – mencionado em relação à guerra contra Amon e Moab – aparece em 1Mc 9,33 atinente a um confronto com Báquides, o qual envolve um grupo de Mádaba (9,36).[60] E além desses detalhes, a expressão "que circundavam/vizinhos de" Judá (hebraico [=] *sevivot*; grego, κύκλῳ Ιουδα) para os inimigos do reino (2Cr 17,10) reverbera em 1 Macabeus (3,25; 5,1; 12,53).[61]

2.6. Ozias

De acordo com o autor de 2 Crônicas, nos dias de Ozias Judá alcançou o máximo de seu território antes do colapso do Reino do Norte. Ozias lutou contra os filisteus, "derrubou" os muros de Gat, Jâmnia/Jabne e Azoto/Asdode e construiu cidades no território de Azoto/Asdode "e na terra dos filisteus". Deus ajudou-o contra os filisteus,

---

[60] Para a ideia de que a história reflete um acontecimento do século III a.C., cf. Martin Noth, "Eine palästinische Lokalüberlieferung in 2 Chr.20", *ZDPV* 67 (1945) 45–71.

[61] Para o tema de cidades-depósitos (2Cr 17,12), observe-se 1Mc 14,10.

os árabes e os meunitas (2Cr 26,6-7, possivelmente uma elaboração sobre 2Rs 18,8 [para Ezequias]), e os amonitas lhe pagaram tributo. Obviamente, o território de Ozias em Crônicas cobre áreas na Filisteia que jamais tinham sido governadas pela Judá da Idade do Ferro. Outrossim, é digno de nota que Ozias construiu torres em Jerusalém e "nos desertos, e cavou muitas cisternas" (vv. 9-10). A fim de explicar por que Ozias contraiu lepra, o Cronista associa-o a uma ofensa cultual em seus últimos dias (v. 16). Essas descrições também recordam a realidade dos dias dos hasmoneus, que, de quando em vez, conflitavam com Jâmnia ([=] Jabne – 1Mc 4,15; 5,58; 10,69; 15,40) e Azoto/Asdode (4,15; 5,68; 10,76-84; 11,4; 16,10). Estes locais provavelmente tinham sido conquistados por João Hircano, porque, quando Alexandre Janeu chegou ao poder, eles já pertenciam à Judeia.[62] Dentro da Judeia os hasmoneus construíram a Primeira Muralha (com torres) em Jerusalém e palácios/fortalezas com sofisticados sistemas de irrigação no deserto de Judá (compare com 2Cr 26,9-10).

2.7. Ezequias

Em Crônicas, Ezequias é o rei mais importante depois de Davi e Salomão.[63] Ezequias é essencial para a descrição que o autor faz da expansão de Judá, porque ele reinou imediatamente depois da queda do Reino do Norte. Ele é o primeiro a entrar na área central de Israel; ele convidou "todo o Israel e Judá" de Dã a Bersabeia (todas

---

[62] Michael Avi-Yonah, *The Holy Land from the Persian to the Arab Conquests (536 B.C. to A.D. 640): A Historical Geography* (Grand Rapids: Baker, 1977), 64, baseado em Josefo, *A.J.* 13.324.

[63] Williamson, *1 and 2 Chronicles*, 350; Japhet, *I and II Chronicles*, 912; a respeito de Ezequias em Crônicas, por exemplo, Williamson, *Israel in the Books of Chronicles*, 119–25; August H. Konkel, *Hezekiah in Biblical Tradition* (Ann Arbor: University Micro Films International, 1989), 217–82; Mark A. Throntveit, "The Relationship of Hezekiah to David and Solomon in the Books of Chronicles", in M. Patrick Graham, Steven L. McKenzie, and Gary N. Knoppers (eds.) *The Chronicler as Theologian: Essays in Honor of Ralph W. Klein*, JSOTSup 271 (London: T&T Clark, 2003), 105–21; Young, *Hezekiah in History and Tradition*, 195–283.

as tribos de Israel a oeste do Jordão são mencionadas, à exceção de Neftali) para virem celebrar a Páscoa em Jerusalém (2Cr 30,1.5). Mas o autor faz uma distinção entre tais áreas e os territórios onde todo o Israel deveras saiu: "[...] partiram para as cidades de Judá, derrubaram os postes sagrados/as estelas e destruíram totalmente os locais altos, bem como todos os altares/as aserás em Judá e Benjamim, Efraim e Manassés" (2Cr 31,1). Nessas áreas, somente Judá, Benjamim, Efraim e Manassés são mencionados. Parece, pois, que os territórios de "todo o Israel" estão divididos em dois: (1) Reivindicação de todo o território de Israel e de Judá combinados, de Dã a Bersabeia, o que inclui também as tribos da Galileia. (2) Terra de fato governada por Ezequias; a terra de Manassés – a área de Siquém e mais além, ao norte, na zona colinosa – é acrescentada ao que já havia sido governado por Ozias. Parece, portanto, que a Galileia ainda não está nas mãos de um rei que governa a partir de Jerusalém. O último – o território de Judá, Benjamim, Efraim e Manassés – é o território judaíta máximo descrito em 2 Crônicas; o piedoso Josias parte para a guerra em Meguido, mas não há menção de seu governo sobre territórios na Galileia. Ezequias é o herói de 2 Crônicas, alguns dizem ser o novo Salomão,[64] quando não o novo Davi,[65] ofuscando o grande Josias da História Deuteronomista. Parece-me que João Hircano, em cujos dias 1 Macabeus parece ter sido composto,[66] é equiparado a ele. Hircano era o governante hasmoneu que conquistou Siquém (Josefo, *A.J.* 13.255) e a Samaria (*A.J.* 13.281) e destruiu o templo samaritano no Monte Garizim (*A.J.* 13.155-256, 281). O Ezequias de Crônicas e João Hircano, portanto, governaram sobre o mesmo território a oeste do Jordão, de maneira mais

---

[64] Por exemplo: Klein, *2 Chronicles*, 10. Williamson (*1 and 2 Chronicles*, 366) pensa que no tempo de Ezequias a Judá de Crônicas alcançou a extensão do reino nos dias de Salomão. Contudo, em Reis Salomão reina em (quase) todo o país de Israel, até mesmo nos vales do norte e na Galileia, áreas não governadas pelo Ezequiel de Crônicas.

[65] Por exemplo: Young, *Hezekiah in History and Tradition*, 282.

[66] Rappaport, *The First Book of Maccabees*, 60–61, com referências a literatura prévia.

significativa, toda a zona colinosa central.[67] É notável que outro texto hasmoneu – os Testamentos dos Doze Patriarcas, que provavelmente datam dos últimos dias de João Hircano – também faça uma distinção entre as áreas tribais que estavam nas mãos dos hasmoneus e as tribos da Galileia.[68] Observem-se também as duas referências ao triunfo de Deus sobre Senaquerib em 1Mc 7,41 e 2Mc 8,19 em relação à vitória hasmoneia sobre Nicanor. Os dias de Ezequias parecem demonstrar a capacidade do Deus de Israel de derrotar um grande poder mundano. Possivelmente, isto pode ter sido escrito contra o pano de fundo da luta com Antíoco VII Sideta: ambos os exércitos estrangeiros – o assírio e o selêucida – sitiaram Jerusalém, a "vitória" foi alcançada com a ajuda de YHWH, e ambos os monarcas estrangeiros morreram inesperadamente depois de suas campanhas em Judá/Judeia.

Para resumir, a descrição que o Cronista faz do território de Judá no tempo de Ezequias traça as linhas para as conquistas hasmoneias até os últimos dias de João Hircano (exceto para Mádaba, Gazara/Gezer/Gazer e Jope, que serão discutidas mais adiante). O fato de que a nenhum rei de Judá – nem mesmo a Josias – é creditada a conquista dos vales setentrionais e da Galileia (para alcançar a meta ideal de reconstruir o reino de Davi e Salomão) pode ser revelador, insinuando que o Cronista reflete a expansão dos hasmoneus antes dos dias de Aristóbulo e de Alexandre Janeu.

2.8. Outros reis: bons e maus

As descrições em 2 Crônicas discutidas aqui levantam duas questões:

1. Por que a expansão de Judá, que não é recontada em Reis, é creditada aos monarcas supramencionados, dois dos quais são avaliados negativamente na História Deuteronomista? E por que

---

[67] A respeito de Hircano, cf. Avi Yonah, *The Holy Land*, 63–67; mapa in Yohanan Aharoni and Michael Avi-Yonah, *The Macmillan Bible Atlas* (New York: Macmillan, 1993), 156.

[68] Mendels, *The Land of Israel*, 95–96.

grande parte da expansão é atribuída aos primeiros quatro reis de Judá?

2. Por que a outros reis não são "dados" ganhos territoriais, especialmente àqueles avaliados positivamente em Reis (Joás, Amasias, Joatão e Josias)?

Antes de responder a essas questões, seja-me permitido resumir a atitude territorial do autor em relação a cada um dos reis judaítas.

Dentre os primeiros quatro reis, Roboão foi o primeiro depois da "divisão" da Monarquia Unida; assim, 2 Crônicas precisava assinalar a área central do reino antes que este começasse a expandir-se. No que diz respeito a Abias, o autor tirou vantagem da menção em Reis de que ele estava em guerra com o desprezado Jeroboão a fim de mostrar que Judá havia começado a expandir-se sem demora para dentro do território israelita. Para tal fim, ele precisa avaliar Abias positivamente. A expansão continuou nos dias dos próximos dois reis "bons". Asa foi atacado por Israel e, portanto, recebeu território ali – cidades na região colinosa de Efraim. Josafá estava em atividade no território tomado por seu pai, ao norte, e foi atacado (e salvo por YHWH) no leste.

Não surpreende que os três monarcas ligados aos amridas – Jorão, Ocozias e Atalia – sejam julgados de modo severo e, evidentemente, o reino deles não é abençoado com ganhos territoriais. O contrário é verdadeiro – Jorão sofre ataques por todos os lados de seu reino – até mesmo mais do que é narrado em Reis (2Cr 21,16-17).

Joás e Amasias – descritos como monarcas piedosos em Reis – representam um enigma. O autor de 2 Crônicas diminui a estatura deles e não lhes garante ganhos territoriais. De acordo com ele, Joás fez o bem apenas durante os dias do sumo sacerdote Joiada (observe-se a diferença entre 2Rs 12,3 ["durante toda a sua (de Joás) vida"] e 2Cr 24,2 ["enquanto vivia o sacerdote Joiada"]). Uma vez que ele foi atacado por Aram e pagou tributo dos tesouros do templo (um fato que é omitido em Crônicas), e porque ele não morreu pacificamente, o autor tinha de diminuir-lhe a piedade (2Cr 24,17-22; embora grande parte da culpa seja colocada nos "príncipes de Judá"). Não foi possível atribuir conquistas a Amasias porque ele foi derrotado por Israel e levado em cativeiro, Jerusalém foi atacada, abriram-se brechas em seus muros e os tesouros foram levados do templo. 2 Crônicas, então, obriga Amasias a pecar (2Cr 25,14-16); a vaga referência a um regimento oriundo de Efraim que teria atacado Judá (v. 13) pode estar ligada a esta história.[69]

A expansão de Judá antes da queda do Reino do Norte termina com Ozias – o último rei piedoso antes de 720, o qual também governou durante muitos anos –, um símbolo da piedade (embora ele seja criticado em 2Cr 26,16, a fim de explicar sua lepra). Dado que a expansão de Manassés é deixada para Ezequias – após o colapso do Norte – Joatão não recebe ganhos territoriais apesar de sua devoção (embora ele também receba tributo de Amon – 2Cr 27,5). Acaz é completamente mau, como os reis ligados aos amridas antes dele, e é punido em Crônicas, além dos ataques de Aram, Israel e de Teglat--Falasar III (2Cr 28,17-19).

Ezequias, o herói de Crônicas, alcança a plena expansão de Judá na zona montanhosa – por todo o norte, até a zona colinosa de Manassés, ou seja: Siquém e Samaria inclusive. Amon e Manassés são julgados negativamente, mas este último é levado ao arrependimento a fim de explicar seu reino de 55 anos de duração.[70]

---

[69] Sobre Amasias em Crônicas, cf. Ehud Ben Zvi, "A House of Treasures: The Account of Amaziah in 2 Chronicles 25 — Observations and Implications", *SJOT* 22 (2008) 63–85.

[70] A propósito de Manassés em Crônicas, cf. Philippe Abadie, "From the Impious Manasseh (2 Kings 21) to the Convert Manasseh (2 Chronicles 33)", in Graham, McKenzie, and Knoppers, *The Chronicler as Theologian*, 89–104; Brian E. Kelly, "Manasseh in the Books of Kings and Chronicles (2 Kings 21,1–18; 2 Chron 33,1–20)", in V. Philips Long, David W. Baker, and Gordan J. Wenham (eds.) *Windows into Old Testament History: Evidence, Argument, and the Crisis of "Biblical Israel"* (Grand Rapids: Eerdmans, 2002), 131–46. Arrependimento de um rei mau é especialmente notável em 1Mc 6 (cf. também: 2Mc 9 – sou grato a Doron Mendels por chamar-me a atenção para esta referência).

Josias é menos importante para o autor de 2 Crônicas do que para o Historiador Deuteronomista, e grande parte do texto repete os atos de Ezequias.[71] Josias é quase inteiramente piedoso, com uma crítica sem importância porque ele não teria consultado YHWH antes de sair para a guerra em Meguido; isto era essencial a fim de explicar como um rei tão bom possa ter sido morto por um monarca estrangeiro. Nenhuma conquista territorial é mencionada em seus dias porque era fundamental para o autor mostrar que Judá expandiu-se para a terra do Reino do Norte imediatamente depois de sua morte. Mas quando fala a respeito da purificação dos locais altos, as "cidades da Samaria" de 2 Reis (23,19) são substituídas pelas "cidades de Manassés, de Efraim, de Simeão, até a altura de Neftali e nas vizinhanças" (2Cr 34,6). O original poderia ter sido Manassés e Efraim, com Simeão e Neftali acrescentados; ou os quatro estiveram ali desde o princípio para obedecer ao ideal utópico do governo judaíta de Bersabeia até Dã.

3. Os aspectos territoriais das genealogias em 1Cr 2–9

A ideologia territorial em Crônicas e a extensão do estado hasmoneu trazem à mente as listas genealógicas em 1Cr 2–9. Discuti o assunto alhures,[72] de modo que vou restringir-me aqui a um breve resumo. A maioria dos estudiosos concorda que as listas genealógicas constituem um bloco independente, um tipo de introdução à história. As opiniões, no entanto, diferem quanto a se elas pertencem à obra do Cronista[73]

---

[71] Williamson, *1 and 2 Chronicles*, 396; quanto a Josias em Crônicas, cf. Ehud Ben Zvi, "Observations on Josiah's Account in Chronicles and Implications for Reconstructing the Worldview of the Chronicler", in Yairah Amit, Ehud Ben Zvi, Israel Finkelstein, and Oded Lipschits (eds.) *Essays on Ancient Israel in Its Near Eastern Context: A Tribute to Nadav Na'aman* (Winona Lake, IN: Eisenbrauns, 2006), 89–106 e bibliografia.

[72] Israel Finkelstein, "The Historical Reality behind the Genealogical Lists in 1 Chronicles", *JBL* 131 (2012) 65–83 (capítulo 5 neste livro).

[73] Por exemplo: Marshall D. Johnson, *The Purpose of the Biblical Genealogies*, SNTSMS 8 (Cambridge: Cambridge University Press, 1969), 47–55; Oeming, *Das wahre Israel*.

ou se elas foram acrescentadas depois que o conteúdo principal do livro já havia sido formulado.[74] Enquanto pesquisadores associaram as genealogias ao ideal territorial davídico expresso em Crônicas, o território real, descrito na lista, representado por nomes de cidades, cobre uma área que se estende de Estemo e Maon, ao sul, até Betel, Barzait e Siquém, ao norte, e de Maresa, Gazara/Gezer/Gazer e Lod/Lida, no oeste, até a área de Mádaba, no leste. Em termos tribais, esta área representa Judá, Benjamim, Efraim, Manassés (Siquém) e parte do território de Rúben (Figura 5.1.; cf. também 1Cr 9,3). É também digno de nota que a genealogia do retorno em 1Cr 9,2-34 menciona repatriados de Judá, Benjamim, Efraim e Manassés.[75] Este território é completado por áreas tribais (para diferençar de listas de cidades). As genealogias de Neftali e de Issacar (e de Dã?)[76] são breves e não oferecem quase nenhuma informação; somente a genealogia da zona montanhosa central de Aser é dada, e não há nenhuma genealogia de Zabulon. No caso de Manassés, o autor repetiu os dados sobre os filhos e filhas de Manassés que aparecem em Js 17, e incorporou uma lista de locais famosos (1Cr 7,29) que ele provavelmente tomou da História Deuteronomista (Jz 1,27). É verossímil que a lista de Simeão tenha sido tirada de Josué (19,1-17).[77]

A área delineada pelas detalhadas genealogias é, portanto, algo semelhante ao território de Judá no tempo de Ezequias, conforme descrito em Crônicas, e similar ao território da Judeia hasmoneia nos últimos dias de João Hircano, até mesmo sua expansão ao sul (Idumeia), ao norte (Siquém e Samaria), a oeste (incluindo Maresa, Gazara/Gezer/

---

[74] Por exemplo: Frank M. Cross, "A Reconstruction of the Judean Restoration", *JBL* 94 (1975) 4–18; Noth, *The Chronicler's History*, 36–42.

[75] Knoppers, *I Chronicles*, 264.

[76] Knoppers, *I Chronicles*, 453.

[77] Por exemplo: Rudolph, *Chronikbücher*, 38–39; Albrecht Alt, *Kleine Schriften zur Geschichte des Volkes Israel*, Vol. 2 (München, Beck, 1953), 285. O autor fez isso porque não tinha nenhum conhecimento da área mais ao sul, ou seja: o Vale de Bersabeia.

Gazer conquistada por Simão, e Lod/Lida dada a Jônatas)[78] e a leste (Mádaba). Issacar, Neftali e as tribos da Transjordânia setentrional são mencionadas somente em linhas gerais, sem referência a cidades. Isto pode ser visto como reflexo das futuras aspirações dos hasmoneus de concluir a conquista dos territórios das doze tribos de Israel (ou a grande Monarquia Unida), conforme entendida nos dias de João Hircano; ou pode retratar o tempo imediatamente depois disso, quando a anexação de grande parte desta área ao estado hasmoneu havia sido completada (e isto, pois, explicaria a lista de cidades manasseítas no Vale de Jezrael).

4. Necessidade hasmoneia de legitimação

Ainda que as listas genealógicas possam alguma vez ter sido uma unidade literária separada do resto de Crônicas (conforme argumentado por muitos), elas representam a mesma ideologia de legitimação territorial do estado hasmoneu. Uma fala a respeito de locais povoados pelas tribos de Israel e a outra lida com áreas conquistadas e, em seguida, governadas pelos reis de Judá.

É provável que as listas genealógicas pretendam legitimar o governo judaico sobre áreas transferidas para ou conquistadas pelos hasmoneus, as quais eram habitadas por grande população gentia, concedendo-lhes linhagem tribal israelita antiga. Parece estar em consonância com diversas composições pseudepigráficas hasmoneias. Refiro-me ao livro dos Jubileus, que pode ter sido escrito nos dias de João Hircano e, verossimilmente, ao Testamento dos Doze Patriarcas, que consultava a Bíblia a fim de legitimar as conquistas hasmoneias e tratava de problemas ligados ao relacionamento com não judeus que viviam nos novos territórios.[79] O livro dos Jubileus usou material bíblico com o intento

---

[78] As referências a um lugar chamado Gat, situado na planície (1Cr 7,21; 1Cr 8,13), também parecem relacionar-se a esta expansão da Judeia em direção ao oeste.

[79] Mendels, *The Land of Israel*; Mendels, *The Rise and Fall of Jewish Nationalism* (New York: Doubleday, 1992), 81–99.

de validar a inclusão de grupos estrangeiros dentro do Judaísmo,[80] e as genealogias em Crônicas também não rejeitam a inclusão de grupos de estrangeiros,[81] bem como indivíduos estrangeiros que estão ligados a Judá/Judeia mediante matrimônios mistos.[82]

No que concerne às conquistas deles, a necessidade dos hasmoneus de legitimação territorial é perfeitamente expressa por volta do fim de 1 Macabeus. Antíoco VII envia um emissário a Simão, que diz:

> Vós estais ocupando Jope, Gazara e a cidadela que está em Jerusalém, cidades do meu reino. Devastastes o território delas, provocastes uma grande calamidade por toda a região e vos apoderastes de muitas localidades do meu reino. Agora, pois, entregai as cidades que ocupastes [...] Ou então, dai-nos em troca quinhentos talentos de prata [...] Caso contrário, viremos aí e vos submeteremos à força! (1Mc 15,28-31).

A resposta de Simão a Antíoco é a culminação da ideologia territorial hasmoneia:

> Não tomamos terra de ninguém, nem nos apoderamos do que não era nosso. Somente recuperamos a herança dos nossos antepassados, a qual foi injustamente ocupada por nossos inimigos durante algum tempo. Nós, porém, tendo surgido a oportunidade, estamos reocupando esta herança dos nosso pais (1Mc 15,33-34).

Isso, porém, não é tudo. Simão prossegue e faz uma distinção entre a "herança de nossos antepassados" e Jope e Gazara/Gezer/Gazer, que

---

[80] Mendels, *The Land of Israel*, 60, 67.
[81] Gary N. Knoppers, "Intermarriage, Social Complexity, and Ethnic Diversity in the Genealogy of Judah", *JBL* 120 (2001) 15–30.
[82] Williamson, *1 and 2 Chronicles*, 38; Knoppers, "Intermarriage"; para a incorporação de "não judeus" na elite hasmoneia, cf., por exemplo, Seth Schwartz, "Israel and the Nations Roundabout: I Maccabees and the Hasmonean Expansion", *JJS* 42 (1991) 16–38.

tinham sido conquistadas por Simão (1Mc 14,5.7), tomadas de volta por Sideta e retomadas pelos hasmoneus (Josefo, *A.J.* 13.261):

> Quanto a Jopee Gazara, que tu reclamas, elas infligiam graves danos ao povo até em nosso território. Mas daremos por elas cem talentos (1Mc 15,35).

Em outras palavras: enquanto a "herança de nossos antepassados", que foi conquistada de acordo com esta linha de pensamento duas vezes – pelos reis de Judá e pelos hasmoneus –, é inegociável, Jope e Gazara/Gezer/Gazer são apenas questão de segurança e, portanto, podem ser pagas. É notável (e provavelmente não uma coincidência) que Jope e Gazara/Gezer/Gazer não sejam mencionadas como parte de Judá em 2 Crônicas (Gazara/Gezer/Gazer realmente aparece nas genealogias).

Embora exista em outras partes da Bíblia, um tema central aparentado em Crônicas, que é paralelo a 1 Macabeus, é a ideia de que vitórias de uns poucos contra os muitos só podem ser asseguradas com a ajuda do Deus de Israel. Conforme aqui mostrado, em Crônicas isto é reiterado uma e outra vez. O livro dos Macabeus reconta do seguinte modo a reação do povo quando vê o exército de Seron aproximar-se:

> À vista da multidão que vinha contra eles, disseram os homens de Judas: "Como poderemos nós, tão poucos, lutar contra tamanha e aguerrida multidão? Ainda mais que estamos hoje extenuados e em jejum!" [...] Respondeu Judas: "[...] Pois a vitória na guerra não depende do tamanho do exército mas da força que vem do céu. Eles vêm contra nós transbordando de insolência e impiedade, para exterminar a nós, nossas mulheres e nossos filhos, e levar tudo o que temos! Nós, porém, lutamos para defender nossas vidas e nossas leis. O próprio Senhor os esmagará diante de nós; não tenhais medo deles!" (1Mc 3,17-22).

Este tema é repetido em relação a outras batalhas de Judas (1Mc 4,10-11; 4,30-33; 7,41 [onde Judas invoca a vitória de YHWH sobre

Senaquerib]). Talvez não seja coincidência que as duas batalhas que foram travadas sem uma oração preliminar – Bet-Zacarias e Elasa – findaram em desastre, até mesmo com a morte de Eleazar e de Judas.

Mendels afirmou que os judeus não tinham ideias fixas a respeito das fronteiras do estado hasmoneu.

> As fronteiras poderiam ser ampliadas ou encolhidas, e muitos acontecimentos do passado poderiam ser apresentados para justificá-las [...] Os sonhos e as especulações deles estavam baseados na Bíblia Hebraica [...] a literatura poderia referir-se à Terra Prometida, às fronteiras de Davi e Salomão, e àquelas dos outros reis também. *Eles podiam enfeitar em outras variações territoriais e referir-se às fronteiras descritas em Crônicas, que eram significativamente diferentes das descrições paralelas em Samuel e Reis.*[83]

No século II a.C., os judeus "usavam seu próprio material tradicional para justificar suas ações durante o processo da conquista da Palestina".[84]

Bastante esclarecedora é a cuidadosa obra de Mendels sobre textos hasmoneus respeitantes ao conceito da terra de Israel.[85] Mendels demonstra que, no começo do segundo século, "Ben Sira ainda não está preocupado com a questão de governante e de soberania sobre o País",[86] e eu acrescentaria: uma questão que é tão central para Crônicas e para 1 Macabeus. Levemente mais tarde, na década de 120 a.C., o livro dos Jubileus "constitui um exemplo típico de como as pessoas estavam vivendo sua Bíblia novamente, e como elas transferiam sua própria realidade para dentro de sua história".[87] Olhando retroativamente

---

[83] Mendels, *The Rise and Fall*, 96, o grifo é meu – Israel Finkelstein.
[84] Mendels, *The Rise and Fall*, 99.
[85] Mendels, *The Land of Israel*.
[86] Mendels, *The Land of Israel*, 16.
[87] Mendels, *The Land of Israel*, 59. Para repensar as possíveis datas do livro dos Jubileus, cf. James C. VanderKam, *The Book of Jubilees* (Sheffield: Sheffield Academic Press, 2001), 17–21.

para sua história, "os judeus podiam justificar mais facilmente suas conquistas atuais".[88] Ainda levemente mais tarde, na década de 110 a.C., o Testamento dos Doze Patriarcas alude às guerras e às conquistas dos hasmoneus (João Hircano, em particular); o Testamento de Judá, especialmente, "faz grande esforço para conceder às guerras judaicas na *Eretz Israel* um cenário arcaico".[89] Consoante esta análise também, pois, a realidade descrita em 2 Crônicas encaixa-se melhor nos dias finais de João Hircano.

Os estudiosos observaram a proximidade entre Crônicas e o período helenista, até mesmo dos tempos hasmoneus, principalmente com respeito à ameaça que representava para o Judaísmo naquele tempo. Kellermann sugeriu que a crítica do Cronista ao comportamento cultual e a atitude dos reis em relação à Tora era compatível com as mudanças cultuais em Jerusalém e na Judeia durante a revolta hasmoneia.[90] Ele observou as semelhanças entre Crônicas e Macabeus. Entretanto, em vez de propor uma data tardia para Crônicas, ele optou pela compreensão convencional no começo do século terceiro e sugeriu que o Cronista previu acontecimentos vindouros, nos dias de Antíoco IV![91] Kegler observou que o contexto histórico em Crônicas é o da ameaça que os cultos estrangeiros representavam para a identidade judaica, e identificou tal ameaça com a emergência do helenismo;[92] mais especificamente, ele parece apontar para o conflito com o Império Selêucida no século segundo. Steins, também,[93] associou Crônicas com a grave

---

[88] Mendels, *The Land of Israel*, 60.

[89] Mendels, *The Land of Israel*, 98.

[90] Kellermann, "Anmerkungen zum Verständnis der Tora".

[91] Um tanto semelhantemente, Albertz (*A History of Israelite Religion*, 555) afirma: "Podemos ver a restituição nacional de Judá sob os hasmoneus no segundo século como sendo efeito político remoto de Crônicas".

[92] Jürgen Kegler, "Prophetengestalten im Deuteronomistischen Geschichtswerk und in den Chronikbüchern: Ein Beitrag zur Kompositions- und Redaktionsgeschichte der Chronikbücher", *ZAW* 105 (1993) 481–97.

[93] Steins, *Die Chronik*, 495.

crise religiosa e cultural provocada pela pressão do helenismo.[94] Steins observou que Crônicas e Macabeus refletem uma situação histórica semelhante e datou Crônicas do começo dos tempos hasmoneus.[95]

A observação de Noth é reveladora:

> Dificilmente seria aconselhável datar Crônicas significativamente mais tarde do que cerca de 200 a.C. [...] Para os acréscimos, porém, e, de modo particular, para os inúmeros suplementos às genealogias [...] o período macabeu deveria ser seriamente levado em conta. Naquele tempo é que houve um renovado interesse nas doze tribos de Israel.[96]

As precavidas palavras de Noth evocam uma questão importante: a ideologia territorial de 2 Crônicas e as genealogias exigem datar todo o corpo de Crônicas do final do século II a.C.?

Excurso 2: Um Cronista ou Cronistas?

Evidentemente, minha proposta de datar os textos sem paralelos em 2 Crônicas do final do século II a.C. necessariamente não implica que toda a obra de 1 e 2 Crônicas pertença ao mesmo tempo. Em outras palavras: é possível que a camada hasmoneia tenha sido acrescentada a um texto preexistente oriundo, por exemplo, do século III a.C. Pode haver diversos indícios para um "Crônicas primitivo".[97] Em primeiro lugar e acima de tudo, isto explicaria por que o livro foi incluído no cânone bíblico, ao passo que outros textos hasmoneus que sugeriam

---

[94] Welten (*Geschichte*, 195–206) interpretou Crônicas contra o pano de fundo de ameaças à comunidade de culto em Jerusalém da parte de oponentes de todos os lados, mas buscou o pano de fundo no século III a.C., que não oferece nenhuma confirmação para tal situação.

[95] Especialmente: Steins, *Die Chronik*, 491–99.

[96] *The Chronicler's History*, 73.

[97] Sou grato a Thomas Römer e a Konrad Schmid por me chamarem a atenção para estes pontos.

legitimação territorial, como os Jubileus, foram excluídos. E entre outros assuntos, também explicaria a atitude do autor em relação a Davi e a Salomão como construtores do templo mais do que monarcas soberanos, o que parece inadequado para o tempo dos hasmoneus.

Outros argumentos tornam difícil defender um texto de Crônicas assim tão antigo, do começo do período helenista. Os textos sem paralelos em Crônicas são longos e complexos; constituem grande parte do texto. Não são meras redações – caso sejam retirados, o que resta é basicamente uma repetição de Reis; neste caso, qual a razão para compor Crônicas? De igual modo, a fim de argumentar em favor de pelo menos duas grandes camadas em Crônicas, é preciso demonstrar algumas diferenças literárias, estilísticas, teológicas ou de linguagem entre os blocos. Parece-me que tais diferenças (significativas) não podem ser facilmente identificadas em Crônicas.[98] Do ponto de vista da lógica estritamente histórica, eu poderia entender a razão para ver 1Cr 10–2Cr 9 como um bloco (primitivo?) que conta a história da Monarquia Unida ideal a partir de uma perspectiva utópica, e 2Cr 10–36 como outro bloco (tardio), baseado em realidades hasmoneias (ambos possivelmente apresentando diversas camadas). No entanto, novamente duvido que tal separação possa ser demonstrada. Por fim, permanece a questão: existe evidência concreta – histórica, literária ou outra – para um texto antigo de Crônicas que tenha sido composto no começo do período helenista? Não tenho a competência para julgar e, portanto, deixo ao leitor a decisão.

Conclusão

Um dos temas centrais nas seções em Crônicas que não aparece em Reis é a expansão gradual do reino de Judá como resultado de

---

[98] Para a questão da unidade de Crônicas, cf., por exemplo, Japhet, *I and II Chronicles*, 4–7; Williamson, *1 and 2 Chronicles*, 12–17; Steven L. McKenzie, "The Chronicler as Redactor", in M. Patrick Graham and Steven L. McKenzie (eds.) *The Chronicler as Author*, JSOTSup 263 (Sheffield: Sheffield Academic Press, 1999), 70–90.

guerras ganhas com a ajuda de YHWH. Devido à grande semelhança com o processo de expansão da Judeia nos dias dos hasmoneus – até mesmo referência a localidades similares e uso de expressões comparáveis –, é razoável sugerir que um dos objetivos da compilação de 2 Crônicas (pelo menos) era oferecer legitimidade para as conquistas hasmoneias.

Em 2 Crônicas, Judá, nos dias de Ezequias (o herói do autor, aparentemente uma imagem de João Hircano), estendia-se do Vale de Bersabeia até a zona montanhosa da Samaria, verossimilmente com alguma influência em Amon, a leste do Jordão. Judá controlava a Filisteia, inclusive as cidades de Gat, Jâmnia/Jabne e Azoto/Asdode. Este é o território governado pelos hasmoneus nos últimos dias de João Hircano, ou seja: depois das conquistas da Idumeia, ao sul, e da Samaria, ao norte, do sul de Aduram/Adoraim até a Samaria e além, ao norte, e de Mádaba, a leste, até a fronteira de Jâmnia/Jabne e Azoto/Asdode, a oeste. Nisto o texto de Crônicas poderia ser visto como pertencente ao gênero das obras hasmoneias – principalmente 1 Macabeus, Jubileus e o Testamento dos Doze Patriarcas – que recorrem à Bíblia a fim de legitimar realidades do tempo.

Isto significa que 2 Crônicas (pelo menos 2Cr 10–36) foi escrito (ou significativamente ampliado) no final do século II a.C. As implicações desta proposta para questões mais amplas na pesquisa bíblica estão além do escopo deste artigo; apenas gostaria de dizer que ela pode resolver a questão de por que Crônicas – e não outras obras contemporâneas – encontrou seu caminho para o cânone massorético: é o resumo definitivo do passado, que se conecta ao presente com uma visão voltada para o futuro.

Adendo

Em um artigo recente, Knoppers opõe-se à minha interpretação dos relatos sem paralelos em 2 Crônicas como representantes da legitimação da expansão territorial hasmoneia.[99] Não tem sentido debater a opinião de Knoppers, visto que ela repete a compreensão convencional a respeito da data do autor e de seus objetivos:

> Ao sugerir uma ampla visão de Israel em sua descrição da monarquia judaíta [...] o escritor supõe algo das condições de seu próprio tempo no final do período persa/começo do período helenista, em que alguns israelitas residem em Judá, alguns na Samaria e alguns fora do que eles consideram ser o tradicional país de Israel [...] Ao escrever a respeito do passado, o Cronista encoraja seus companheiros israelitas em Judá, na Samaria e alhures a apoiar o Templo de Jerusalém e a observar os ritos da Torá.[100]

Aqui, o capítulo 7 fala por si mesmo contra tal teoria; de fato, foi originalmente escrito para contrapor esta teoria tradicional sobre 2 Crônicas.

---

[99] Gary N. Knoppers, "Israel or Judah? The Shifting Body Politic and Collective Identity in Chronicles", in Oded Lipschits, Yuval Gadot, and Matthew J. Adams (eds.) *Rethinking Israel: Studies in the History and Archaeology of Ancient Israel in Honor of Israel Finkelstein* (Winona Lake, IN: Eisenbrauns, 2017), 173–88.

[100] Knoppers, "Israel or Judah?", 185.

CONCLUSÕES

O contexto geográfico descrito pelos textos discutidos neste livro e a arqueologia dos locais mencionados neles refletem realidades da segunda metade do século II a.C. – nos tempos hasmoneus. O gênero literário desses materiais e a ideologia por trás deles também se encaixam na literatura hasmoneia.[1] As principais conclusões dos sete capítulos são as seguintes:

As muralhas de Neemias: não há fortificações, quer persas, quer helenistas antigas/primitivas, em Jerusalém, que se ajustem à descrição em Ne 3 de uma muralha de cidade com numerosos portões e torres a rodear uma grande cidade. Ademais, a exaurida população de Yehud não poderia ter apoiado um importante esforço de construção tal como o que Ne 3 descreve. O assentamento persa e do começo do período helenista deve ter-se restringido ao antigo outeiro no Monte do Templo. O relato em Ne 3 parece ajustar-se à construção hasmoneia da Primeira Muralha de Jerusalém, provavelmente em uma fase posterior do século II a.C. Contudo, a referência geral à deplorável situação de Jerusalém e a necessidade de reparar a muralha nas Memórias de Neemias, sem detalhes de torres e portões, fazem parte do antigo texto nuclear do livro.

A lista dos repatriados (Esd 2,1-67; Ne 7,6-68): a extensão geográfica por trás da lista vai além da distribuição das impressões de selo

---

[1] Outro assunto a ser explorado é o tema das esposas estrangeiras em Esdras e Neemias. Se alguém estiver buscando mulheres não judaítas/yehuditas/judias (para diferençar dos falecidos dentre os remanescentes), a única realidade por trás desta preocupação pode ser encontrada quando os hasmoneus começaram a expandir-se a partir de sua área central, com sua população homogênea, em direção ao norte e ao oeste, para regiões habitadas por gentios; mas este tema está além do objetivo do presente livro.

da Yehud do período persa – a única evidência confiável para delinear a extensão da província naquele tempo. Além disso, cinco dos quinze locais identificáveis que aparecem na lista não foram habitados no período persa, e mais seis foram escassamente povoados, enquanto todos os locais foram habitados no período helenista tardio, visto que a maioria oferece evidências de forte atividade de assentamento na época. Além do mais, locais importantes do período persa não são mencionados na lista. Tudo isso me leva a sugerir que a lista dos repatriados descreve realidades hasmoneias no século II a.C.

Os adversários de Neemias: o tema dos adversários apresenta um caso um tanto semelhante ao da muralha de Jerusalém. A ideia de oponentes anônimos aparece nas antigas Memórias de Neemias, mas a lista específica de inimigos pertence a um extrato posterior do livro. Os adversários nomeados não se referem a figuras específicas de um único período histórico; antes, eles retratam a situação do "carrossel" de inimigos, o que se ajusta ao período hasmoneu. A referência aos azotitas é particularmente eloquente: Azoto/Asdode ficava distante de Yehud e não causava preocupação aos habitantes da província, ao passo que desempenha importante papel em 1 Macabeus como inimigo da Judeia hasmoneia.

As genealogias: onze dos 36 locais identificáveis mencionados nas listas genealógicas em 1Cr 2–9 não eram habitados no período persa, e outros oito foram escassamente povoados. Supondo-se que o pano de fundo geográfico por trás das genealogias represente determinada fase da história (significando que não é nem inventado nem utópico), o único período que se coaduna com seu contexto territorial e com a arqueologia dos locais mencionados nelas é o dos hasmoneus. As listas genealógicas verossimilmente intencionam legitimar o governo judaico sobre o território nelas mencionado, parte do qual era habitada por grande população gentia, atribuindo-lhe linhagem tribal israelita antiga. Isto parece estar em conformidade com diversas composições hasmoneias pseudepigráficas que esquadrinhavam a Bíblia a fim de explicar e legitimar a expansão territorial gradativa da Judeia no século II a.C.

As cidades fortificadas de Roboão: a distribuição de cidades fortificadas por Roboão (2Cr 11,5-12) não se concilia com nenhum período na história da Judá da Idade do Ferro; ao contrário, encaixa-se na situação da Judeia nos primeiros dias de João Hircano. Os locais mencionados na lista que têm sido escavados de fato revelaram fortificações helenistas. A ideia por trás do texto poderia ter sido uma advertência voltada para o futuro, mas baseada no passado, preanunciando que até mesmo uma série de poderosas fortalezas não oferece nenhuma proteção contra a devastação pelo inimigo se o governante não seguir os caminhos do Deus de Israel.

A expansão de Judá em 2 Crônicas: os relatos "sem paralelo" em 2 Crônicas (ou seja: textos que não aparecem em Reis) descrevem a expansão paulatina do reino de Judá. Essas descrições não se harmonizam com as realidades territorial e geopolítica da Idade do Ferro. A grande similaridade com o processo de expansão da Judeia nos dias dos hasmoneus – até mesmo referência a locais semelhantes e uso de expressões análogas – torna razoável sugerir que 2 Crônicas visava oferecer legitimação para as conquistas hasmoneias. Em 2 Crônicas, as fronteiras máximas de Judá estendem-se do Vale de Bersabeia à zona montanhosa da Samaria, possivelmente com alguma influência de Amon, a leste do Jordão. Judá controla a Filisteia, inclusive as cidades de Gat, Jâmnia/Jabne e Azoto/Asdode. Este é o território governado pelos hasmoneus nos últimos dias de João Hircano, depois das conquistas da Idumeia, ao sul, e da Samaria, ao norte. Aqui, também, encontram-se semelhanças com diversas composições hasmoneias pseudepigráficas que se apoiavam na Bíblia para legitimar a expansão hasmoneia. Argumentos eruditos contra a possibilidade de datar pelo menos parte de Crônicas da segunda metade do século II a.C. não são fundamentados em solo firme.

Tudo isso levanta uma questão mais ampla no que diz respeito à história literária de Esdras, Neemias e Crônicas: estes livros foram compostos nos tempos hasmoneus ou as partes discutidas neste estudo foram inseridas em textos mais antigos?

Uma questão relacionada é o volume de atividade de escriba em Judá-Yehud-Judeia. Como é bem sabido, a atividade de escriba em Judá começou a expandir-se no final do século VIII e alcançou seu cume no (final do) século VII a.C. A maioria dos conjuntos de óstracos — Arad, Laquis, Uza, Malhata, Cades-Barneia — pertence ao período posterior. A difusão do conhecimento da leitura e da escrita é também atestada na proliferação de selos e de impressões de selos, bulas inclusive. Comparação algorítmica de caracteres no óstraco de Arad, realizada pelo grupo de epigrafia digital na Universidade de Tel Aviv (que eu dirigi juntamente com Eli Piasetzky) demonstra o aumento do letramento em todos os escalões da administração judaíta.[2] O século VII a.C. é, portanto, o momento em que Judá se torna o que se pode descrever como uma "sociedade da escrita", também além dos círculos do templo e do palácio na capital. Verossimilmente, isto foi resultado do século durante o qual Judá foi dominado pela Assíria e foi incorporado à esfera da economia global, da administração e da cultura assírias.

Nos períodos persa e babilônico, a escritura hebraica desaparece do registro arqueológico. A zona montanhosa sudoeste não mostra praticamente nenhuma evidência de inscrições hebraicas que possam ser datadas desses períodos. De fato, a única (escassa) evidência provém das poucas moedas YHD que datam do século IV a.C., e moedas dificilmente podem atestar atividade de escribas disseminada. Isto significa que nem sequer uma única inscrição foi encontrada para o período entre 586 e cerca de 350 a.C. — nem um óstraco, nem um selo, nem uma impressão de selo, nem uma bula! Dificilmente isto é uma coincidência. Naturalmente não estou sugerindo que o conhecimento da escritura hebraica tenha desaparecido; mas a atividade de escriba decaiu — e de modo expressivo — até a próxima onda de escritos no século II a.C. Isso não deveria causar nenhuma surpresa: a destruição de Judá produziu o colapso da burocracia do reino e a deportação de

---

[2] Shira Faigenbaum-Golovin et al., "Algorithmic Handwriting Analysis of Judahite Military Correspondence Sheds Light on Composition of Biblical Texts", *Proceedings of the National Academy of Sciences* 113 (2016) 4664–69.

muitos da elite intelectual culta – os homens de letras; os remanescentes da terra dificilmente eram capazes de produzir documentos escritos.

Isso deveria servir de sinal de advertência para os que tendem a situar grande quantidade de material bíblico na Yehud do período persa. Meu humilde conselho sobre este assunto é duplo: primeiro, tentar datar o máximo de material possível de períodos na história de Judá/Judeia que demonstrem difusa atividade de escribas e letramento em todos os meios e em todas as formas de inscrições, ou seja: da fase mais recente da Idade do Ferro e do final do período helenista, depois de aproximadamente 200 a.C. Minha segunda recomendação: nos séculos entre cerca de 600 e 200 a.C., especialmente os períodos persa e babilônico, situar a compilação da máxima quantidade possível de material na Babilônia.[3]

Ao mesmo tempo, admito que deve ter havido alguma continuidade da atividade literária em Yehud; pode-se imaginar, por exemplo, um grupo isolado de sacerdotes cultos perto do templo. Contudo, mesmo esta não é uma solução elegante, visto que evidências para atividade no Monte do Templo no período persa são ínfimas,[4] e minha expectativa seria que algo que atestasse tal situação tivesse vazado para a vida cotidiana.

Levando em consideração todos os argumentos e tendo em mãos os dados, a solução que eu defenderia é datar partes dos livros analisados neste trabalho do período persa tardio ou do começo do período helenista, e outras partes, dos tempos hasmoneus. Nos primeiros, posso

---

[3] Por exemplo: Rainer Albertz, *Israel in Exile: The History and Literature of the Sixth Century B.C.E.*, SBLStBL 3 (Atlanta: Society of Biblical Literature, 2003).

[4] Yitzhak Dvira (Zweig), Gal Zigdon,, and Lara Shilov, "Secondary Refuse Aggregates from the First and Second Temple Periods on the Eastern Slope of the Temple Mount" [em hebraico], *NSJ* 17 (2011) 68; Gabriel Barkay and Yitzhak Zweig, "The Temple Mount Debris Sifting Project: Preliminary Report" [em hebraico], *NSJ* 11 (2006) 222; comunicação pessoal de Eilat Mazar a respeito das escavações do "Ofel" (ao sul da mesquita de Al-Aqsa).

pensar, por exemplo, nas Memórias de Neemias e na descrição de uma Monarquia Unida ideal em 1Cr 10–2Cr 9.

Por fim, há uma lição em tudo isso que, a esta altura, é bem conhecida no estudo do antigo Israel na Idade do Ferro, mas menos reconhecida na pesquisa do período persa e começo do período helenista. Refiro-me à importância da arqueologia no desenredar a discussão das argumentações circulares ao revelar o pano de fundo por trás dos textos bíblicos e a necessidade de incorporar tais evidências, apesar do fato de, às vezes, serem principalmente negativas, e até mesmo ameaçarem romper o entendimento convencional.

BIBLIOGRAFIA

ABADIE, Philippe. "From the Impious Manasseh (2 Kings 21) to the Convert Manasseh (2 Chronicles 33)." Pages 89-104 in M. Patrick Graham, Steven L. McKenzie and Gary N. Knoppers (eds.), *The Chronicler as Theologian, Essays in Honor of Ralph W. Klein*. JSOTSup 271. London: T&T Clark, 2003.

ABEL, Félix-Marie. *Les livres des Maccabées*. Paris: Librairie Lecore, 1949.

_____. "Topographie des campagnes machabéennes." *RB* 34 (1925) 206-22.

ACKROYD, Peter R. *I and II Chronicles, Ezra, Nehemiah*. London:, SCM, 1973.

_____. "Criteria for the Maccabean Dating of Old Testament Literature." *VT* 3 (1953) 113 32.

_____. *Exile and Restoration: A Study of Hebrew Tought of the Sixth Century BC*. London: SCM, 1968.

AHARONI, Yohanan. "Beth Haccherem." Pages 171-85 in Winston D. Thomas (ed.), *Archaeology and Old Testament Study*. Oxford: Clarendon, 1967.

_____. *The Land of the Bible: A Historical Geography*. Philadelphia: Westminster Press, 1979.

_____ and Michael Avi-Yonah. *The Macmillan Bible Atlas*. New York: Macmillian, 1993.

AHITUV, Shmuel. *Echoes from the Past*. Jerusalem: Carta, 2008.

ALBERTZ, Rainer. *A History of Israelite Religion in the Old Testament*. Louisville: Westminster, 1994.

_____. *Israel in Exile:The History and Literature of the Sixth Century B.C.E.* SBLStBL 3. Atlanta: Society of Biblical Literature, 2003.

ALBRIGHT, William F. "Additional Note." *BASOR* 62 (1936) 25-26.

_____. "Excavations at Jerusalem." *JQR* 21 (1930) 163-68.

_____. "New Identifications of Ancient Towns." *BASOR* 9 (1923) 5-10.

ALT, Albrecht. "Das Taltor von Jerusalem." *PJ* 24 (1928) 74-98.

_____. "Festungen und Levitenorte im Lande Juda." Pages 306-15 in *Kleine Schrien zur Geschichte des Volkes Israel*. Vol. 2. München: Beck, 1953.

_____. "Judas Gaue unter Josia." *PJ* 21 (1925) 100-117.

_____. *Kleine Schrien zur Geschichte des Volkes Israel*. Vol. 2. München: Beck, 1953.

_____. "Zur Geschichte der Grenze zwischen Judäa und Samaria." *PJ* 31 (1935) 94-111.

AMIRAN, Ruth and Avraham Eitan. "Excavations in the Courtyard of the Citadel, Jerusalem, 1968-1969 (Preliminary Report)." *IEJ* 20 (1970) 9-17.

ARBEL, Yoav. "Lod." *ESI* 116 (2004) 40*.

ARIEL, Donald T., Hannah Hirschfeld and Neta Savir. "Area D1, Stratigraphic Report." Pages 33-72, *Extramural Areas*, Vol. 5 of Donald T. Ariel (ed.), *Excavations at the City of David*, by Yigal Shiloh (dir.), Qedem 40. Jerusalem: The Institute of Archaeology, The Hebrew University of Jerusalem, 2000.

_____ and Yair Shoham. "Locally Stamped Handles and Associated Body Fragments of the Persian and Hellenistic Periods." Pages 137-71, *Inscriptions*. Vol. 6 of Donald T. Ariel (ed.), *Excavations at the City of David 1978-1985*, by Yigal Shiloh (dir.), Qedem 41. Jerusalem: The Institute of Archaeology, The Hebrew University of Jerusalem, 2000.

AVI-YONAH, Michael. "The Hasmonean Revolt and Judah Maccabee's War against the Syrians." Pages 147-82 in *The Hellenistic Age*. Vol. 6 of Abraham Schalit (ed.), *The World History of the Jewish People*. New Brunswick: Rutgers University, 1972.

_____. *The Holy Land from the Persian to the Arab Conquests (536 B.C. to A.D. 640): A Historical Geography*. Grand Rapids: Baker, 1977.

_____. "The Walls of Nehemiah: A Minimalist View." *IEJ* 4 (1954) 239-48.

AVIGAD, Nahman. *Discovering Jerusalem*. Nashville: Nelson, 1983.

_____. "Jerusalem, The Second Temple Period." *NEAEHL* 2 (1993) 717-25.

BAR-KOCHVA, Bezalel. *Judas Maccabeus: The Jewish Struggle against the Seleucids*. Cambridge: Cambridge University Press, 1989.

BARKAY, Gabriel and Yitzhak Zweig. "The Temple Mount Debris Sifting Project, Preliminary Report" [em hebraico]. *NSJ* 11 (2006) 213-37.

BARRERA, Julio T. "118.4Qchr." Pages 295-97 in Eugene Ulrich et al. (eds.), *Qumran Cave 4.XI, Psalms to Chronicles*. DJD 16. Oxford: Clarendon, 2000.

BARSTAD, Hans M. "After the 'Myth of the Empty Land', Major Challenges in the Study of Neo-Babylonian Judah." Pages 3-20 in Oded Lipschits and Joseph Blenkinsopp (ed.), *Judah and the Judeans in the Neo-Babylonian Period*. Winona Lake, IN: Eisenbrauns, 2003.

_____. *The Myth of the Empty Land: A Study in the History and Archaeology of Judah during the "Exilic" Period*. Oslo: Scandinavian University Press, 1996.

BEIT-ARIEH, Itzhaq. *Horvat 'Uza and Horvat Radum: Two Fortresses in the Biblical Negev*. MSIA 25. Tel Aviv: Tel Aviv University Institute of Archaeology, 2007.

BELLIA, Giuseppe. "An Historico-Anthropological Reading of the Work of Ben Sira." Pages 49-78 in Angelo Passaro and Giuseppe Bellia (eds.), *The Wisdom of Ben Sira: Studies on Tradition, Redaction, and Theology*. DCLS 1. Berlin: de Gruyter, 2008.

BEN-AMI, Doron and Yana Tchekhanovets. "The Seleucid Fortication System in the Givati Parking Lot, City of David" [em hebraico]. *New Studies in the Archaeology of Jerusalem and Its Region* 9 (2015) 313-22.

BEN ZVI, Ehud. "The Chronicler as a Historian, Building Texts." Pages 132-49 in M. Patrick Graham, Kenneth G. Hoglund and Steven L. McKenzie (eds.), *The Chronicler as Historian*. JSNTSup 238. Sheffield: Sheffield Academic Press, 1997.

_____. *History, Literature and Theology in the Book of Chronicles*. London: Equinox, 2006.

_____. "A House of Treasures: The Account of Amaziah in 2 Chronicles 25 — Observations and Implications." *SJOT* 22 (2008) 63-85.

_____. "The List of the Levitical Cities." *JSOT* 54 (1992) 77-106.

_____. "Observations on Josiah's Account in Chronicles and Implications for Reconstructing the Worldview of the Chronicler." Pages 89-106 in Yairah Amit, Ehud Ben Zvi, Israel Finkelstein and Oded Lipschits (eds.), *Essays on Ancient Israel in Its Near Eastern Context: A Tribute to Nadav Na'aman*. Winona Lake, IN: Eisenbrauns, 2006.

BERGMAN, Avraham and William F. Albright. "Soundings at the Supposed Site of Old Testament Anathoth." *BASOR* 62 (1936) 22-26.

BERGREN, Theodore A. "Ezra and Nehemiah Square off in the Apocrypha and Pseudepigrapha." Pages 340-65 in Michael E. Stone and Theodore A. Bergren (eds.), *Biblical Figures Outside* the *Bible*. Harrisburg: Trinity Press International, 1998.

_____. "Nehemiah in 2 Maccabees 1,10–2,18." *JSJ* 28 (1997) 249-70.

BERLIN, Andrea. "The Pottery of Strata 8–7 (The Hellenistic Period)." Pages 5-30 in *Area E: The Finds*. Vol. 7B of *Excavations at the City of David 1978-1985 Directed by Yigal Shiloh*. By Alon de Groot and Hannah Bernick-Greenberg. Qedem 54. Jerusalem: The Institute of Archaeology, The Hebrew University of Jerusalem, 2012.

BEYER, Gustav. "Beiträge zur Territorialgeschichte von Südwestpalästina im Altertum, Festungssystem Rehabeams." *ZDPV* 54 (1931) 113-70.

BIANCHI, Francesco and Gabriele Rossoni. "L'armée d'Ozias (2 Ch 26, 11-15) entre fiction et réalité, Une esquisse philologique et historique." *Transeu* 13 (1997) 21-37.

BIRAN, Avraham. "On the Identification of Anathoth" [em hebraico]. *ErIsr* 18 (1985) 209-14.

BLAIR, Edward P. "Soundings at 'Anata (Roman Anathoth)." *BASOR* 62 (1936) 18-21.

BLENKINSOPP, Joseph. *Ezra/Nehemiah: A Commentary*. Philadelphia: Westminster, 1988.

_____. *Judaism: The First Phase; The Place of Ezra and Nehemiah in the Origins of Judaism*. Grand Rapids: Eerdmans, 2009.

BLISS, Frederick Jones and Stewart R. A. Macalister. *Excavations in Palestine during the Years 1898-1900*. London: Palestine Exploration Fund, 1902.

BODA, Mark J. "Gazing through the Cloud of Incense: Davidic Dynasty and Temple Community in the Chronicler's Perspective." Pages 215-45 in Paul S. Evans and Tyler F. Williams (eds.), *Chronicling the Chronicler: The Book of Chronicles and Early Second Temple Historiography*. Winona Lake, IN: Eisenbrauns, 2013.

BÖHLER, Dieter. *Die heilige Stadt in Esdras α und Esra-Nehemia: Zwei Konzeptionen der Wiederherstellung Israels*. OBO 158. Fribourg: Universitätsverlag, 1997.

BOUSSETT, Wilhelm. *Die Religion des Judentums im späthellenistischen Zeitalter*. HNT 21. Tübingen: Mohr, 1926.

BRAND, Etty. "el-Haditha" [em hebraico]. *ESI* 19 (1997) 44*–46*.

_____. *Salvage Excavation on the Margin of Tel Hadid, Preliminary Report* [em hebraico]. Tel Aviv: Tel Aviv University Institute of Archaeology, 1998.

BRAUN, Roddy L. "1 Chronicles 1–9 and the Reconstruction of the History of Israel." Pages 92-105 in M. Patrick Graham, Kenneth G. Hoglund, and Steven L. McKenzie. (eds.), *The Chronicler as Historian*. JSOTSup 238. Sheffield: Sheffield Academic Press, 1997.

_____. "A Reconsideration of the Chronicler's Attitude toward the North." *JBL* 96 (1977) 59-62.

BROOKE, George J. "The Books of Chronicles and the Scrolls from Qumran." Pages 35-48 in Robert Rezetko, Timothy H. Lim and W. Brian Aucker (eds.), *Reflection and Refraction: Studies in Biblical Historiography in Honour of A. Graeme Auld*. VTSup 113. Leiden: Brill, 2007.

BROSHI, Magen. "Excavations on Mount Zion, 1971-1972 (Preliminary Report)." *IEJ* 26 (1976) 81-88.

_____. "Judeideh, Tell." *NEAEHL* 3 (1993) 837-38.

_____ and Israel Finkelstein. "The Population of Palestine in Iron Age II." *BASOR* 287 (1992) 47-60.

_____ and Shimon Gibson. "Excavations along the Western and Southern Walls of the Old City of Jerusalem." Pages 147-55 in Hillel Geva (ed.), *Ancient Jerusalem Revealed*. Jerusalem: Israel Exploration Society, 1994.

BUNIMOVITZ, Shlomo and Zvi Lederman. "The Archaeology of Border Communities, Renewed Excavations at Tel Beth-Shemesh, Part 1, The Iron Age." *NEA* 72 (2009) 114-42.

CAHILL, Jane M. and David Tarler. "Excavations Directed by Yigal Shilo at the City of David, 1978-1985." Pages 31-45 in Hillel Geva (ed.), *Ancient Jerusalem Revealed*. Jerusalem: Israel Exploration Society, 1994.

CALLAWAY, Joseph A. and Murray B. Nicol. "A Sounding at Khirbet Hayian." *BASOR* 183 (1966) 12-19.

CAMPBELL, Edward F. "Shechem, Tell Balatah." *NEAEHL* 4 (1993) 1345-54.

CAR, David M. *The Formation of the Hebrew Bible: A New Reconstruction*. Oxford: Oxford University Press, 2011.

CARTER, Charles E. *The Emergence of Yehud in the Persian Period: A Social and Demographic Study*. JSOTSup 294. Sheffield: Sheffield Academic Press, 1999.

CHEN, Doron, Shlomo Margalit and Bagil Pixner. "Mount Zion, Discovery of Iron Age Fortifications below the Gate of the Essens." Pages 76-81 in Hillel Geva (ed.), *Ancient Jerusalem Revealed*. Jerusalem: Israel Exploration Society, 1994.

CLANCY, Frank. "Eupolemus the Chronographer and 141 B.C.E." *SJOT* 23 (1984) 274-81.

CLINES, David J. *Ezra, Nehemiah, Esther*. Grand Rapids: Eerdmans, 1984.

CORLEY, Jeremy. "Searching for Structure and Redaction in Ben Sira, An Investigation of Beginnings and Endings." Pages 21-47 in Angelo Passaro and Giuseppe Bellia (eds.), *The Wisdom of Ben Sira: Studies on Tradition, Redaction, and Theology*. DCLS 1. Berlin: de Gruyter, 2008.

COTTON, Hannah and Michael Wörrle. "Seleukos IV to Heliodoros, A New Dossier of Royal Correspondence from Israel." *ZPE* 159 (2007) 191-205.

CRAWFORD, Sidnie W. *Rewriting Scripture in Second Temple Times.* Grand Rapids: Eerdmans, 2008.

CROSS, Frank M. "Aspects of Samaritan and Jewish History in Late Persian and Hellenistic Times." *HTR* 59 (1966) 201-11.

_____. "The Discovery of the Samaria Papyri." *BA* 26 (1963) 110-21.

_____. "A Reconstruction of the Judean Restoration." *JBL* 94 (1975) 4-18.

CROWFOOT, John W. and Gerald M. Fitzgerald. *Excavations in the Tyropoeon Valley, Jerusalem 1927.* Palestine Exploration Fund Annual 5. London: Palestine Exploration Fund, 1929.

DAGAN, Yehudah. "Khirbet Qeiyafa in the Judean Shephelah, Some Considerations." *TA* 36 (2009) 96-81.

_____. "Results of the Survey, Settlement Patterns in the Lachish Region." Pages 2674-92 in David Ussishkin (ed.), *The Renewed Archaeological Excavations at Lachish (1973-1994).* Vol. 5. MSIA 22. Tel Aviv: Tel Aviv University Institute of Archaeology, 2004.

_____. *The Shephelah during the Period of the Monarchy in Light of Archaeological Excavations and Surveys* [em hebraico]. Tese de mestrado. Tel Aviv: Tel Aviv University, 1992.

_____. "Tel Azekah: A New Look at the Site and Its 'Judean' Fortress." Pages 71-86 in Israel Finkelstein and Nadav Na'aman (eds.), *The Fire Signals of Lachish: Studies in the Archaeology and History of Israel in the Late Bronze Age, Iron Age and Persian Period in Honor of David Ussishkin.* Winona Lake, IN: Eisenbrauns, 2009.

DAVIES, Philip. *In Search of Ancient Israel.* Journal for the Study of the Old Testament Supplement Series 148. Sheffield: JSOT Press, 1992.

DEBOYS, David G. "History and Theology in the Chronicler's Portrayal of Abijah." *Bib* 71 (1990) 48-62.

DEMSKY, Aaron. "Pelekh in Nehemiah 3." *IEJ* 33 (1983) 242-44.

DEVER, William G. "Gezer." *NEAEHL* 2 (1993) 496-506.

DINUR, Uri. "Hizma." *ESI* 5 (1986) 53.

DINUR, Uri and Nurit Feig. "Eastern Part of the Map of Jerusalem" [em hebraico]. Pages 339-427 in Israel Finkelstein and Yitzhak Magen (eds.), *Archaeological Survey of the Hill Country of Benjamin*. Jerusalem: Israel Antiquities Authority, 1993.

DUMBRELL, William J. "The Tell El-Maskhuta Bowls and the 'Kingdom' of Qedar in the Persian Period." *BASOR* 203 (1971) 33-44.

DUŠEK, Jan. "Archaeology and Texts in the Persian Period: Focus on Sanballat." Pages 117-32 in Martti Nissinen (ed.), *Congress Volume Helsinki 2010*. Leiden: Brill, 2012.

DVIRA (ZWEIG), Yitzhak, Gal Zigdon and Lara Shilov. "Secondary Refuse Aggregates from the First and Second Temple Periods on the Eastern Slope of the Temple Mount" [em hebraico]. *NSJ* 17 (2011) 63-106.

EDELMAN, Diana. *The Origins of the 'Second' Temple: Persian Imperial Policy and the Rebuilding of Jerusalem*. London: Equinox, 2005.

_____. "Seeing Double: Tobiah the Ammonite as an Encrypted Character." *RB* 113 (2006) 570-84.

EISENBERG, Emanuel and David Ben-Shlomo. *The Tel Hevron 2014 Excavations, Final Report*. Ariel University Institute of Archaeology Monograph Series 1. Ariel: Ariel University Press, 2017.

_____ and Alla Nagorski. "Tel Hevron (er-Rumeidi)." *Hadashot Arkheologiyot/ESI* 114 (2002) 91-92.

ELLIGER, Karl. "Studien aus dem Deutschen Evang. Institut für Altertumswissenschaft des Heiligen Landes. 44. Die Heimat des Propheten Micha." *ZDPV* 57 (1934) 81-152.

EPHAL, Israel. *The Ancient Arabs, Nomads on the Borders of the Fertile Crescent Ninth–Fifth Centuries B.C*. Jerusalem: Magnes, 1982.

ESHEL, Hanan. "Jerusalem under Persian Rule, The City's Layout and the Historical Background." Pages 327-44 in Shmuel Ahituv and Amihai Mazar (eds.), *The History of Jerusalem: The Biblical Period* [em hebraico]. Jerusalem: Yad Ben-Zvi, 2000.

_____. "The Late Iron Age Cemetery of Gibeon." *IEJ* 37 (1987) 1-17.

ESKENAZI, Tamara C. "Tobiah." *ABD* 6, 584-85.

FAIGENBAUM-GOLOVIN, Shira, Arie Shaus, Barak Sober, David Levin, Nadav Na'aman, Benjamin Sass, Eli Turkel, Eli Piasetzky, and Israel Finkelstein. "Algorithmic Handwriting Analysis of Judahite Military Correspondence Sheds Light on Composition of Biblical Texts." *Proceedings of the National Academy of Sciences* 113 (2016) 4664-69.

FANTALKIN, Alexander and Israel Finkelstein. "The Date of Abandonment and Territorial Affiliation of Khirbet Qeiyafa, An Update." *TA* 44 (2017) 53-60.

_____. "Then Sheshonq I Campaign and the Eighth Century B.C.E. Earthquake — More on the Archaeology and History of the South in the Iron I–IIA." *TA* 33 (2006) 18-42.

_____ and Oren Tal. "The Persian and Hellenistic Pottery of Level I." Pages 2174-94 in *The Renewed Archaeological Excavations at Lachish (1973-1994)*. By David Ussishkin. MSIA 22. Tel Aviv: Tel Aviv University Institute of Archaeology, 2004.

FARÈS-DRAPPEAU, Saba. *Dédan et Liḥyān:* Histoire des arabes aux confins des pouvoirs perse et hellénistique (IVe-IIe s. avant l'ère chrétienne). TMO 42. Lyon: Maison de l'Orient, 2005.

FELDSTEIN, Amir. "Lod, Neve Yaraq (B)." *ESI* 19 (1997) 50*.

_____, Giora Kidron, Nizan Hanin, Yair Kamaisky, and David Eitam. "Southern Part of the Maps of Ramallah and el-Bireh and Northern Part of the Map of 'Ein Kerem" [em hebraico]. Pages 133-264 in Israel Finkelstein and Yitzhak Magen (eds.), *Archaeological Survey of the Hill Country of Benjamin*. Jerusalem: Israel Antiquities Authority, 1993.

FINKELSTEIN, Israel. "Archaeology and the List of Returnees in the Books of Ezra and Nehemiah." *PEQ* 140 (2008) 7-15.

_____. "Archaeology as High Court in Ancient Israelite History, A Reply to Nadav Na'aman." *JHS* 10 (2010) art. 19.

_____. "Ethno-historical Background, Land Use and Demography in Recent Generations." Pages 121-24 in Israel Finkelstein, Zvi Lederman, and Shlomo Bunimovitz (eds.), *Highlands of Many Cultures: The Southern Samaria Survey*. MSIA 14. Tel Aviv: Tel Aviv University Institute of Archaeology, 1997.

_____. "The Expansion of Judah in II Chronicles: Territorial Legitimation for the Hasmoneans?" *ZAW* 127 (2015) 669-95.

_____. "A Few Notes on Demographic Data from Recent Generations and Ethno-archaeology." *PEQ* 122 (1990) 47-52.

_____. "The Historical Reality behind the Genealogical Lists in 1 Chronicles." *JBL* 131 (2012) 65-83.

_____. "Jerusalem in the Persian (and Early Hellenistic) Period and the Wall of Nehemiah." *JSOT* 32 (2008) 501-20.

_____. "Major Saviors, Minor Judges: The Historical Background of the Northern Accounts in the Book of Judges." *JSOT* 41 (2017) 431-49.

_____. "Methods of the Field Survey and Data Recording." Pages 11-24 in Israel Finkelstein, Zvi Lederman e Shlomo Bunimovitz (eds.), *The Highlands of Many Cultures: The Southern Samaria Survey*. MSIA 14. Tel Aviv: Tel Aviv: University Institute of Archaeology, 1997.

_____. "Nehemiah's Adversaries: A Hasmonaean Reality." *Transeu* 47 (2015) 47-55.

_____. "Penelope's Shroud Unraveled: Iron II Date of Gezer's Outer Wall Established." *TA* 21 (1994) 276-82.

_____. "Persian Period Jerusalem and Yehud: A Rejoinder." *JHS* 9 (2009) art. 24.

_____. "Rehoboam's Fortresses Cities (II Chr 11, 5–12): A Hasmonean Reality." *ZAW* 123 (2011) 92-107.

_____. "The Rise of Jerusalem and Judah: The Missing Link." *Levant* 33 (2001) 105-15.

_____. "Tell el-Ful Revisited: The Assyrian and Hellenistic Periods (With a New Identification)." *PEQ* 143 (2011) 106-18.

_____. "The Territorial Extent and Demography of Yehud/Judea in the Persian and Early Hellenistic Periods." *RB* 117 (2010) 39-54.

_____ and Alexander Fantalkin. "Khirbet Qeiyafa: An Unsensational Archaeological and Historical Interpretation." *TA* 39 (2012) 38-63.

_____, Ze'ev Herzog, Lily Singer-Avitz, and David Ussishkin. "Has King David's Palace Been Found in Jerusalem?" *TA* 34 (2007) 142-64.

_____, Ido Koch, and Oded Lipschits. "The Mound on the Mount: A Possible Solution to the Problem with Jerusalem?" *JHS* 11 (2011) art. 12.

_____, Zvi Lederman, and Shlomo Bunimovitz (eds.), *Highlands of Many Cultures: The Southern Samaria Survey*. MSIA 14. Tel Aviv: Tel Aviv University Institute of Archaeology, 1997.

_____ and Yitzhak Magen (eds.), *Archaeological Survey of the Hill Country of Benjamin*. Jerusalem: Israel Antiquities Authority, 1993.

_____ and Nadav Na'aman. "The Judahite Shephelah in the Late Eighth and Early Seventh Centuries B.C.E." *TA* 31 (2004) 60-79.

_____ and _____. "Shechem of the Amarna Period and the Rise of the Northern Kingdom of Israel." *IEJ* 55 (2005) 172-93.

_____ and Eli Piasetzky. "The Iron I/IIA Transition in the Levant: A New Perspective." *Radiocarbon* 52 (2010) 1667-80.

_____ and _____. "Radiocarbon-Dated Destruction Layers: A Skeleton for Iron Age Chronology in the Levant." *OJA* 28 (2009) 255-74.

_____ and _____. "Radiocarbon Dating Khirbet Qeiyafa and the Iron I–IIA Phases in the Shephelah: Methodological Comments and a Bayesian Model." *Radiocarbon* 57 (2015) 891-907.

_____ and _____. "Radiocarbon Dating the Iron Age in the Levant: A Bayesian Model for Six Ceramic Phases and Six Transitions." *Antiquity* 84 (2010) 374-85.

_____, Thomas Römer, Christoph Nicolle, Zachary C. Dunseth, Assaf Kleiman, Juliette Mas, and Noami Porat. "Excavations at Kiriath-Jearim Near Jerusalem, 2017: Preliminary Report." *Semitica* 60 (2018) 31-83.

_____ and Benjamin Sass. "The West Semitic Alphabetic Inscriptions, Late Bronze II to Iron IIA: Archeological Context, Distribution and Chronology." *HeBAI* 2 (2013) 149-220.

_____ and Lily Singer-Avitz. "Reevaluating Bethel." *ZDPV* 125 (2009) 33-48.

FISCHER, Moshe, Israel Roll, and Oren Tal. "Persian and Hellenistic Remains at Tel Yaoz." *TA* 35 (2008) 123-63.

FRITZ, Volkmar. "The 'List of Rehoboam's Fortresses' in 2 Chr 11,5–12 — A Document from the Time of Josiah." *ErIsr* 15 (1981) 46*–53*.

FUNK, Robert W. "Beth-Zur." *NEAEHL* 1 (1993) 259-61.

_____. "The History of Beth-Zur with Reference to Its Defenses." Pages 4-17 in *The 1957 Excavation at Beth-Zur*. By Orvid R. Sellers, Robert W. Funk, John L. McKenzie, Paul Lapp, and Nancy Lapp. AASOR 38. Cambridge: American School of Oriental Research, 1968.

GALIL, Gershon. "Pirathon, Parathon and Timnatha." *ZDPV* 109 (1993) 49-53.

GALLING, Kurt. *Die Bücher der Chronik, Esra, Nehemia*. ATD 12. Göttingen: Vandenhoeck & Ruprecht, 1954.

_____. "The 'Gōlā-List' according to Ezra 2 // Nehemiah 7." *JBL* 70 (1951) 149-58.

GARFINKEL, Yosef. "2 Chr 11,5–10 Fortified Cities List and the Lmlk Stamps — Reply to Nadav Na'aman." *BASOR* 271 (1988) 69-73.

_____ and Saar Ganor. *Excavation Report 2007-2008*. Vol. 1 of *Khirbet Qeiyafa*. Jerusalem: Israel Exploration Society, 2009.

_____, Katharina Streit, Saar Ganor, and Paula J. Reimer. "King David's City at Khirbet Qeiyafa: Results of the Second Radiocarbon Dating Project." *Radiocarbon* 57 (2015) 881-90.

GERA, Dov. *Judaea and Mediterranean Politics 219 to 161 B.C.E.* Brill's Series in Jewish Studies 8. Leiden: Brill, 1998.

GEVA, Hillel. "Excavations at the Citadel of Jerusalem, 1976-1980." Pages 156-67 in Hillel Geva (ed.), *Ancient Jerusalem Revealed*. Jerusalem: Israel Exploration Society, 1994.

_____. "Excavations in the Citadel of Jerusalem, 1979-1980: Preliminary Report." *IEJ* 33 (1983) 55-71.

_____. "The 'First Wall' of Jerusalem during the Second Temple Period — An Architectural-Chronological Note" [em hebraico]. *ErIsr* 18 (1985) 21-39.

_____. "General Introduction to the Excavations in the Jewish Quarter." Pages 1-31 in Hillel Geva (ed.), *Jewish Quarter Excavations in the Old City of Jerusalem*. Vol. 1. Jerusalem: Israel Exploration Society, 2000.

_____. "Jerusalem's Population in Antiquity: A Minimalist View." *TA* 41 (2014) 131-60.

_____. "Summary and Discussion of Findings from Areas A, W and X-2." Pages 505-18 in Hillel Geva (ed.), *Jewish Quarter Excavations in the Old City of Jerusalem*. Vol. 2. Jerusalem: Israel Exploration Society, 2003.

_____. "The Western Boundary of Jerusalem at the End of the Monarchy." *IEJ* 29 (1979) 84-91.

_____. "Western Jerusalem at the End of the First Temple Period in Light of the Excavations in the Jewish Quarter." Pages 183-208 in Andrew G. Vaughn and Ann E. Killebrew (eds.), *Jerusalem in the Bible and Archaeology: The First Temple Period*. SymS 18. Atlanta: Society of Biblical Literature, 2003.

GIBSON, Shimon. "The 1961-67 Excavations in the Armenian Garden, Jerusalém." *PEQ* 119 (1987) 81-96.

_____. "The Tell ej-Judeideh (Tel Goded) Excavations: A Re-appraisal Based on Archival Records in the Palestine Exploration Fund." *TA* 21 (1994) 194-234.

GICHON, Mordechai. "The System of Fortications in the Kingdom of Judah" [em hebraico]. Pages 410-25 in Jacob Liver (ed.), *The Military History of the Land of Israel in Biblical Times*. Tel Aviv: Maarachot, 1964.

GOLDSTEIN, Jonathan A. *1 Maccabees: A New Translation with Introduction and Commentary*. AB 41. Garden City: Doubleday, 1976.

_____. "The Tales of the Tobiads." Pages 85-123 in Jacob Neusner (ed.), *Christianity, Judaism and Other Greco-Roman Cults: Studies for Morton Smith at 60*. SJLA 12. Leiden: Brill, 1975.

GOPHNA, Ram and Itzhak Beit-Arieh. *Archaeological Survey of Israel, Map of Lod (80)*. Jerusalém: Israel Antiquities Authority, 1997.

_____ and Yosef Porat. "The Land of Ephraim and Manasseh" [em hebraico]. Pages 196 241 in Moshe Kochavi (ed.), *Judaea, Samaria and the Golan: Archaeological Survey 1967-1968*. Jerusalém: Carta, 1972.

_____, Itamar Taxel and Amir Feldstein. "A New Identification of Ancient Ono." *BAIAS* 23 (2005) 167-76.

GOREN, Yuval. "Scientic Examination of a Seleucid Limestone Stele." *ZPE159* (2007) 2016.

GRABBE, Lester L. *Ezra-Nehemiah*. London: Routledge, 1998.

_____. "Josephus and the Reconstruction of the Judean Restoration." *JBL* 106 (1987) 231-46.

_____ (ed.). *Leading Captivity Captive: "The Exile" as History and Ideology*. JSOTSup 278. Sheffield: Sheffield Academic Press, 1998.

GRAHAM, Patrick M. *The Utilization of 1 and 2 Chronicles in the Reconstruction of Israelite History in the Nineteenth Century*. SBLDS 116. Atlanta: Scholars Press, 1990.

GRÄTZ, Sebastian. "The Adversaries in Ezra/Nehemiah — Fictitious or Real?" in Rainer Albertz and Jakob Wöhrle, *Between Cooperation and Hostility: Multiple Identities in Ancient Judaism and the Interaction with Foreign Powers*. JAJSup 11. Göttingen: Vandenhoeck & Ruprecht, 2013.

GREENHUT, Zvi and Alon de Groot. *Salvage Excavations at Tel Moza: The Bronze and Iron Age Settlements and Later Occupations*. IAA Reports 39. Jerusalem: Israel Antiquities Authority, 2009.

GROOT, Alon de. "Discussion and Conclusions." Pages 173-79 in *Area E, Stratigraphy and Architecture Text*. Vol. 7A of *Excavations at the City of David 1978-1985 Directed by Yigal Shiloh*. By Alon de Groot and Hannah Bernick-Greenberg. Qedem 53. Jerusalem: The Institute of Archaeology, The Hebrew University of Jerusalem, 2012.

_____. "Jerusalem during the Persian Period" [em hebraico]. *NSJ* 7 (2001) 77-82.

_____. "Jerusalem in the Early Hellenistic Period" [em hebraico]. *NSJ* 10 (2004) 67-70.

_____, David Cohen, and Arza Caspi. "Area A1." Pages 1-29 in Alan de Groot and Donald T. Ariel (eds.), *Stratigraphic, Environmental e Other Reports.* Vol. 3 of *Excavations at the City of David 1978-1985*. Qedem 33. Jerusalem: The Institute of Archaeology, The Hebrew University of Jerusalem, 1992.

HALPERN, Baruch. "Sacred History and Ideology: Chronicles' Thematic Structure — Identification of an Earlier Source." Pages 35-54 in Richard E. Friedman (ed.), *The Creation of Sacred Literature: Composition and Redaction of the Biblical Text.* Near Eastern Studies 22. Berkeley: University of California, 1981.

HERMANN, Siegfried. "The So-Called 'Fortress System of Rehoboam', 2 Chron. 11,5–12, Theoretical Considerations." *ErIsr* 20 (1989) 72*–78*.

HERZOG, Ze'ev and Lily Singer-Avitz. "Redefining the Centre: The Emergence of State in Judah." *TA* 31 (2004) 209-44.

HOBBS, T. R. "The'Fortresses of Rehoboam', Another Look." Pages 41-64 in Lewis M. Hopfe (ed.), *Uncovering Ancient Stones: Essays in Memory of H. Neil Richardson.* Winona Lake, IN: Eisenbrauns, 1994.

HOGLUND, Kenneth G. *Achaemenid Imperial Administration in Syria-Palestine and the Missions of Ezra and Nehemiah.* SBLDS 125. Atlanta: Scholars Press, 1992.

HORSLEY, Richard A. "The Expansion of Hasmonean Rule in Idumea and Galilee: Toward a Historical Sociology." Pages 134-65 in Philip R. Davies and John M. Halligan (eds.), *Second Temple Studies III: Studies in Politics, Class and Material Culture.* JSOTSup 340. Sheffield: Sheffield Academic Press, 2002.

JAPHET, Sara. *I and II Chronicles: A Commentary.* London, SCM, 1993.

_____. "The Historical Reliability of Chronicles: The History of the Problem and Its Place in Biblical Research." *JSOT* 33 (1985) 83-107.

_____. *The Ideology of the Book of Chronicles and Its Place in Biblical Thought.* BEATAJ 9. Frankfurt am Main: Lang, 1997.

_____. "The Supposed Common Authorship of Chronicles and Ezra-Nehemiah Investigated Anew." *VT* 18 (1968) 330-71.

JOHNSON, Marshall D. *The Purpose of the Biblical Genealogies.* SNTSMS 8. Cambridge: Cambridge University Press, 1969.

JONES, Gwilym H. "From Abijam to Abijah." *ZAW* 106 (1994) 420-34.

JUNGE, Ehrhard. *Der Wiederaufbau des Heerwesens des Reiches Juda unter Josia.* BWANT 23. Stuttgart: Kohlhammer, 1937.

KAHANA, Avraham. *Hasfarim Hahitzoniim II* [em hebraico]. Tel Aviv: Massada, 1960.

KALIMI, Isaac. *An Ancient Israelite Historian: Studies in the Chronicler, His Time, Place and Writing.* SSN 46. Assen: Van Gorcum, 2005.

_____. "History of Interpretation. The Book of Chronicles in Jewish Tradition. From Daniel to Spinoza." *RB* 105 (1998) 5-41.

KALLAI, Zecharia. "The Kingdom of Rehoboam" [em hebraico]. *ErIsr* 10 (1971) 245-54.

_____. "The Land of Benjamin and Mt. Ephraim" [em hebraico]. Pages 153-92 in Moshe Kochavi (ed.), *Judaea, Samaria and the Golan: Archaeological Survey 1967–1968.* Jerusalém: Carta, 1972.

_____. *The Northern Boundaries of Judah* [em hebraico]. Jerusalem: Magnes, 1960.

KASHER, Aryeh. "The Hasmonean Kingdom" [em hebraico]. Pages 243-79 in Uriel Rappaport and Israel Ronen (eds.), *The Hasmonean State: The History of the Hasmoneans during the Hellenistic Period.* Jerusalém: Yad Ben-Zvi, 1993.

_____. "Some Suggestions and Comments Concerning Alexander Macedon's Campaign in Palestine" [em hebraico]. *Beit Miqra* 20 (1975) 187- 208.

KATZ, Haya. "A Note on the Date of the 'Great Wall' of Tell en-Nasbeh." *TA* 25 (1998) 131-33.

KEGLER, Jürgen. "Prophetengestalten im Deuteronomistischen Geschichtswerk und in den Chronikbüchern: Ein Beitrag zur Kompositions- und Redaktionsgeschichte der Chronikbücher." *ZAW* 105 (1993) 481-97.

KELLERMANN, Ulrich. "Anmerkungen zum Verständnis der Tora in den chronistischen Schrien." *BN* 42 (1988) 49-92.

_____. *Nehemia: Quellen Überlieferung und Geschichte*. BZAW 102. Berlin: Töpelmann, 1967.

KELLY, Brian E. "Manasseh in the Books of Kings and Chronicles (2 Kings 21,1–18; 2 Chron 33,1-20)." Pages 131-46 in V. Philips Long, David W. Baker, and Gordan J. Wenham (eds.), *Windows into Old Testament History: Evidence, Argument, and the Crisis of "Biblical Israel.* Grand Rapids: Eerdmans, 2002.

KELSO, James L. *The Excavation of Bethel (1934-1960)*. AASOR 39. Cambridge: American Schools of Oriental Research, 1968.

KENNETT, Robert H. *Old Testament Essays*. Cambridge: Cambridge University Press, 1928.

KENYON, Kathleen M. *Digging Up Jerusalem*. London: Ernest Benn, 1974.

_____. "Excavations in Jerusalem, 1963." *PEQ* 96 (1964) 7-18.

_____. "Excavations in Jerusalem, 1964." *PEQ* 97 (1965) 9-20.

_____. "Excavations in Jerusalem, 1965." *PEQ* 98 (1966) 73-88.

_____. *Jerusalem: Excavating Three Thousand Years of History*. London: Thames & Hudson, 1967.

KHALAILY, Hamoudi and Avi Gopher. "Lod." *ESI* 19 (1997) 51*.

KING, Philip J. and Lawrence E. Stager. *Life in Biblical Israel*. Louisville: Westminster, 2001.

KLAUSNER, Joseph. "John Hyrcanus I." Pages 211-21 in Abraham Schalit (ed.), *The Hellenistic Age*. Vol. 6 of *The World History of the Jewish People*. New Brunswick: Rutgers University, 1972.

KLEIN, Ralph W. *1 Chronicles: A Commentary*. Minneapolis: Fortress, 2006.

_____. *2 Chronicles: A Commentary*. Minneapolis: Fortress, 2012.

_____. "Abijah's Campaign against the North (II Chr 13) — What Were the Chronicler's Sources?" *ZAW* 95 (1983) 210-17.

_____. "Reflections on Historiography in the Account of Jehoshaphat." Pages 643-58 in David P. Wright, David Noel Freedman and Avi Hurvitz (eds.), *Pomegranates and Golden Bells: Studies in Biblical, Jewish, and Near Eastern Ritual, Law, and Literature in Honor of Jacob Milgrom*. Winona Lake, IN: Eisenbrauns, 1995.

KLETTER, Raz. "Pots and Polities: Material Remains of Late Iron Age Judah in Relation to Its Political Borders." *BASOR* 314 (1999) 19-54.

KLONER, Amos. *Archaeological Survey of Israel: Survey of Jerusalem, The Northwestern Sector, Introduction and Indices*. Jerusalem, Israel Antiquities Authority, 2003.

_____. "Jerusalem's Environs in the Persian Period" [em hebraico]. *NSJ* 7 (2001) 91-96.

_____. *Maresha Excavations Final Report I: Subterranean Complexes 21, 44, 70*. IAA Reports 17. Jerusalem: Israel Antiquities Authority, 2003.

KNAUF, Axel E. *Ismael: Untersuchungen zur Geschichte Palästinas und Nordarabiens im 1. Jahrtausend v. Chr*. Wiesbaden: Harrassowitz Verlage, 1989.

_____. "Jerusalem in the Late Bronze and Early Iron Ages: A Proposal." *TA* 27 (2000) 75-90.

_____. "Pireathon–Ferata." *BN* 51 (1990) 19-24.

KNOPPERS, Gary N. *I Chronicles 1–9: A New Translation with Introduction and Commentary*. AB 12. New York: Doubleday, 2004.

_____. "Intermarriage: Social Complexity, and Ethnic Diversity in the Genealogy of Judah." *JBL* 120 (2001) 15-30.

_____. "Israel or Judah? The Shifting Body Politic and Collective Identity in Chronicles." Pages 173-88 in Oded Lipschits, Yuval Gadot, and Matthew J. Adams (eds.), *Rethinking Israel: Studies in the History and Archaeology of Ancient Israel in Honor of Israel Finkelstein*. Winona Lake, IN: Eisenbrauns, 2017.

_____. "Reform and Regression: The Chronicler's Presentation of Jehoshaphat." *Bib* 72 (1991) 500-24.

_____. "Rehoboam in Chronicles: Villain or Victim?" *JBL* 109 (1990) 423-40.

KOCH, Ido. "The Geopolitical Organization of the Judean Shephelah during the Iron Age I–IIA (1150-800 B.C.E.)" [em hebraico]. *Cathedra* 143 (2012) 45-64.

KOCHAVI, Moshe. "The Land of Judah" [em hebraico]. Pages 19-89 in Moshe Kochavi (ed.), *Judea, Samaria and the Golan: Archaeological Survey 1967-1968*. Jerusalem: Carta, 1972.

KOFOED, Jens B. *Text and History: Historiography and the Study of the Biblical Text*. Winona Lake, IN: Eisenbrauns, 2005.

KOHUT, Alexander. *Aruch Completum*. Vienna: Hebräischer Verlag Menorah, 1926.

KONKEL, August H. *Hezekiah in Biblical Tradition*. Ann Arbor: University Microfilms International, 1989.

KRATZ, Reinhard G. *The Composition of the Narrative Books of the Old Testament*. London: T&T Clark, 2005.

_____. "Rewriting Torah in the Hebrew Bible and the Dead Sea Scrolls." Pages 273-92 in Bernd Ulrich Schipper and D. Andrew Teeter (eds.), *Wisdom and Torah: The Reception of "Torah" in the Wisdom Literature of the Second Temple Period*. JSJSup 163. Leiden: Brill, 2013.

LAPP, Paul W. "Bethel Pottery of the Late Hellenistic and Early Roman Periods." Pages 77-80 in *The Excavation of Bethel* (1934-1960). By James Leon Kelso. AASOR 39. Cambridge: American Schools of Oriental Research, 1968.

_____. "The Excavation of Field II." Pages 26-34 In *The 1957 Excavation at Beth-Zur*. By Orvid R. Sellers, Robert W. Funk, John L. McKenzie, Paul W. Lapp, and Nancy Lapp. AASOR 38. Cambridge: American Schools of Oriental Research, 1968.

_____ and Nancy Lapp. "Iron II — Hellenistic Pottery Groups." Pages 54-79 in *The 1957 Excavation at Beth-Zur*. By Orvid R. Sellers, Robert W. Funk, John L. McKenzie, Paul W. Lapp, and Nancy Lapp. AASOR 38. Cambridge: American Schools of Oriental Research, 1968.

LEE-SAK, Itzhak. "The Lists of Levitical Cities (Joshua 21, 1 Chronicles 6) and the Propagandistic Map for the Hasmonean Territorial Expansion." *JBL* 136 (2017) 783-800.

LEHMANN, Gunnar, Michael H. Niemann, and Wolfgang Zwickel. "Zora und Eschtaol." *UF* 28 (1996) 343-442.

LEMAIRE, André. *Les ostraca hébreux de l'époque royale israélite*. Tese de doutorado. Paris: Université de Paris, 1973.

LEVIN, Yigal. "Who Was the Chronicler's Audience? A Hint from His Genealogies." *JBL* 122 (2003) 229-45.

LIPSCHITS, Oded. "Achaemenid Imperial Policy: Settlement Processes in Palestine, and the Status of Jerusalem in the Middle of the Fifth Century B.C.E." Pages 19-52 in Oded Lipschits and Manfred Oeming (eds.), *Judah and the Judeans in the Persian Period*. Winona Lake, IN: Eisenbrauns, 2006.

_____. "Bethel Revisited." Pages 233-46 in Oded Lipschits, Yuval Gadot, and Matthew J. Adams (eds.), *Rethinking Israel: Studies in the History and Archaeology of Ancient Israel in Honor of Israel Finkelstein*. Winona Lake, IN: Eisenbrauns, 2017.

_____. "Demographic Changes in Judah between the Seventh and the Fifth Centuries B.C.E." Pages 323-76 nas Pages 3-20 in Oded Lipschits e Joseph Blenkinsopp (eds.), *Judah and the Judeans in the Neo-Babylonian Period*. Winona Lake, IN: Eisenbrauns, 2003.

_____. *The Fall and Rise of Jerusalem, Judah under Babylonian Rule*. Winona Lake, IN: Eisenbrauns, 2005.

_____. "The History of the Benjaminite Region under Babylonian Rule" [em hebraico]. *Zion* 64 (1999) 271-310.

_____. "Nehemiah 3: Sources, Composition and Purpose." Pages 73-100 in Isaac Kalimi (ed.), *New Perspectives on Ezra-Nehemiah: History and Historiography, Text, Literature, and Interpretation*. Winona Lake, IN: Eisenbrauns, 2012.

_____. "Persian Period Finds from Jerusalem: Facts and Interpretations." *JHS* 9 (2009) art. 20.

_____. *The 'Yehud' Province under Babylonian Rule (586-539 B.C.E.): Historic Reality and Historiographic Conceptions* [em hebraico]. Tese de doutorado. Tel Aviv: Tel Aviv University, 1997.

_____, Yuval Gadot, and Manfred Oeming. "Tel Azekah 113 Years After: Preliminary Evaluation of the Renewed Excavations at the Site." *NEA* 75 (2012) 196-206.

_____ and David S. Vanderhooft. *The Yehud Stamp Impressions: A Corpus of Inscribed Impressions from the Persian and Hellenistic Periods in Judah.* Winona Lake, IN: Eisenbrauns, 2011.

_____. "Yehud Stamp Impressions: History of Discovery and Newly-Published Impressions." *TA* 34 (2007) 3-11.

LODS, Adolphe. *Israel: From Its Beginning to the Middle of the Eight Century.* New York: Knopf, 1932.

MACALISTER, Robert A. S. and John G. Duncan. *Excavation on the Hill of Ophel, Jerusalem, 1923-1925.* Palestine Exploration Fund Annual 4. London, Palestine Exploration Fund, 1926.

MAEIR, Aren M. "The Historical Background and Dating of Amos VI 2: An Archaeological Perspective from Tell Es-Sa/Gath." *VT* 54 (2004) 319-34.

MAGEN, Yitzhak. *A Temple City.* Vol. 2 of *Mount Gerizim Excavations.* Jerusalem: Israel Antiquities Authority, 2008.

_____, Haggai Misgav, and Levana Tsfania. *The Aramaic, Hebrew and Samaritan Inscriptions.* Vol. 1 of *Mount Gerizim Excavations.* Jerusalem: Israel Antiquities Authority, 2004.

MARBÖCK, Johannes. "Structure and Redaction History in the Book of Ben Sira Review and Proposals." Pages 61-79 in Pancratius Cornelis Beentjes (ed.), *The Book of Ben Sira in Modern Research.* BZAW 255. Berlin: de Gruyter, 1997.

MAZAR, Amihai. "The Excavations of Khirbet Abu et-Twein and the System of Iron Age Fortresses in Judah" [em hebraico]. *ErIsr* 15 (1981) 229-49.

_____ and Christopher Bronk Ramsey. "^{14}C Dates and the Iron Age Chronology of Israel: A Response." *Radiocarbon* 50 (2008) 159- 80.

MAZAR, Benjamin. "The Excavations in the Old City of Jerusalem near the Temple Mount — Second Preliminary Report, 1969-1970 Seasons" [em hebraico]. *ErIsr* 10 (1971) 1-34.

_____. "The Tobiads." *IEJ* 7 (1957) 137-45.

_____ and Hanan Eshel. "Who Built the First Wall of Jerusalem?" *IEJ* 48 (1998) 265-68.

MAZAR, Eilat. *The Excavations in the City of David, 2005* [em hebraico]. Jerusalem: Shoham, 2007.

_____. *Preliminary Report on The City of David Excavations 2005 at the Visitors Center Area* [em hebraico]. Jerusalem: Shoham Academic Research and Publication, 2007.

_____. *The Summit of the City of David: Excavations 2005-2008*. Jerusalem: Shoham Academic Research and Publication, 2015.

_____ and Benjamin Mazar. *Excavations in the South of the Temple Mount: The Ophel of Biblical Jerusalem*. Qedem 29. Jerusalem: The Institute of Archaeology, The Hebrew University of Jerusalem, 1989.

McKENZIE, Steven L. *1–2 Chronicles*. Nashville: Abingdon, 2004.

_____. "The Chronicler as Redactor." Pages 70-90 in M. Patrick Graham and Steven L. McKenzie (eds.), *The Chronicler as Author*. JSOTSup 263. Sheffield: Sheffield Academic Press, 1999.

_____. *The Chronicler's Use of the Deuteronomistic History*. HSM 33. Atlanta: Scholars Press, 1984.

_____. "The Trouble with King Jehoshaphat." Pages 299-314 in Robert Rezetko, Timothy H. Lim, and W. Brian Aucker (eds.), *Reflection and Refraction: Studies in Biblical Historiography in Honour of A. Graeme Auld*. VTSup 113. Leiden: Brill, 2007.

MENDELS, Doron. *The Land of Israel as a Political Concept in Hasmonean Literature: Recourse to History in Second Century B.C. Claims to the Holy Land*. TSAJ 15. Tübingen: Mohr, 1987.

_____. *The Rise and Fall of Jewish Nationalism*. New York: Doubleday, 1992.

MEYERS, Carol L. and Eric M. Meyers. *Haggai, Zechariah 1–8*. AB 25B. Garden City: Doubleday, 1987.

MICHAELI, Frank. *Les Livres des Chroniques, d'Esdras et de Néhémie*. Commentaire de l'Ancien Testament 16. Paris: Delachaux, 1967.

MILLER, Maxwell J. "Rehoboam's Cities of Defense and the Levitical City List." Pages 273-86 in Leo G. Perdue, Lawrence E. Toombs, and Gary Lance Johnson (eds.), *Archaeology and Biblical Interpretation: Essays in Memory of D. Glenn Rose*. Atlanta: John Knox, 1987.

MITTMAN, Siegfried. "Hiskia und die Philister." *JNSL* 16 (1990) 91-106.

_____. "Tobia, Sanballat und die persische Provinz Juda." *JNSL* 26.2 (2000) 1-49.

MÖLLER, Christa and Gotz Schmitt. *Siedlungen Palästinas nach Flavius Josephus*. Wiesbaden: Reichert, 1976.

MOWINCKEL, Sigmund. *Studien zu dem Buche Ezra-Nehemia*. Oslo: Universitetsforlaget, 1964.

MYERS, Jacob M. *Ezra Nehemiah*. AB 14. Garden City: Doubleday, 1965.

NA'AMAN, Nadav. *Borders and Districts in Biblical Historiography*. Jerusalem: Simor, 1986.

_____. "Does Archaeology Really Deserve the Status of a 'High Court' in Biblical Historical Research?" Pages 165-84 in Bob Becking and Lester L. Grabbe (eds.), *Between Evidence and Ideology: Essays on the History of Ancient Israel Read at the Joint Meeting of the Society for Old Testament Study and the Oud Testamentisch Werkgezelschap, Lincoln, July 2009*. OtSt 59. Leiden: Brill, 2010.

_____. "Hezekiah and the Kings of Assyria." *TA* 21 (1994) 235-54.

_____. "Hezekiah's Fortified Cities and the *LMLK* Stamps." *BASOR* 261 (1986) 5-21.

_____. "The Inheritance of the Sons of Simeon." *ZDPV* 96 (1980) 136-52.

_____. "The Jacob Story and the Formation of Biblical Israel." *TA* 41 (2014) 95-125.

_____. "Khirbet Qeiyafa in Context." *UF* 42 (2010) 497-526.

_____. "The Kingdom of Judah under Josiah." *TA* 18 (1991) 3-71.

_____. "Pirathon and Ophrah." *BN* 50 (1989) 11-16.

_____. "Sources and Redaction in the Chronicler's Genealogies of Asher and Ephraim." *JSOT* 49 (1991) 99-111.

_____. "Text and Archaeology in a Period of Great Decline: The Contribution of the Amarna Letters to the Debate on the Historicity of Nehemiah's Wall." Pages 20-30 in Philip R. Davies and Diana Vikander Edelman (eds.), *The Historian and the Bible: Essays in Honour of Lester L. Grabbe*. New York, T&T Clark, 2010.

_____. "Was Khirbet Qeiyafa a Judahite City? The Case Against It." *JHS* 17 (2017) art. 7.

_____ and Ran Zadok. "Assyrian Deportations to the Province of Samaria in the Light of the Two Cuneiform Tablets from Tel Hadid." *TA* 27 (2000) 159-88.

NAGORSKY, A. "Tel Hadid." *ESI* 117 (2005). Disponível em: <http://www.hadashot-esi.org.il/report_detail_eng.aspx?id=173&mag_id=110.>.

NASHEF, Khaled. "Khirbet Birzeit 1996, 1998-1999: Preliminary Report." *Journal of Palestinian Archaeology* 1 (2000) 25-27.

NETZER, Ehud. *Hasmonean and Herodian Palaces at Jericho I*. Jerusalem: Israel Exploration Society, 2001.

NORTH, Robert S. "Does Archaeology Prove Chronicle's Sources?" Pages 375-401 in Howard N. Bream, Ralph Daniel Heim, and Carey A. Moore (eds.), *A Light unto My Path:, Studies in Honor of J. M. Meyers*. Gettysburg Theological Studies 4. Philadelphia: Temple University Press, 1974.

NOTH, Martin. "Eine palästinische Lokalüberlieferung in 2 Chr. 20." *ZDPV* 67 (1945) 45-71.

_____. *The Chronicler's History*. JSOTSup 50. Sheffield: Sheffield AcademicPress, 1987.

OEMING, Manfred. *Das wahre Israel: Die "genealogische Vorhalle" 1 Chronik 1–9*. BWANT 8. Stuttgart:, Kohlhammer, 1990.

_____. "Rethinking the Origins of Israel; 1 Chronicles 1–9 in the Light of Archaeology." Pages 303-18 in Oded Lipschits, Yuval Gadot, and Matthew J. Adams (eds.), *Rethinking Israel: Studies in the History and Archaeology of Ancient Israel in Honor of Israel Finkelstein*. Winona Lake, IN: Eisenbrauns, 2017.

OFER, Avi. "Hebron." *NEAEHL* 2 (1993) 606-9.

_____. *The Highland of Judah during the Biblical Period* [em hebraico]. Tese de doutorado. Tel Aviv: Tel Aviv University, 1993.

OLAVARRI, Emilio. "Aroer (in Moab)." *NEAEHL* 1 (1993) 92-93.

ONN, Alexander and Yehuda Rapuano. "Jerusalem, Khirbet El-Burj." *ESI* 14 (1994) 88-90.

PASSARO, Angelo and Giuseppe Bellia. "Sirach, or Metamorphosis of the Sage." Pages 355-73 in Angelo Passaro and Giuseppe Bellia (eds.), *The Wisdom of Ben Sira: Studies on Tradition, Redaction, and Theology*. DCLS 1. Berlin: de Gruyter, 2008.

PELTONEN, Kay. "A Jigsaw Without a Model? The Date of Chronicles." Pages 225-73 in Lester L. Grabbe (ed.), *Did Moses Speak Attic? Jewish Historiography and Scripture in the Hellenistic Period*. JSOTSup 317. Sheffield: Sheffield Academic Press, 2001.

PETERSON, John L. *A Topographical Surface Survey of the Levitical 'Cities' of Joshua 21 and 1 Chronicles 6: Studies on the Levites in Israelite Life and Religion*. Chicago: Institute of Advanced Theological Studies; Evanston: Western Theological Seminary, 1977.

PORTEN, Bezalel. *The Elephantine Papyri in English: Three Millennia of Cross-Cultural Continuity and Change*. DMOA 22. Leiden: Brill, 1996.

PRAG, Kay. "Bethlehem, A Site Assessment." *PEQ* 132 (2000) 169-81.

PRITCHARD, James B. "Gibeon." *NEAEHL* 2 (1993) 511-14.

_____. *Gibeon, Where the Sun Stood Still: The Discovery of the Biblical City*. Princeton: Princeton University Press, 1962.

_____. *Winery, Defenses and Soundings at Gibeon*. Philadelphia: University Museum, University of Pennsylvania, 1964.

RABINOWITZ, Isaac. "Aramaic Inscriptions of the Fifth Century B.C.E. from a North-Arab Shrine in Egypt." *JNES* 15 (1956) 1-9.

RAINEY, Anson F. "The Chronicles of the Kings of Judah: A Source Used by the Chronicler." Pages 30-72 in M. Patrick Graham, Kenneth G. Hoglund, and Steven L. McKenzie (eds.), *The Chronicler as Historian*. JSNTSup 238. Sheffield: Sheffield Academic Press, 1997.

_____. "The Identification of Philistine Gath: A Problem in Source Analysis for Historical Geography." *ErIsr* 12 (1975) 63*–76*.

RAJAK, Tessa. "The Jews under Hasmonean Rule." *CAH* 9 (1999) 274-309.

RAPPAPORT, Uriel. *The First Book of Maccabees: Introduction, Hebrew Translation, and Commentary* [em hebraico]. Jerusalem: Yad Ben-Zvi, 2004.

_____. "The Hasmonean State (160–37 B.C.E.)." [em hebraico] Pages 193-273. Vol. 3 of Menahem Stern (ed.), *The History of Eretz Israel: The Hellenistic Period and the Hasmonean State (332–37 B.C.E.)*. Jerusalem, Yad Ben-Zvi, 1981.

REICH, Ronny. "The Beth-Zur Citadel II — A Persian Residency?" *TA* 19 (1992) 113-23.

_____. "Local Seal Impressions of the Hellenistic Period." Pages 256-62. Vol. 2 of Hillel Geva (ed.), *Jewish Quarter Excavations in the Old City of Jerusalem*. Jerusalem: Israel Exploration Society, 2003.

_____ and Eli Shukron. "The History of the Gihon Spring in Jerusalem." *Levant* 36 (2004) 211-23.

_____. "The Urban Development of Jerusalem in the Late Eight Century B.C.E." Pages 209-18 in Andrew G. Vaughn e Ann E. Killebrew (eds.), *Jerusalem in the Bible and Archaeology, The First Temple Period*. SymS 18. Atlanta, Society of Biblical Literature, 2003.

_____. "The Yehud Stamp Impressions from the 1995-2005 City of David Excavations." *TA* 34 (2007), 59-65.

ROLL, Israel. "Bacchides' Fortications and the Arteries of Traffic to Jerusalem in the Hellenistic Period" [em hebraico]. *ErIsr* 25 (1996) 509-14.

_____. and Oren Tal. "Persian and Hellenistic Remains at Tel Yaoz." *TA* 35 (2008), 123–63.

RÖMER, Thomas. *The So-Called Deuteronomistic History*. London, T&T Clark, 2005.

RONEN, Yigal. "Some Observations on the Coinage of Yehud." *Israel Numismatic Journal* 15 (2003-2006) 29-30.

ROSENBERG, Aryehe Alon Shavit. "Lod, Newe Yaraq." *ESI* 13 (1993) 54*–56*.

RUDOLPH, Wilhelm. *Chronikbücher*. HAT 1. Tübingen: Mohr Siebeck, 1955.

SAFRAI, Ze'ev. *Borders and Government in the Land of Israel in the Period of the Mishna and the Talmud* [em hebraico]. Tel Aviv: Hakibbutz Hameuchad, 1980.

SALLER, Sylvester J. and Bellarmino Bagatti. *The Town of Nebo (Khirbet El-Mekhayyat), with a Brief Survey of Other Ancient Christian Monuments in Transjordan*. Publications of the Studium Biblicum Franciscanum 7. Jerusalem: Franciscan Press, 1949.

SCHNIEDEWIND, William M. *How the Bible Became a Book: The Textualization of Ancient Israel*. Cambridge: Cambridge University Press, 2004.

_____. "Jerusalem, the Late Judaean Monarchy and the Composition of the Biblical Texts." Pages 375-93 in Andrew G. Vaughn and Ann E. Killebrew (eds.), *Jerusalem in the Bible and Archaeology: The First Temple Period*. SymS 18. Atlanta: Society of Biblical Literature, 2003.

SCHORCH, Stefan. "The Construction of Samaritan Identity from the Inside and from the Outside." Pages 135-49 in Rainer Albertz and Jakob Wöhrle (eds.), *Between Cooperation and Hostility: Multiple Identities in Ancient Judaism and the Interaction with Foreign Powers*. JAJSup 11. Göttingen: Vandenhoeck & Ruprecht, 2013.

SCHWARTZ, Daniel R. *The Second Book of Maccabees: Introduction, Hebrew Translation, and Commentary* [em hebraico]. Jerusalem: Yad Ben-Zvi, 2004.

SCHWARTZ, Joshua J. *Lod (Lydda), Israel: From Its Origins through the Byzantine Period, 5600 B.C.E.–640 C.E.* BARIS 571. Oxford: B.A.R, 1991.

SCHWARTZ, Seth. "Israel and the Nations Roundabout: I Maccabees and the Hasmonean Expansion." *JJS* 42 (1991) 16-38.

SCHWEITZER, Steven J. *Reading Utopia in Chronicles.* LHBOTS 442. New York, T&T Clark, 2007.

SEGAL, Michael. *The Book of Jubilees: Rewritten Bible, Redaction, Ideology and Theology.* JSJSup 117. Leiden: Brill, 2007.

SELLERS, Ovid R. *The Citadel of Beth-Zur.* Philadelphia: Westminster, 1933.

_____, Robert W. Funk, John L. McKenzie, Paul W. Lapp, and Nancy Lapp. *The 1957 Excavation at Beth-Zur.* AASOR 38. Cambridge: American Schools of Oriental Research, 1968.

SHALEV, Yiah. "The Early Persian Period Pottery." Pages 203-41 in Eilat Mazar (ed.), *The Summit of the City of David: Excavations 2005-2008.* Jerusalem: Shoham Academic Research and Publication, 2015.

SHARON, Ilan, Ayelet Gilboa, Timothy A. J. Jull, and Elisabetta Boaretto. "Report on the First Stage of the Iron Age Dating Project in Israel: Supporting a Low Chronology." *Radiocarbon* 49 (2007) 1-46.

SHATZMAN, Israel. *The Armies of the Hasmonaeans and Herod from Hellenistic to Roman Frameworks.* Tübingen: Mohr, 1991.

_____. "The Hasmonean Army" [em hebraico]. Pages 21-44 in David Amit and Hanan Eshel (eds.), *The Hasmonean Period.* Jerusalem: Yad Ben-Zvi, 1995.

SHAVIT, Alon. *The Ayalon Valley and Its Vicinity during the Bronze and Iron Ages* [em hebraico]. Tese de mestrado. Tel Aviv: Tel Aviv University, 1992.

SHILOH, Yigal. *Excavations at the City of David.* Vol. 1. Qedem 19. Jerusalem: The Institute of Archaeology, The Hebrew University of Jerusalem, 1984.

SIVAN, Renee and Giora Solar. "Excavations in the Jerusalem Citadel, 1980-1988." Pages 168-76 in Hillel Geva (ed.), *Ancient Jerusalem Revealed.* Jerusalem: Israel Exploration Society, 1994.

SPARKS, James T. *The Chronicler's Genealogies: Towards an Understanding of 1 Chronicles 1–9.* AcBib 28. Atlanta: Society of Biblical Literature, 2008.

SPINOZA, Baruch de. *Theological-Political Treaties*. Cambridge: Cambridge University Press, 2007.

STEINER, Richard C. "The Aramaic Text in Demotic Script: The Liturgy of a New Year's Festival Imported from Bethel to Syene by Exiles from Rash." *JAOS* 111 (1991) 362-63.

STEINS, Georg. *Die Chronik als kanonisches Abschlussphänomen: Studien zur Entstehung und Theologie von 1/2 Chronik*. BBB 93 Weinheim: Beltz Athenaum, 1995.

_____. "Zur Datierung der Chronik: Ein neuer methodischer Ansatz." *ZAW* 109 (1997) 84-92.

STERN, Ephraim. *The Assyrian, Babylonian, and Persian Periods (732–332 B.C.E.)*. Vol. 2 of *Archaeology of the Land of the Bible*. New York: Doubleday, 2001.

_____. *Material Culture of the Land of the Bible in the Persian Period, 538–332 B.C.* Warminster: Aris & Phillips, 1982.

STERN, Menahem. *The Documents on the History of the Hasmonaean Revolt* [em hebraico]. Tel Aviv: Hakibbutz Hameuchad, 1965.

_____. (ed.) *The History of Eretz Israel: The Hellenistic Period and the Hasmonean State (332–37 B.C.E.)*. Vol. 3. Jerusalem: Yad Ben-Zvi, 1981.

STRÜBIND, Kim. *Tradition als Interpretation in der Chronik: König Josaphat als Paradigma chronistischer Hermeneutik und Theologie*. BZAW 201. Berlin: de Gruyter, 1991.

TAL, Oren. *The Archaeology of Hellenistic Palestine: Between Tradition and Renewal* [em hebraico]. Jerusalem: Bialik Institute, 2006.

_____. "Coin Denominations and Weight Standards in Fourth Century B.C.E. Palestine." *Israel Numismatic Research* 2 (2007) 17-28.

TAMMUZ, Oded. "Will the Real Sanballat Please Stand Up?" Pages 51-58 in Menahem Mor and Friedrich V. Reiterer (eds.), *Samaritans: Past and Present, Current Studies*. SJ 53. Berlin: de Gruyter, 2010.

TAVGER, Aharon. "E.P. 914 East of Beitin and the Location of the Ancient Cult Site of Bethel" [em hebraico]. *In the Highland's Depth* 5 (2015) 49-69.

THRONTVEIT, Mark A. *Ezra-Nehemiah*. Louisville: John Knox, 1992.

_____. "The Relationship of Hezekiah to David and Solomon in the Books of Chronicles." Pages 105-21 in M. Patrick Graham, Steven L. McKenziee, and Gary N. Knoppers (eds.), *The Chronicler as Theologian: Essays in Honor of Ralph W. Klein*. JSOTSup 271. London: T&T Clark, 2003.

TORREY, Charles C. "The Chronicler as Editor and as Independent Narrator." *AJSL* 25 (1908) 157-73.

_____. *The Composition and Historical Value of Ezra-Nehemiah*. Giessen: Ricker, 1896.

_____. *Ezra Studies*. Chicago: University of Chicago Press, 1910.

TUFNELL, Olga. *Lachish III: The Iron Age*. The Wellcome Archaeological Research Expedition to the Near East Publications 1. London: Oxford University Press, 1953.

TZAFRIR, Yoram. "The Walls of Jerusalem in the Period of Nehemiah" [em hebraico]. *Cathedra* 4 (1977) 31-42.

_____, Leah di Segni, and Judith Green. *Tabula Imperii Romani Judaea Palaestina: Maps and Gazetteer*. Jerusalem: Israel Academy of Sciences and Humanities, 1994.

TZUR, Yoav. *The History of the Settlement at Tel Socho in Light of Archaeological Survey* [em hebraico]. Tese de mestrado. Tel Aviv: Tel Aviv University, 2015.

ULRICH, Eugene (ed.), *The Biblical Qumran Scrolls: Transcriptions and Textual Variants*. VTSup 134. Leiden: Brill, 2010.

USSISHKIN, David. "The Borders and De Facto Size of Jerusalem in the Persian Period." Pages 147-66 in Oded Lipschits and Manfred Oeming (eds.), *Judah and the Judeans in the Persian Period*. Winona Lake, IN: Eisenbrauns, 2006.

_____. "A Synopsis of the Stratigraphical, Chronological and Historical Issues." Pages 50-122 in *The Renewed Archaeological Excavations at Lachish (1973-1994)*. By David Ussishkin. Monograph Series of the Institute of Archaeology Tel Aviv University 22. Tel Aviv: Tel Aviv University Institute of Archaeology, 2004.

VANDERHOOFT, David and Oded Lipschits. "A New Typology of the Yehud Stamp Impressions." *TA* 34 (2007) 12-37.

VANDERKAM, James C. *The Book of Jubilees*. Sheffield: Sheffield Academic Press, 2001.

VAUGHN, Andrew G. *Theology, History, and Archaeology in the Chronicler's Account of Hezekiah*. ABS 4. Atlanta: Scholars Press, 1999.

VRIEZEN, Karel J. H. "Hirbet Kefire — Eine Oberflächenuntersuchung." *ZDPV* 91 (1975) 135-58.

WACHOLDER, Ben Zion. *Eupolemus: A Study of Judaeo-Greek Literature*. Monographs of the Hebrew Union College 3. Cincinnati: Hebrew Union College, 1974.

WEINBERG, Joel P. *The Citizen-Temple Community*. JSOTSup 151. Sheffield: Sheffield Academic Press, 1992.

_____. "Jerusalem in the Persian Period." Pages 307-26 in Shmuel Ahituv and Amihai Mazar (ed.), *The History of Jerusalem: The Biblical Period* [em hebraico]. Jerusalem: Yad Ben-Zvi, 2000.

WEINFELD, Moshe. "Pelekh in Nehemiah 3." Pages 249-50 in Gershon Galil and Moshe Weinfeld (eds.), *Studies in Historical Geography and Biblical Historiography*. VTSup 81. Leiden: Brill, 2000.

WEISSENBERG, Hanne von. "'Canon' and Identity at Qumran: An Overview and Challenges for Future Research." Pages 635-46 in Anssi Voitila and Jutta Jokiranta (eds.), *Scripture in Transition: Essays on Septuagint, Hebrew Bible, and Dead Sea Scrolls in Honour of Raija Sollamo*. JSJSup 126. Leiden: Brill, 2008.

WELCH, Adam C. *The Work of the Chronicler: Its Purpose and Date*. London: Milford, 1939.

WELTEN, Peter. *Die Königs-Stempel: Ein Beitrag zur Militarpolitik Judas unter Hiskia und Josia*. Abhandlungen des Deutschen Palästina-Vereins. Wiesbaden, Harrassowitz, 1969.

_____. *Geschichte und Geschichtsdarstellung in den Chronikbüchern*. WMANT 42. Neukirchen-Vluyn: Neukirchener Verlag, 1973.

WIGHTMAN, Gregory J. *The Walls of Jerusalem: From the Canaanites to the Mamluks*. Sydney: Meditarch, 1993.

WILLI, Thomas. *Chronik*. Göttingen: Vandenhoeck & Ruprecht, 1972.

WILLIAMSON, Hugh G. M. *1 and 2 Chronicles*. Grand Rapids: Eerdmans, 1982.

_____. *Ezra, Nehemiah*. WBC 16. Waco, TX: Word Books, 1985.

_____. "The Historical Value of Josephus' Jewish Antiquities XI." *JTS* 28 (1977) 49-66.

_____. *Israel in the Books of Chronicles*. Cambridge: Cambridge University Press, 1977.

_____. "Nehemiah's Walls Revisited." *PEQ* 116 (1984) 81-88.

_____. "Sources and Redaction in the Chronicler's Genealogy of Judah." *JBL* 98 (1979) 351-59.

WRIGHT, Jacob L. "A New Model for the Composition of Ezra-Nehemiah." Pages 333-48 in Oded Lipschits, Gary N. Knoppers, and Rainer Albertz (eds.), *Judah and the Judeans in the Fourth Century B.C.E.* Winona Lake, IN: Eisenbrauns, 2007.

_____. "David, King of Judah (Not Israel)." *The Bible and Interpretation*, 2014. Disponível em: <tinyurl.com/SBL2637a> [disponível também em: https://bibleinterp.arizona.edu/articles/2014/07/wri388001 [N.E.].

_____. *Rebuilding Identity: The Nehemiah Memoir and Its Earliest Readers*. BZAW 348. Berlin: de Gruyter, 2004.

WRIGHT, John W. "Remapping Yehud: The Borders of Yehud and the Genealogies of Chronicles." Pages 67-89 in Oded Lipschits and Manfred Oeming (eds.), *Judah and the Judeans in the Persian Period*. Winona Lake, IN: Eisenbrauns, 2006.

YEIVIN, Shemuel. "The Benjaminite Settlement in the Western Part of Their Territory." *IEJ* 21 (1971) 141-54.

YOUNG, Robb A. *Hezekiah in History and Tradition*. VTSup 155. Leiden: Brill, 2012.

ZADOK, Ran. "On the Reliability of the Genealogical and Prosopographical Lists of the Israelites in the Old Testament." *TA* 25 (1998) 228-54.

ZERTAL, Adam. "The Pahwah of Samaria (Northern Israel) during the Persian Period: Types of Settlement, Economy, History and New Discoveries." *Transeu* 2 (1989) 9-30.

ZEVIT, Ziony. "Is There an Archaeological Case for Phantom Settlements in the Persian Period?" *PEQ* 141 (2009) 124-37.

ZORN, Jerey R. "Estimating the Population Size of Ancient Settlements, Methods, Problems, Solutions, and a Case Study." BASOR 295 (1994) 31-48.

ZSENGELLÉR, József (ed.), *Rewritten Bible after Fifty Years: Texts, Terms, or Techniques? A Last Dialogue with Geza Vermes*. JSJSup 166. Leiden: Brill, 2014.

ZUCKERMAN, Sharon. "The Pottery of Stratum 9 (the Persian Period)." Pages 31-50 in *Area E: The Finds*. Vol. 7B of *Excavations at the City of David 1978-1985 Directed by Yigal Shiloh*. By Alon de Groot and Hannah Bernick-Greenberg. Qedem 54. Jerusalem: The Institute of Archaeology, The Hebrew University of Jerusalem, 2012.

_____, and Itzhak Shai. "The Royal City of the Philistines in the 'Azekah Inscription' and the History of Gath in the Eighth Century B.C.E." *UF* 38 (2006) 1-50.

Índice bíblico

Gênesis
    12,8 78
    13,3 78

Josué
    15 156, 161, 162, 164
    15,59a 67
    15,60 69
    17 132, 204
    18,14 69
    18,21 66
    18,22 64
    18,23 194
    18,24 72
    18,25 63, 71
    18,26 70
    19 132, 134, 146
    19,1-7 132
    21 124

Juízes
    1,27 132

2 Samuel
    10 190

1 Reis
    12,21-24 173
    15 192
    15,22 162
    22,49 197

2 Reis
    12,3 201
    18,8 198
    18,9-10 198
    18,16 198
    19,8 163
    23 64
    23,19 203

1 Crônicas
    2–9 21, 121, 131, 139, 148, 172, 203, 216
    2,24 124
    2,42 124
    2,43 125
    2,45 125
    2,46 127
    2,53 125
    2,54 125
    4,3 125
    4,4 126
    4,5 124
    4,14 126
    4,16 124
    4,17 126
    4,18 126
    4,19 126
    4,21 124
    5,8 128, 146
    6 124
    7,8 126
    7,21 146, 205
    7,24 128
    7,28 128
    7,29 132, 204
    7,31 128
    8,6 127
    8,12 127
    8,13 127, 146, 205
    8,29 127
    8,36 126, 127
    9,2-34 132, 204
    9,3 132, 204
    9,35 127
    9,42 126, 127
    10–2Cr 9 211, 220
    11 164
    15,16-21 183
    16,4-42 183
    19,7 190
    22,8 182
    24,7 188
    25,1-31 183

2 Crônicas
    10–36 211, 212
    11 162, 164, 165, 166

11,1-4 173
11,5-12 21, 23, 153, 158, 163, 166, 167, 171, 172, 217
11,8 156, 157
11,10 163
11,12.23 190
12,1 191
12,12 191
13 187, 192
13,15-18 193
13,19 149, 193, 194
13,22 193
14,6 194
14,9-13 195
15,9-10 195
15,19 194
16,6 160
16,7-12 195
17,2 196, 197
17,10 196, 197
17,12 197
19,2-3 196
19,4 197
20 197
21,16-17 201
24,2 201
24,17-22 202
25,13 202
25,14-16 202
26,6-7 198
26,9 45
26,9-10 198
26,15 188
26,16 202
27,5 202
28,17-19 202
29,1-3 188
30 187
30,1.5 199
30,10 187
31,1 199
33,14 45
34,6 203
36,7 183, 185

Esdras
2,1-67 21, 57, 103, 107, 139, 215
3,10 184

Neemias
1,3 44
2,4.8.13.17 44
2,10.19 109
2,19 109
3 21, 27, 28, 29, 38, 41, 43, 44, 45, 46, 49, 50, 53, 57, 77, 84, 85, 87, 88, 89, 102, 103, 104, 105, 107, 108, 119, 135, 136, 138, 215
3,1-32 107
3,7 45, 48, 62, 86, 87, 137
3,11 45
3,13 39, 40
3,16 47, 85, 136
3,33-35 109
3,33-36 109
3,33.38 44
4,1 109
4,1-3 109
4,5.9 44, 109
5,16 44
6,1.6.15 44
6,1-14.17-19 109
6,2 117
7,1 44
7,4 27
7,6-68 21, 57, 103, 107, 139, 215
11,1 27
12,17 44
12,24 184
13,4-14 27
13,7 111
13,28 110

1 Macabeus
1,11 117
3,10 117
3,17-22 207
3,24.4 117
3,25 197
4,6 99
4,10-11 207

4,15 117, 198
4,22 117
4,29 99
4,29.61 117
4,30-33 207
4,61 94, 141, 164, 192
5,1 197
5,3 117
5,6.9 117
5,8 197
5,13 111
5,20 99
5,58 198
5,65 117, 167
5,66-68 117
5,68 117, 198
6 202
6,7 94, 141, 164, 192
6,31 117
7,8 46
7,40 99
7,41 200, 207
8,17 183
9 157
9,4 71
9,5-6 99
9,33 167, 197
9,35-42 190
9,36 197
9,50 64
9,50-52 22, 95, 114, 141, 165
9,52 94, 141, 164, 192
9,73 72
10,69 198
10,76-84 198
10,77-86 195
10,78-84 117
10,89 100, 116, 144
11,4 117, 198
11,34 66, 77, 100, 116, 144
11,65 94, 141, 164, 192
12,38 65, 117
12,53 197
13 117
13,13 65, 117
13,20 117
13,43.48 100, 116, 145

14,5 100, 116, 145
14,5.7 207
14,7.33 192
14,10 197
14,33 94, 141, 164
14,34 117
15,28-31 206
15,33 145
15,33-34 206
15,35 207
15,40 198
15,40-41 195
16,1-10 195
16,10 117, 198

2 Macabeus
   3,11 111
   4,11 183
   8,1 99
   8,19 200
   9 202
   12,38 96, 167
   13,25 196

Ben Sira/Eclesiástico
   47,8-10 183, 184, 185
   49,13 46

Jeremias
   26,18 157
   26,20 69
   28,1 63
   31,15 71
   31,38 45
   31,40 45
   40,1 71
   41,16 63
   41,17 67

Daniel
   1,2 183, 185
   3,27 46

Miqueias
   1,1 157
   1,10 156

Zacarias
   7,2 63

Índice remissivo

A

Abadie, Philippe 202
'Abd, governador de Dedan 112
Abel, Félix-Marie 95, 96, 141, 142
Abias/Abiam 187, 189, 192, 193, 194, 196, 201
Abraão 79
Abu-Ghosh 69
Acab 196
Acaron 89, 97, 100, 102, 116, 119, 139, 143, 144, 145
Acaz 202
Ackroyd, Peter R. 64, 180, 181, 188
Acra 30, 55, 95, 141, 143, 165
Adonias 182
Aduram/Adoraim 89, 93, 102, 114, 116, 139, 157, 164, 165, 166, 167, 171, 191, 212
Aferema 100, 102, 116, 144, 194
Aharoni, Yohanan 75, 103, 139, 153, 155, 157, 159, 200
Aia 128, 130, 131, 151
Aialon 127, 131, 157, 163, 167, 191
Albertz, Rainier 45, 76, 93, 103, 108, 109, 185, 186, 187, 209, 219
Albright, William F. 39, 67, 78, 79, 80, 194
Além do Rio/Além-Eufrates 45
Alexandre Janeu 171, 198, 200
Alexandre Magno 94, 140
Alexandre Polímata 184
Almat 126, 131

Alt, Albrecht 39, 40, 63, 64, 66, 67, 69, 70, 71, 72, 94, 132, 140, 154, 160, 161, 164, 204
Amanítida 111, 116
Amarna 157
Amasias 201, 202
Amiran, Ruth 30
Amon 111, 112, 116, 117, 119, 190, 197, 202, 212, 217
'Anata 67, 68, 81, 126
Anatot 62, 67, 68, 74, 126, 131
Antíoco III 42, 63
Antíoco IV 209
Antíoco VII Sideta 172, 173, 192, 200, 206
Arad 161, 162, 218
'Ara'ir 128
Aram 201, 202
Arbel, Yoav 66
Ariel, Donald T. 31, 34, 35, 59, 60, 101, 115
Aristóbulo 200
Aroer 128, 131, 146, 151
Artaxerxes I 28
Asa 160, 162, 189, 194, 195, 196, 197, 201
Aser 128, 132, 204
Asiongaber 197
Assíria 162
Atalia 201
Avigad, Nahman 30, 36, 37, 39, 42, 61, 123
Avi-Yonah, Michael 40, 95, 96, 98, 100, 115, 116, 141, 142, 144, 145, 165, 168, 198, 200

Azeca   102, 144, 156, 157, 159, 167, 171, 174, 191
Azmot   62, 69, 74, 127, 131
Azoto/Asdode   97, 112, 117, 118, 143, 156, 196, 197, 198, 212, 216, 217

B

Baal-Meon   128, 131, 146
Baasa de Israel   194
Babilônia   88, 93, 183, 219
Bagatti, Bellarmino   128
bairro Armênio   30, 54, 115
bairro Cristão   54
bairro Judeu   30, 115
Báquides   22, 64, 94, 95, 102, 114, 140, 141, 157, 164, 165, 166, 171, 192, 197
Barkay, Gabriel   35, 36, 52, 108, 219
Bar-Kochva, Bezalel   98, 99, 100, 115
Barrera, Julio T.   188
Barstad, Hans M.   93
Barzait   128, 131, 133, 139, 204
Beir 'Ur el-Fauqa   128
Beir 'Ur et-Tahta   128
Beit-Arieh, Itzhak M.   66, 162
Beitin   63, 128
Beit Lahm   125
Beit Nattif   96, 142
Belém   58, 62, 66, 67, 74, 125, 131, 157, 167
Bellia, Giuseppe   185
Ben-Adad de Damasco   195
Ben-Ami, Doron   55
Benjamim   58, 63, 64, 66, 69, 70, 71, 72, 126, 127, 132, 134, 173, 190, 192, 193, 194, 195, 199, 204

Ben-Shlomo, David   148, 175
Ben Zvi, Ehud   155, 160, 178, 182, 184, 188, 202, 203
Bergman, Avraham   67
Bergren, Theodore A.   46
Berlin, Andrea   54
Berot   62, 70, 71, 74, 76, 163
Bersabeia   161, 162, 189, 197, 198, 199, 203
Bet-Carem   75, 84, 89, 103, 135, 139
Betel   62, 63, 64, 74, 78, 79, 80, 95, 96, 102, 103, 123, 128, 131, 133, 134, 139, 141, 143, 151, 157, 161, 165, 166, 193, 194, 204
Bet-Horon   94, 95, 96, 102, 110, 141, 143, 165, 166
Bet-Horon de Baixo   128, 131, 157
Bet-Horon de Cima   128, 131
Betsã   132
Bet-Sames   162
Betsur   22, 46, 47, 84, 85, 86, 88, 89, 91, 94, 95, 96, 97, 99, 100, 102, 103, 104, 113, 114, 123, 125, 131, 135, 136, 137, 138, 141, 143, 144, 145, 151, 157, 159, 164, 165, 167, 168, 191, 192
Bet-Zacarias   94, 102, 141, 208
Beyer, Gustav   153, 154
Bianchi, Francesco   189
Biran, Avraham   68
Birzait   146
Blair, Edward P.   67
Blenkinsopp, Joseph   26, 43, 75, 85, 90, 93, 107, 108, 109, 111, 112, 114, 117, 136
Bliss, Frederick Jones   169, 170, 171
Boaretto, Elisabetta   158
Boda, Mark J.   179

Böhler, Dieter 45, 49, 85, 119, 120, 136
Brand, Etty 65
Braun, Roddy L. 133, 186
Bronk Ramsey, Christopher 158
Brooke, George J. 186, 188
Broshi, Magen 30, 31, 38, 92, 168
Bunimovitz, Shlomo 90, 91, 99, 125, 128, 162, 168, 194
Burj el-Lisaneh 194

C

Cabul 190
Cades-Barneia 88, 218
Cafarsalama 94, 102, 141
Cafira 62, 69, 70, 74
Cahill, Jane M. 40
Callaway, Joseph A. 73
Campbell, Edward F. 128
Car, David M. 119
Cariat-Iarim 62, 69, 74, 80, 125, 148, 151
Carter, Charles E. 25, 26, 27, 36, 37, 38, 47, 58, 61, 75, 83, 84, 86, 88, 89, 90, 91, 92, 113, 114, 135, 137, 139, 169
Caspi, Arza 34
Ceila 49, 84, 89, 103, 126, 131, 133, 135
Chen, Doron 30
Cidade Antiga 54, 115
Cidade de Davi 26, 28, 31, 33, 34, 35, 36, 37, 38, 39, 41, 42, 52, 53, 143
Cidadela 30, 55, 95, 141, 143, 165, 206
Cidadela II 168
Citópolis/Bete-Seã 147

Clancy, Frank 183
Clemente de Alexandria 183, 184
Clines, David J. 109
Cohen, David 34
colina de Deir el-'Azar 69
colina de el-Haditheh 65
Corley, Jeremy 185
Cotton, Hannah 164
Crawford, Sidnie W. 186
Cross, Frank M. 110, 111, 121, 204
Crowfoot, John W. 34, 39, 40, 41, 55

D

Dã 132, 147, 189, 198, 199, 203, 204
Dagan, Yehuda 49, 98, 100, 125, 126, 130, 159, 168, 171
Dario III 110
Davi 177, 182, 183, 184, 186, 189, 190, 198, 199, 200, 208, 211
Davies, Philip R. 51, 93, 98
De Groot, Alon 31, 32, 36, 39, 40, 54, 123
Deboys, David G. 46, 193
Dedan 112
Deir Dibwan 73, 74
Deir el-'Azar 81, 125
Delta 109
Demétrio 194
Demsky, Aaron 46
Deserto da Judeia 84, 97, 100, 114, 132, 134, 135, 144, 145
Dever, William G. 128
Di Segni, Leah 66
Dinur, Uri 68, 69, 126
Dor 132

Dotain/Dotā 147
Dumbrell, William J. 109, 112
Duncan, John G. 35, 39, 40, 41
Dušek, Jan 110
Dvira (Zweig), Yitzhak 52, 108, 219

E

Edelman, Diana V. 25, 26, 28, 43, 46, 51, 58, 108, 109, 111, 119
edh-Dhahiriya 155
Efraim 100, 116, 128, 132, 133, 134, 144
Ein Duk 128
Eisenberg, Emanuel 124, 148, 168, 175
Eitan, Avraham 30
Elasa 99, 208
el-Bireh 193
Elefantina 90, 109, 110
Eliasib 110, 111
el-Jib 127
Elliger, Karl 160
el-Ludd 127
el-Malhah 127
el-Ula 112
Emaús 95, 96, 99, 102, 141, 143, 157, 165, 166
Engadi 75, 88, 89, 94, 103, 104, 113, 114, 138, 139, 140
Ephal, Israel 112
er-Ram 68, 71, 81
er-Tell 72
es-Samu' 126, 155
Esaú 117
Esdras 21, 45, 57, 77, 83, 84, 135, 166, 167, 181, 215, 217
Eshel, Hanan 25, 27, 40, 42, 61, 99
Eskenazi, Tamara C. 111
estacionamento Givati 55
Estaol 125, 130, 131
Estemo 126, 131, 133, 165, 204
Etam 125, 131, 157, 164, 167
et-Taiyibeh 149, 194
Eupólemo 182, 183, 184
Eusébio 183
Ezequias 154, 156, 161, 162, 163, 173, 178, 181, 187, 189, 190, 198, 199, 200, 202, 203, 204, 212

F

Faigenbaum-Golovin, Shira 218
Fantalkin, Alexander 158, 161, 170, 174
Far'ata 95, 141
Faraton 95, 96, 102, 105, 141, 142, 149, 157, 165, 166
Farès-Drappeau, Saba 112
Farkha 96, 142
Feig, Nurit 68, 69, 126
Feldstein, Amir 66, 68, 70, 71, 72, 73, 74, 127
Filisteia 117, 198, 212, 217
Finkelstein, Israel 37, 38, 40, 41, 51, 52, 53, 57, 60, 68, 70, 77, 78, 80, 81, 83, 85, 89, 90, 91, 92, 97, 99, 103, 107, 109, 113, 114, 123, 125, 126, 127, 128, 134, 136, 139, 142, 149, 158, 159, 161, 163, 167, 168, 169, 172, 174, 175, 178, 180, 188, 191, 194, 203, 208
Fischer, Moshe 165
Fitzgerald, Gerald M. 35, 39
Fonte de Gion 33, 35, 60, 107

Fritz, Volkmar 153, 154, 156
Funk, Robert W. 47, 85, 86, 123, 137, 168

G

Gaba/Gabaá 62, 72, 74, 127, 131
Gabaon/Gibeon 22, 46, 48, 61, 62, 63, 74, 86, 87, 94, 123, 127, 131, 137, 138, 141, 151, 163, 174
Gadot, Yuval 175
Galaad 99, 117
Galileia 99, 199, 200
Galil, Gershon 46, 95, 96, 142
Galling, Kurt 75, 180, 186
Ganor, Saar 158
Garfinkel, Yosef 158, 163, 174
Gasmu, rei de Quedar 109
Gat 155, 156, 157, 166, 167, 168, 169, 197, 205, 212, 217
Gazara/Gezer/Gazer 40, 84, 88, 89, 95, 96, 97, 100, 102, 103, 116, 119, 128, 130, 131, 134, 135, 138, 139, 141, 143, 144, 145, 146, 151, 157, 165, 166, 200, 204, 205, 206, 207
Gedor 126, 131
Gera, Dov 112
Gerara 195, 196
Geva, Hillel 30, 31, 40, 42, 59, 61, 101, 115, 123, 143, 188
Gibson, Shimon 30, 169
Gichon, Mordechai 153, 154
Gilboa, Ayelet 158
Goldstein, Jonathan A. 95, 111, 141, 180
Gopher, Avi 66
Gophna, Ram 66, 73, 74, 127, 168
Goren, Yuval 164

Gosem, o árabe 109, 112, 117, 119
Grabbe, Lester L. 43, 51, 78, 93, 108, 111, 185
Graham, M. Patrick 133, 155, 178, 198, 202, 211
Grätz, Sebastian 108, 109, 119
Green, Judith 66
Greenhut, Zvi 123, 127

H

Hadasa 94, 99, 102, 141
Hadid/Adida 62, 65, 74, 76, 77, 103
Hai 62, 72, 73, 74
Halpern, Baruch 154, 177
hasmoneu Simão 65, 88, 89, 94, 97, 100, 102, 116, 117, 132, 138, 139, 141, 143, 144, 145, 146, 164, 192, 196, 205, 206, 207
Hebron 93, 96, 114, 116, 124, 131, 139, 140, 142, 144, 145, 146, 148, 150, 155, 157, 167, 168, 175, 192
Hermann, Siegfried 154, 155, 156
Herzog, Ze'ev 41, 161
Hirschfeld, Hannah 31, 59
Hizma 68, 69, 127
Hobbs, T. R. 154
Hoglund, Kenneth G. 43, 133, 155, 178
Horonaim 110
Horsley, Richard A. 98

I

Idumeia 89, 93, 114, 116, 117, 119, 139, 140, 145, 146, 164, 165, 169, 172, 180, 191, 192, 196, 204, 212, 217

Ishwa' 125, 130
Israel 21, 69, 80, 121, 126, 145, 147, 158, 159, 168, 173, 177, 178, 186, 189, 190, 193, 195, 197, 198, 199, 200, 201, 202, 205, 207, 208, 210, 213, 217, 220
Issacar 132, 147, 204, 205

J

Jaba' 68, 72, 81, 127
Jacó 147
Jâmnia/Jabne 196, 197, 198, 212, 217
Japhet, Sara 121, 148, 154, 160, 177, 178, 182, 187, 189, 190, 195, 198, 211
Jasm, filho de Sahr 112
Jatir 165
Jazer 197
Jericó 48, 58, 65, 66, 74, 84, 88, 89, 94, 95, 96, 102, 103, 104, 113, 114, 132, 135, 138, 139, 140, 141, 143, 157, 165, 166
Jeroboão 79, 173, 193, 194, 201
Jerusalém 21, 23, 25, 26, 27, 28, 29, 32, 33, 37, 41, 42, 43, 45, 49, 50, 51, 52, 53, 55, 57, 58, 59, 60, 61, 62, 69, 70, 71, 72, 74, 75, 77, 78, 84, 85, 88, 89, 90, 91, 92, 93, 94, 95, 96, 97, 101, 102, 103, 104, 105, 107, 110, 111, 112, 113, 114, 115, 118, 119, 120, 123, 126, 133, 135, 136, 138, 140, 141, 142, 143, 157, 160, 161, 162, 165, 166, 169, 172, 173, 174, 177, 179, 187, 188, 190, 191, 195, 198, 199, 200, 202, 206, 209, 210, 213, 215, 216, 233, 236
Jesana 193, 194
João Hircano 63, 116, 117, 145, 146, 147, 165, 170, 171, 172, 180, 181, 191, 192, 196, 198, 199, 200, 204, 205, 209, 212, 217

João Hircano I 147, 164, 170, 171
Joaquim 183
Joás 201
Joatão 201, 202
Johnson, Marshall D. 121, 203
Joiada 201
Jônatas, o hasmoneu 72, 88, 89, 97, 100, 115, 116, 117, 138, 139, 143, 144, 146, 165, 194, 195, 205
Jones, Gwilym H. 193
Jope 100, 102, 115, 116, 144, 145, 200, 206, 207
Jorão 201
Jordão 199, 212, 217
Josafá 189, 196, 197, 201
Josias 64, 134, 154, 160, 161, 163, 190, 199, 200, 201, 203
Jota 165
Judá 21, 22, 23, 67, 69, 88, 92, 93, 101, 105, 111, 124, 125, 126, 132, 133, 134, 148, 149, 154, 155, 156, 158, 159, 160, 161, 163, 172, 173, 174, 175, 177, 178, 179, 181, 184, 189, 190, 191, 192, 193, 194, 195, 196, 197, 198, 199, 200, 201, 202, 203, 204, 205, 206, 207, 209, 211, 212, 213, 217, 218, 219
Judá Aristóbulo 147
Judas Macabeu 46, 94, 99, 102, 104, 140, 141, 164, 181, 183, 192, 194, 207, 208
Judeia 83, 89, 94, 95, 96, 97, 98, 100, 101, 102, 103, 104, 105, 113, 114, 115, 116, 117, 118, 119, 120, 126, 139, 140, 141, 142, 143, 144, 145, 146, 154, 155, 156, 160, 161, 163, 164, 165, 172, 180, 184, 188, 192, 194, 197, 198, 200, 204, 206, 209, 212, 216, 217, 218, 219

Jull, Timothy A. J. 158
Junge, Ehrhard 154, 160

K

Kafr Ana 73, 74
Kafr Juna 74, 127
Kahana, Avraham 96, 142
Kalimi, Isaac 53, 108, 181, 182, 188
Kallai, Zecharia 69, 70, 72, 73, 95, 127, 128, 144, 153, 157, 160, 193
Kasher, Aryeh 94, 140, 145
Katz, Haya 162
Kegler, Jürgen 209
Kellermann, Ulrich 43, 110, 111, 112, 182, 209
Kelly, Brian E. 202
Kelso, James L. 63, 64, 79
Kennett, Robert H. 179, 180, 181
Kenyon, Kathleen 28, 34, 38, 39, 40, 41, 53
Khalaily, Hamoudi 66
Khirbet 'Abbad 155, 168, 175
Khirbet 'Almit 126
Khirbet Bad-Falu 96, 142
Khirbet Bir Zeit 128
Khirbet Deir es-Sidd 68
Khirbet el-Burj 68, 70
Khirbet el-Fire 96
Khirbet el-Haiyan 73, 74
Khirbet el-Hara el-Fauqa 72
Khirbet el-Kafira 68, 69, 81
Khirbet el-Khawkh 125
Khirbet el-Mukhayyat 128
Khirbet esh-Sheik Madkur 168
Khirbet et-Tayybe 126
Khirbet et-Tawil 96

Khirbet et-Tubeiqeh 125
Khirbet et-Tuqu' 124
Khirbet Haiyan 128
Khirbet Judur 126
Khirbet Ma'in 125
Khirbet Main 128
Khirbet Qeiyafa 174
Khirbet Qila 126
Khirbet Shuweike 126, 155
Khirbet Tibna 95, 141, 142
Khirbet Zanu' 126
King, Philip J. 37
Klausner, Joseph 116, 145
Kleiman, Assaf 22
Klein, Ralph W. 182, 186, 189, 193, 196, 199
Kletter, Raz 156, 161
Kloner, Amos 37, 38, 124, 146, 159, 164, 168, 169, 170
Knauf, Axel E. 52, 95, 112
Knoppers, Gary N. 45, 76, 103, 108, 121, 122, 132, 133, 134, 147, 181, 182, 185, 188, 190, 196, 198, 202, 204, 206, 212, 213
Kochavi, Moshe 49, 69, 124, 125, 126, 127, 167, 168, 193
Koch, Ido 22, 52, 53, 77, 107, 174
Kofoed, Jens B. 188
Kohut, Alexander 46
Konkel, August H. 198
Kratz, Reinhard G. 107, 109, 180, 181, 182, 186

L

Lapp, Nancy 47, 86, 123, 137
Lapp, Paul W. 47, 64, 85, 86, 123, 137

Laquis 132, 134, 156, 157, 159, 167, 170, 171, 191, 195, 218

Lederman, Zvi 90, 91, 99, 125, 128, 162, 168, 194

Lee-Sak, Itzhak 175

Lehmann, Gunnar 125, 130

Lemaire, Andre 162

Levin, Yigal 122, 133, 134

Lipschits, Oded 26, 29, 36, 37, 38, 43, 45, 48, 50, 51, 52, 53, 58, 61, 62, 63, 65, 75, 76, 77, 78, 79, 83, 84, 85, 87, 88, 90, 91, 92, 93, 101, 103, 104, 105, 107, 108, 113, 114, 115, 122, 129, 135, 137, 138, 139, 140, 143, 149, 159, 175, 203, 213

Lísias 94, 141, 164, 192

Lod/Lida 58, 62, 65, 66, 74, 76, 77, 89, 97, 99, 100, 102, 103, 115, 116, 127, 131, 134, 139, 143, 144, 146, 194, 204, 205

Lods, Adolphe 180, 181

M

Macalister, Robert A. S. 35, 39, 40, 41, 169, 170, 171

Macmas 62, 72, 74, 76

Mádaba 116, 133, 145, 146, 190, 197, 200, 204, 205, 212

Maeir, Aren M. 156, 169

Magen, Yitzhak 68, 70, 97, 126, 127, 187

Malhata 218

Malkin, Irad 44

Manaat 131

Manassés 124, 132, 160, 161, 195, 199, 202, 203, 204

Maon 125, 131, 133, 165, 204

Marböck, Johannes 185

Maresa 89, 93, 102, 114, 116, 124, 131, 133, 139, 140, 145, 146, 151, 157, 164, 167, 169, 170, 171, 191, 192, 195, 196, 197, 204

Mareshah' 157

Margalit, Shlomo 30

Marisa 146, 164

Mar Morto 91, 132

Masfa 28, 75, 84, 88, 89, 91, 94, 97, 103, 104, 113, 114, 135, 138, 140, 144, 145, 160, 162

Matatias, o hasmoneu 188

Mazar, Amihai 25, 27, 95, 142, 158

Mazar, Benjamin 34, 42, 111

Mazar, Eilat 34, 40, 52, 53, 54, 108, 219

McKenzie, Steven L. 133, 155, 178, 181, 196, 198, 202, 211

Meguido 132, 199, 203

Mendels, Doron 146, 147, 184, 185, 186, 187, 200, 202, 205, 206, 208, 209

mesquita de Al-Aqsa 52, 219

Meyers, Carol L. 64

Meyers, Eric M. 64

Michaeli, Frank 43

Miller, Maxwell J. 153, 155, 157

Misgav, Haggai 187

Mishor 133

Mittman, Siegfried 110, 156

Moab 110, 197

Möller, Christa 96, 142

Monte do Templo 33, 34, 35, 36, 50, 51, 52, 53, 55, 77, 107, 108, 215, 219

Monte Garizim 116, 145, 199

Monte Sião 31

Moresheth 157

Moresheth-gath 157
Mosa 123, 127, 131, 151
Mowinckel, Sigmund 44, 85, 108, 136
Mukhmas 68, 72, 81
Myers, Jacob M. 75

N

Na'aman, Nadav 51, 52, 63, 64, 65, 66, 67, 69, 70, 71, 72, 78, 96, 132, 133, 134, 142, 153, 154, 155, 156, 157, 159, 160, 161, 162, 163, 164, 168, 174
Nagorsky, Alla 65
Nahal Shiloh 96, 100, 142, 145
Nashef, Khaled 128
Nebi Samuel/Nabi Sanwil 75, 88, 89, 94, 114, 139, 140, 160
Nebo 58, 128, 131, 146, 151
Neemias 21, 22, 25, 26, 27, 28, 29, 37, 38, 39, 40, 41, 42, 43, 44, 45, 46, 49, 53, 57, 75, 76, 77, 83, 84, 85, 104, 107, 108, 109, 110, 111, 112, 113, 116, 117, 118, 119, 120, 135, 136, 166, 167, 180, 184, 215, 216, 217, 220
Neftali 132, 147, 199, 203, 204, 205
Neguev 117, 162
Netofa 58
Netzer, Ehud 49, 65
Neve Yarak 66
Nicol, Murray B. 73
Niemann, Michael H. 125, 130
Norá 128, 131
North, Robert S. 155
Noth, Martin 154, 172, 180, 181, 182, 184, 197, 204, 210

O

Ocozias 201
Odolam 96, 143, 156, 157, 167, 168
Oeming, Manfred 26, 61, 85, 88, 91, 121, 122, 149, 150, 151, 175, 182, 203
Ofel 51, 52, 108
Ofer, Avi 38, 49, 67, 97, 124, 125, 126, 167, 168
Ofra/Efron/Efraim 126, 131, 149, 193, 194, 195, 196, 197, 199, 201, 203, 204
Olavarri, Emilio 128
Onn, Alexander 71
Ono 62, 73, 74, 77, 103, 127, 131, 134, 139, 144, 146
Ozias 189, 197, 198, 199, 202

P

Passaro, Angelo 185
Peltonen, Kay 185, 187
Pereia 100, 102, 116, 144, 145
Peterson, John L. 126
Piasetzky, Eli 158, 159, 161, 174, 175, 218
Piraton 95
Piscina de Siloé 34
Pixner, Bargil 30
planície costeira 43, 119, 180, 196
Porat, Yosef 127, 168
Porten, Bezalel 52
Prag, Kay 67
Pritchard, James B. 48, 61, 62, 63, 87, 123, 137, 138
Pseudo-Eupólemo 183

Q

Qalunyah 127

R

Rabinowitz, Isaac 109, 112
Rainey, Anson F. 155, 156
Rajak, Tessa 116, 145
Ramá 62, 71, 74
Ramallah 194
Ramataim 100, 102, 116, 144, 194
Ramat Rahel 75, 88, 89, 91, 94, 103, 104, 113, 114, 138, 139, 140
Ramot 70
Rantis 194
Rappaport, Uriel 46, 71, 116, 117, 145, 180, 199
Rapuano, Yehuda 71
Ras el-Kharubeh 67
Ras et-Tahune 193
Raveh, Rami 168
Reich, Ronny 30, 32, 35, 47, 59, 60, 86, 101, 115, 136, 143, 168
Reino do Norte 163, 178, 194, 197, 198, 202, 203
Roll, Israel 95, 96, 114, 141, 142, 165
Römer, Thomas C. 93, 210
Ronen, Israel 145
Ronen, Yigal 90
Rosenberger, Aryeh 66
Rossoni, Gabriele 189
Rúben 128, 132, 133, 204
Rudolph, Wilhelm 121, 132, 153, 172, 186, 204

S

Safrai, Ze'ev 96, 142
Saller, Sylvester J. 128
Salomão 199
Samaria 77, 95, 109, 110, 112, 114, 116, 117, 119, 126, 141, 145, 147, 160, 171, 180, 187, 194, 199, 202, 203, 204, 212, 213, 217
Sanabalat, o horonita 109, 110, 111, 117, 118, 119
Saraá 125, 131, 133, 156, 157, 167
Sar'ah 125
Sass, Benjamin 149, 178
Savir, Neta 31, 59
Schmitt, Gotz 96, 142
Schniedewind, William M. 25, 27, 83, 93
Schorch, Stefan 187
Schwartz, Daniel 117
Schwartz, Joshua J. 100, 144
Schwartz, Seth 116, 117, 147, 206
Schweitzer, Steven J. 121, 133, 179
Sefelá 84, 88, 89, 91, 92, 93, 97, 98, 100, 102, 103, 104, 114, 115, 126, 131, 132, 133, 134, 135, 138, 139, 140, 144, 155, 158, 162, 174, 175, 191, 192, 195
Segal, Michael 186
Sellers, Ovid R. 47, 86, 123, 137, 159, 165, 168, 169
Semaraim/Semeron 193
Senaá 58
Senaquerib 156, 163
Sesac 154
Shai, Itzhak 156
Shalev, Yiftah 54
Sharon, Ilan 158
Shatzman, Israel 95, 99, 100
Shavit, Alon 66, 127
Shiloh, Yigal 31, 32, 34, 35, 36, 38,

39, 40, 50, 54, 59, 60
Shilov, Lara 52, 108, 219
Shmuel, Ahituv 25, 27, 111
Shoham, Yair 35, 60, 101, 115
Shukron, Eli 30, 32, 35, 59, 60
Sião 57
Simeão 124, 146, 195, 203, 204
Singer-Avitz, Lily 41, 78, 123, 128, 161
Siquém 95, 96, 116, 128, 131, 133, 141, 142, 145, 146, 151, 157, 187, 199, 202, 204
Sivan, Renee 30
Socô/Socó 126, 131, 155, 157, 166, 167, 175
Solar, Giora 30
Sparks, James T. 121, 122
Spinoza, Baruch de 181, 182
Stager, Lawrence E. 37
Steiner, Richard C. 64
Steins, Georg 180, 184, 185, 188, 209, 210
Stern, Ephraim 26, 27, 28, 39, 43, 47, 48, 61, 63, 65, 82, 84, 86, 87, 113, 135, 136, 137
Stern, Menahem 94, 116, 140, 145

T

Tafua 96, 125, 131, 142
Tafuh 125
Tal, Oren 90, 165, 169, 170
Tammuz, Oded 110, 111
Tamna 95, 142
Tamnata 95, 96, 102, 141, 142, 157
Tanac 132
Tarler, David 40
Tavger, Aharon 80

Taxel, Itamar 73, 74, 127
Tchekhanovets, Yana 55
Técua/Técoa 49, 96, 124, 131, 142, 143, 157, 167, 191, 197
Tefon 95, 96, 102, 141, 142, 143, 157
Tel es-Sultan 65
Tel Gezer 128
Tel Harasim 88, 138
Tell Balata 128
Tell el-Ful 142, 160
Tell el-Maskhuta 109, 112
Tell el-Rumeideh 124, 148, 175
Tell es-Safi 156, 169
Tell Judeideh 157, 168, 169
Tell Nasbeh 37
Tell Rumeideh 168
Tell Sandahannah 124
Tell Zif 124
Timan 96
Timna 143
Timnath-heres 141
Tobias do século III 109
Tobias dos papiros de Zenon 119
Tobias, o amonita 109, 111, 118, 119
Torrey, Charles C. 43, 44, 85, 108, 136, 178, 186
Transjordânia 100, 116, 144, 145, 147, 174, 180, 205
Tsfania, Levana 187
Tufnell, Olga 171
Tulul Abu el-Alayiq 65
Tzafrir, Yoram 40, 66
Tzur, Yoav 175

U

Ulrich, Eugene 188

Ussishkin, David 26, 28, 29, 38, 39, 41, 42, 55, 85, 98, 159, 168, 170
Uza 218

V

Vale de Bersabeia 132, 134, 146, 158, 161, 162, 163, 164, 204, 212, 217
Vale de Elá 95, 96, 142, 143, 155
Vale de Jezrael 116, 145, 147, 205
Vale de Ono 117
Vale de Sefata 195
Vale do Cedron 33, 59
Vale do Jordão 92
Vanderhooft, David S. 48, 65, 75, 77, 83, 84, 87, 88, 93, 101, 104, 105, 113, 114, 115, 135, 138, 139, 140, 143
VanderKam, James C. 146, 147, 208
Vaughn, Andrew G. 25, 30, 59, 61, 83, 155, 162
Vriezen, Karel J. H. 69, 70

W

Wacholder, Ben Zion 183
Wadi ed-Daliyeh 110
Wadi Fara 96, 142
Weinberg, Joel P. 27, 37, 45, 90
Weinfeld, Moshe 46
Weissenberg, Hanne von 188
Welch, Adam C. 121, 172
Welten, Peter 178, 181, 188, 210
Wightman, Gregory J. 30, 61
Williamson, Hugh G. M. 40, 43, 45, 85, 107, 108, 109, 111, 112, 119, 121, 122, 133, 136, 147, 160, 177, 178, 182, 186, 190, 195, 198, 199, 203, 206, 211
Willi, Thomas 181, 186
Wörrle, Michael 164
Wright, Jacob L. 45, 76, 103, 108, 109, 119, 189, 190
Wright, John W. 88, 122, 133, 134

Y

Yalu 127
Yehud 25, 26, 28, 29, 35, 38, 42, 48, 49, 50, 58, 60, 62, 65, 75, 76, 77, 83, 84, 85, 87, 88, 89, 90, 92, 93, 94, 97, 98, 101, 102, 103, 104, 111, 113, 114, 115, 122, 134, 135, 138, 139, 140, 143, 144, 180, 187, 215, 216, 218, 219
Yehud/Judeia 21, 23, 37, 83, 87, 98, 104, 112, 113, 115, 116, 133, 143, 148, 179, 180
Yeivin, Shemuel 70, 163
Young, Robb A. 177, 198, 199

Z

Zabulon 132, 147, 204
Zadok, Ran 65, 132, 134, 146, 149
Zanoe/Zanoah 49, 126, 131
Zara, o cuchita 195
Zertal, Adam 114
Zevit, Ziony 80, 81, 82
Zif 124, 131, 157, 165, 167, 191
Zigdon, Gal 52, 108, 219
Zorn, Jeffrey R. 37
Zsengellér, József 186
Zuckerman, Sharon 54
Zukerman, Alexander 156
Zweig, Yitzhak 35, 36, 52, 108, 219
Zwickel, Wolfgang 125, 130

Rua Dona Inácia Uchoa, 62
04110-020 – São Paulo – SP (Brasil)
Tel.: (11) 2125-3500
http://www.paulinas.com.br – editora@paulinas.com.br
Telemarketing e SAC: 0800-7010081